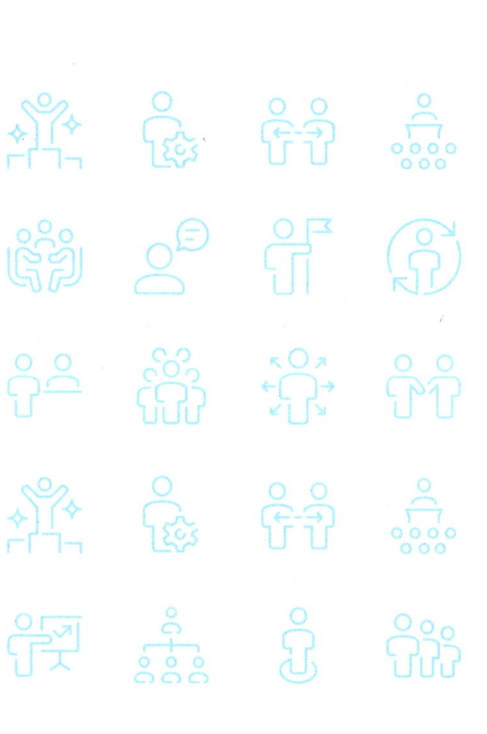

高职高专经济管理类·专业基础课系列教材

（第三版）

管理学基础

主　编　郑雪玲　陈　薇
副主编　连志霞　林玉贞　陈　临
参　编　陈巧玲　华　丹

厦门大学出版社
XIAMEN UNIVERSITY PRESS
国家一级出版社
全国百佳图书出版单位

图书在版编目(CIP)数据

管理学基础 / 郑雪玲，陈薇主编 ；连志霞，林玉贞，陈临副主编. -- 3 版. -- 厦门 ：厦门大学出版社，2023.8

高职高专经济管理类·专业基础课系列教材

ISBN 978-7-5615-8973-1

Ⅰ. ①管… Ⅱ. ①郑… ②陈… ③连… ④林… ⑤陈… Ⅲ. ①管理学－高等职业教育－教材 Ⅳ. ①C93

中国版本图书馆CIP数据核字(2023)第076490号

出 版 人 郑文礼
责任编辑 许红兵
美术编辑 李嘉彬
技术编辑 朱 楷

出版发行 厦门大学出版社
社　　址 厦门市软件园二期望海路 39 号
邮政编码 361008
总　　机 0592-2181111 0592-2181406(传真)
营销中心 0592-2184458 0592-2181365
网　　址 http://www.xmupress.com
邮　　箱 xmup@xmupress.com
印　　刷 厦门金凯龙包装科技有限公司

开本 787 mm×1 092 mm 1/16
印张 15
插页 2
字数 365 千字
印数 1～2 500 册
版次 2016 年 8 月第 1 版 2023 年 8 月第 3 版
印次 2023 年 8 月第 1 次印刷
定价 36.00 元

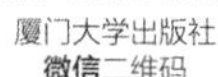

序 言

管理是一种生产力。管理的根本目的,在于更有效地实现组织目标。如何实现“用力少,见功多”,以越少的资源投入、耗费,取得越大的功业、效果,这真正考验的是管理者的内力。而关于这“内力”的修炼,正因为管理具有科学性与艺术性,管理者必须通过不断地习得与实践来完成。

管理是一门科学,具有普遍性和规律性。管理在任何情况下都是科学,这表现在管理都是有规律可循的,有一套科学的理论、方法和工具。因此可以通过学习提高管理水平,通过积累丰富管理经验。管理同时又是一门艺术,表现在管理的实践性和创造性,没有一成不变的模式,没有放之四海而皆准的经验,因此绝不能简单照搬和拷贝西方管理理论,要求管理者必须根据中国经济发展现状和中国企业成长的实际情况,在实践中探索出一套适合中国企业的科学管理方法和理论。

本书的总体目标,面向高职经济管理类专业的学生,培养基层管理岗位的综合管理技能与素质。具体说,通过本书的学习,可以培养高职学生的四大关键能力,即计划与决策的能力、组织与人事的能力、领导与沟通的能力、控制与信息处理的能力。

本书特点:

1. 思路清晰,内容丰富。全书的内容框架简洁明了,分为“两基础+四职能”模块。两个基础一是关于管理的基础知识,二是关于管理思想的发展史;四个职能模块是指管理的四大基本职能,即计划、组织、领导、控制。

2. 体例新颖,结构合理。本书特别设置了“管理案例”“管理思维训练”“管理游戏”“无领导小组讨论”等栏目,以鼓励学生主动参与,注重体验式学习,且易教易学。

3. 以学生为主，提升能力。教材遵循以“学生为中心”的编写理念，通过实践案例培养学生的“知识迁移”能力。

对于高职学院经济管理类专业的大学生来讲，本教材管理理论知识深入浅出，易于理解；管理实践贴近生活，可操作性较强，又不失趣味性。企业的管理经验与方法需要在“干中学”与“学中干”的过程中反复演练，不断夯实，因此总体来看，本教材结构合理，内容编排得当。

郑文华
高级会计师、注册会计师
（福建省中小企业信用再担保有限责任公司财务部总经理）

第三版前言

管理活动源远流长，自古即有。长期以来，人们在不断的实践中认识到管理的重要性。在现代社会中，管理作为组织实现目标的一种手段，可以说无时不有、无处不在。社会的进步、国家的强盛、企业的壮大和个人的发展都离不开管理。管理这一稀缺生产要素对于组织的生存和发展所起的作用日益凸显，管理已经成为一种重要的生产力。因此，学习和掌握一些管理学的基本原理和方法，对于当代大学生，特别是经济管理类专业的高职大学生，非常必要，也十分重要。

作为一门经济管理类专业的基础课，“管理学基础”课程的相关教材很多。但由于管理学涉及经济学、心理学、行为学、社会学、数学等众多学科的相关理论和专门技术，相当复杂，对于学时有限的高职高专教学来说，如何对其进行有效梳理和简化，并根据高职高专学生的特点组织编排，使学习者能在较短时间内掌握管理学的基本理论知识与技能，并在实际工作中灵活运用，仍然需要进一步的探索。

秉持“实用为主、理论够用”的原则，本着“突出能力培养，强化实践教学”的思路，我们在借鉴大量优秀的国内外相关文献的基础上，结合十多年相关课程教学的经验和体会，编写了本教材。

本教材在编写设计上主要突出了以下特点：

(1)框架清晰，结构完整。本教材注重管理技能的培养，围绕基础管理岗位标准合理搭建知识体系。全书的内容共六章，可总结为“两基础＋四职能”模块。“两基础”模块，一是关于管理的基础知识，二是关于管理思想的发展史；“四职能”模块即管理的四大基本职能——计划、组织、领导、控制。

(2)课程思政元素融入，实现情感与理性的共鸣。本教材在内容编排上，精准谋划，知识、技能和思政三线融合，重在立德树人，中华民族伟大复兴终将在广大青年的接力奋斗中变为现实。根据二十大报告，要实施科教兴国战略，强化现代化建设人才支撑；推进中华文化自信自强，铸就社会主义文化新辉煌。为此，本书按照项目融入课程思政元素，特别设置“思政园地”栏目，融入爱国主义情怀、中华传统文化自信、工匠精神、职业道德、创新创业意识等素养元素，让青年学生在润物细无声中养成守法诚信、责任意识，激发情感与理性的共鸣。

(3)案例丰富，便于案例教学。本教材的每个章节都设置了案例，并在知识点的讲解过程中穿插了大量具有代表性的案例，案例呈现形式多样化，如“导入案例”“管理故事”“管理案例”“管理游戏”等。通过多样化的形式增加可读性与趣味性，帮助读者提升兴趣，快速理解和掌握相关知识。

本教材可作为高职高专的经济、管理、财会、金融、市场营销、人力资源及相关专业的教材，也可作为高职高专非经济类专业的选学教材，还可作为社会从业人士的参考读物。

本教材由厦门工学院郑雪玲，厦门华天涉外职业技术学院的陈薇、连志霞、陈临、林玉贞、陈巧玲、华丹共同完成，由郑雪玲、陈薇担任主编，连志霞、林玉贞、陈临担任副主编。具体分工如下：郑雪玲负责拟定全书的编写大纲、编写进度和全书的统稿定稿，以及第一章、第三章的编写及校稿工作；陈薇编写第五章，以及部分章节的校稿工作；连志霞负责第二章的编写，以及部分管理案例的整理；陈临编写第四章；林玉贞编写第六章，陈巧玲、华丹负责部分案例的整理工作。工作量分配如下：郑雪玲 10 万余字；陈薇、连志霞、林玉贞、陈临等各有 5 万余字；陈巧玲、华丹各有 3 万余字。

本教材在编写过程中参阅和采撷了大量国内外同类教材和专家、学者的研究成果，参考和引用了一些网站资料，编者已尽可能在相关位置及参考书目中列出，在此谨向各位作者致谢！如有疏漏，在此表示歉意！同时，在本教材编写过程中，我们得到了福建省中小企业信用再担保有限责任公司高级会计师、注册会计师郑文华老师的指导与帮助，在此一并致以由衷的感谢！由于编者水平有限，书中不妥之处在所难免，恳请专家和读者给予批评和指正！

编者
2023 年 6 月

目　录

第一章　管理概述

【学习目标】

1. 理解管理的含义；
2. 掌握管理的职能；
3. 理解管理的性质；
4. 掌握管理者及其分类；
5. 掌握管理者的技能要求；
6. 了解管理对象与管理环境。

【本章关键词】

管理；管理者；管理职能；管理者技能；管理环境

【导入案例】

“海底捞”，到底捞什么？

“海底捞”，这家起源于四川简阳的民营企业，从只有四张桌子的店面起步，从最初的寂寂无闻到名满天下，已走过20年的历程。海底捞的75家门店2012年的利润率超过10%，营业收入为21.27亿元，同比增长了54%；2008年至2013年连续6年获“中国餐饮百强企业”荣誉称号。作为一个草根创业的典型，海底捞并不止步于成为“中国火锅第一品牌”。中国人历来喜欢吃火锅，火锅店也遍布各地，大型连锁也不在少数，为何偏偏海底捞能够风生水起？

“顾客就是上帝”是很多从商者的经典信条，但似乎只有海底捞把它变成了自己的核心竞争力。众所周知，顾客到餐厅吃饭，不会关心企业的核心思想、老板是谁，顾客在意的是吃得好不好，舒服不舒服，而海底捞特别注重以“顾客”为本，重心就是倚重在基层的服务。

截至2013年6月6日，在大众点评网，海底捞一直牢牢占据着上海、北京、杭州等城市“服务最佳”榜单的前列。

到过“海底捞”的顾客，无不对其极致的服务留下深刻的印象，有“受宠若惊”的顾客称之为“变态伺候”。如果顾客正在排队等待入座，可以免费享受各种服务，如美甲、洗眼镜、手机贴膜、小吃等；也让顾客自己动手折千纸鹤，折满30只可以换取免费火锅配菜一盘，让等待过程不会乏味。待顾客入座点餐时，服务员已经将手机袋、围裙一一奉送到手边了。对女士，门店会送来皮筋，用来绑起头发，避免粘到食物；顾客中有孕妇，服务员会送上柔软的靠枕；戴眼镜的客人则会得到擦镜布，以免热气模糊镜片；每隔15分钟，服务员主动更换顾客面前的热毛巾；遇到带了小孩的顾客，服务员会暂时充当孩子的保姆，帮忙喂孩子吃饭，陪孩子在儿童天地做游戏；遇到抽烟的顾客，服务员会提供烟嘴，并告知烟焦油有害健康；遇到过生日的客人，海底捞会赠予意外的小礼物；如果顾客点菜太多，服务员会善意地提醒菜品已够吃；如果随行的人数较少，服务员会建议顾客点半份。

虽然别人赞不绝口，创办人张勇却认为，海底捞目前的整体服务水平还不尽如人意。他相信与其盲目强调宣传，更应该建立现代化管理机制。

张勇认为，企业的"幼稚程度"还属于中小型。他说："我们达到今天的规模，是在中国快速发展的背景下得到的，而不是现代化企业制度化管理的方式得到的。这很危险，如果发展太快，盲目发展，管理跟不上，就是企业死得快最好的方式。"他认为，海底捞尚未建立起现代化的管理制度，目前面临的瓶颈，实际上是流程化和制度化。他的担忧是，如果制度化和流程化做得不好，海底捞发展得越快，出问题的可能性就越大。

不断强调企业必须进行现代化管理的张勇，其实压力很大。他曾到长江商学院就读EMBA（高级工商管理硕士）课程，为管理理念充电。他认为，要做到现代化管理，企业必须在四方面加强。

首先，一定要制度化管理。必须公平公正地管理人力资源。

其次，流程化操作，制度和流程分不开。比方，企业开会要将所有的流程定下来，才可以确保有效地操作。张勇说："很多大公司可能比较注重这些方面，但小公司可能做得不够，我觉得很多小公司被搞掉，就是流程化出问题。"

再次，有效监督，以确保要做的任何一件事情，能够一跟到底。

最后，尽可能地考核数据化。张勇说："数据化不是你赚多少钱。财务很重要，但如果只以赚钱来考量一个人的能力，就太简单化。"

思考：通过阅读上述案例，你认为什么是管理呢？

（案例选自：余明阳.中国企业经典案例2013[M].上海交通大学出版社，2013.有改动）

第一节　管理的基本内涵

管理活动作为人类最重要的一项活动，广泛存在于现实社会中，大到国家、军队，小到企业、医院、学校，只要是由两个或两个以上的人组成的、有一定活动目的的集体，都离不开管理。管理是一个系统，管理者必须从系统的观念出发，密切关注组织内外部环境的变化，整体地、联系实际地观察、分析和解决管理问题。

一、管理的概念

管理活动源远流长，自古以来，人们在不断的实践中认识到管理的重要性。但管理真正成为一门科学，具有自己一套比较完整的理论体系，则是始自 20 世纪初以“泰罗制”为代表的科学管理。20 世纪初开始的管理运动和管理热潮取得了令人瞩目的成果，成果之一就是形成了较完整的管理理论体系，以及在管理理论指导下带来的组织绩效。

那么，什么是管理呢？从不同的角度和背景，对管理可以有不同的理解。从字面上看，管理可以简单地理解为“管辖”、“处理”、“管人”、“理事”等意，即对一定范围内的人员及事务进行安排和处理。管理学者们对管理的定义做了大量的研究，对管理概念有不同的定义。比较有代表性的主要有以下几种：

“科学管理之父”泰罗认为，管理就是“确切地知道你要别人去干什么，并使他用最好的方法去干”。

诺贝尔经济学奖获得者赫伯特·西蒙教授认为，“管理就是决策”。

“管理过程理论之父”亨利·法约尔认为：“管理是所有的人类组织都有的一种活动，这种活动由五项要素组成：计划、组织、指挥、协调和控制。”

孔茨和奥·唐纳认为，管理涉及“在经营组织中创造和保证某种内部环境，在这个内部环境中，以群体形式组织在一起的个人能有效地工作以达到群体的目标”。

罗宾斯认为，管埋是指同别人一起，通过别人使活动更有效地完成的过程。

上述定义各有不同的侧重点，反映了管理学界在丰富的实践基础上从不同角度对管理的认识，在总体上对管理实质内容的认识还是共通的。这些不同的定义，对全面、深刻地理解“管理”这一概念很有裨益。

（一）管理的定义

根据对管理本质及要素的基本认识，本书对管理的界定是：管理，就是管理者通过计划、组织、领导、控制，协调以人为中心的组织资源和职能活动，以有效实现目标的社会活动。

（二）关于管理定义的理解

以上定义具备了管理的丰富内涵：

(1)管理的目的是有效实现目标。所有的管理行为，都是为有效地实现目标服务的，都是使组织的一切活动既有效果，又有效率。

(2)管理的主体是管理者。管理者是组织中最核心、最关键的要素，是整个组织的驾驭者和发挥组织功能、实现组织目标的关键力量。

(3)管理的对象是以人为中心的组织资源与职能活动。

(4)实现目标的手段是管理职能。管理学界普遍接受的观点是,管理职能包括计划、组织、领导和控制。

(5)管理的本质是协调。所有的管理行为与活动在本质上都是协调。

二、管理系统

管理系统一般由以下五个要素构成:

(一)管理目标

管理目标是管理职能的集中体现。管理目标是管理系统建立与运行的出发点和归宿,管理系统必须围绕管理目标建立与运行。所有的管理行为都是为了有效实现管理目标。

【管理案例】

有一天,动物园管理员们发现袋鼠从笼子里跑出来了,于是开会讨论,一致认为是由于高度过低所致,所以他们决定将笼子的高度由原来的10米加高到20米。结果第二天他们发现袋鼠还是跑到外面来,所以他们决定再将高度加高到30米。

没想到隔天居然又看到袋鼠跑到外面了,于是管理员们大为紧张,决定一不做二不休,将笼子的高度加高到100米。

一天,长颈鹿和几只袋鼠在闲聊。"你们看,这些人会不会继续加高你们的笼子?"长颈鹿问。

"很难说,"袋鼠说,"如果他们再继续忘记关门的话!"

(二)管理主体

管理主体即管理者,是管理系统中最核心、最关键的要素。配置资源、组织活动、推动整个系统运行、促进目标实现,所有这些管理行为都要靠管理者去实施。管理者是整个管理系统的驾驭者,是发挥系统功能、实现系统目标最关键的力量。作为管理的主体,管理者既表现为单个管理者,又表现为管理者群体及其所构成的管理机构。

(三)管理对象

管理者对管理对象进行管理。管理对象作为管理行为的受作用一方,对管理成效以及组织目标的实现具有重要的影响作用。管理对象既包括不同类型的组织,也包括各组织中的构成要素及职能活动。

(四)管理媒介

管理媒介主要指管理机制与方法。管理机制与方法是管理主体作用于管理对象过程中的一些运作原理与实施方式、手段。管理机制在管理系统中具有极为关键的作用,它是决定管理功效最直接、最核心的因素;而管理方法则是管理机制的实现形式,是管理的直接实施手段，具有过河所必需的“桥”与“船”的作用，也是十分重要的。

【管理案例】

英国将澳洲变成殖民地之后，因为那儿地广人稀，尚未开发，英国政府就鼓励国民移民到澳洲。可是当时澳洲非常落后，没有人愿意去。英国政府就想出一个办法，把罪犯送到澳洲去。这样一方面解决了英国本土监狱人满为患的问题，另一方面也解决了澳洲的劳动力问题，还有一条，他们以为把坏家伙们都送走了，英国就会变得更美好了。

英国政府雇佣私人船只运送犯人，按照装船的人数付费，多运多赚钱。很快政府发现这样做有很大的弊端，就是罪犯的死亡率非常高，平均超过了10%，最严重的一艘船死亡率达到了惊人的37%。政府官员绞尽脑汁想降低罪犯运输过程中的死亡率，包括派官员上船监督，限制装船数量等等，却都实施不下去。

最后，他们终于找到了一劳永逸的办法，就是将付款方式变换了一下：由根据上船的人数付费改为根据下船的人数付费。船东只有将人活着送达澳洲，才能赚到运送费用。

新政策一出炉，罪犯死亡率立竿见影地大大降低了。后来船东为了提高生存率还在船上配备了医生。

（五）管理环境

管理环境是指实施管理过程中的各种内外部条件和因素的总和。管理行为依一定的环境而存在，并受到管理环境的重要影响。很多聪明的管理者都巧妙地利用环境激励员工。其中，最经典的案例就是日本企业中流行的“红牌作战”。

红牌作战，指的是在工厂内，找到问题点，并悬挂红牌，让大家都明白并积极地去改善，从而达到整理、整顿的目的。任何工作场所不需要的物品（比如一块抹布），任何需要改善的事、地、物，有污渍、不清洁的设备，以及卫生死角，全部都要贴上红牌，进行改进。整洁、干净、有序、严谨的工作环境自然能够让员工希望与之相符合，于是人们的工作更加利索、不拖沓。

【管理游戏】

指挥与反应

目标：

（1）加深对管理系统构成要素的印象；

（2）训练指挥与反应能力；

（3）培养团队合作意识。

规则：

（1）以5～6人为一小组。由组长作为指挥者随机大声喊出构成管理系统的五个要素，每喊一个要素，其成员们就立即用手臂做出指定的动作。

(2)各要素指定的动作为:“管理目标”——双臂垂直向上方举起;“管理主体”——双臂下垂放到大腿两侧;“管理对象”——双臂水平伸向前方;“管理媒介”——双臂在身体前面交叉;“管理环境”——双臂向两侧平伸。

(3)指挥者要打乱顺序随机喊,各次喊的顺序也不能相同,且不可以重复。

(4)凡是指挥者喊错,或有一个人做错就必须重来。喊对并做对才可以记为一次。

(5)在3分钟内,动作正确次数最多的即为优胜者。

三、管理的职能

管理职能是一系列引导和达到组织目标的活动,管理者的基本职责以及履行这些职责的过程都属于管理职能的范畴。对管理的职能,管理学界有不同的提法,普遍接受的观点是,管理职能包括计划、组织、领导和控制。

(一)计划

计划职能是指管理者为实现组织目标而对工作所进行的筹划活动。正所谓“凡事预则立,不预则废”,任何管理者都要执行计划职能,而且要想将工作做好,无论大事小事都不可缺少事先的筹划。计划职能是管理的首要职能。

(二)组织

组织职能是管理者为实现组织目标而建立组织结构并推进组织协调运行的工作过程。组织职能一般包括设计与建立组织结构、合理分配职权与职责、选拔与配置人员、推进组织的协调与变革等。合理、高效的组织结构是实施管理、实现目标的组织保证。因此,不同层次、不同类型的管理者总是或多或少地承担不同性质的组织职能。

(三)领导

领导职能是指管理者通过权力、权威及领导者影响力,运用指挥、激励、沟通等方式影响员工并鼓励员工实现组织目标。领导职能一般包括:选择正确的领导方式;实施指挥;激励下级,调动其积极性;进行有效的沟通等。凡是有下级的管理者都要履行领导职能,不同层次、类型的管理者领导职能的内容及侧重点不相同。

(四)控制

控制职能是指管理者为保证实际工作与目标一致而进行的活动。控制职能一般包括制定标准、衡量工作、纠正出现的偏差等一系列工作过程。工作失去控制就会偏离目标,没有控制很难保证目标的实现,控制是管理者必不可少的职能。从一定意义上说,管理的过程就是控制的过程。因此,控制既是管理的一项重要职能,又贯穿于管理的全过程。但是,不同层次、不同类型的管理者,其控制的重点内容和控制方式则是有很大差别的。

四、管理的性质

(一)管理的自然属性和社会属性

管理具有明显的二重性。具体表现为，一方面，管理是生产过程固有的属性，是由许多人进行协作劳动而产生的，是由生产社会化引起的，是有效地组织劳动所必需的；另一方面，管理体现着生产资料所有者指挥劳动、监督劳动的意志，体现着巩固和维护生产关系的要求。前者是管理的自然属性，后者称为管理的社会属性。

学习管理的二重性，一方面我们在学习和借鉴他国经验时，要注意区分合乎生产力发展规律和体现生产关系内容的不同方面，吸取精华，剔除糟粕；另一方面我们在实际工作中，要按照社会制度、文化传统的要求和习惯，确立组织中正确的管理模式，有效地开展管理工作，切忌生搬硬套。

(二)管理的科学性与艺术性

管理既是一门科学又是一门艺术，管理是科学性和艺术性的统一。

1. 管理是一门科学

科学是系统化的知识，科学的方法能够通过对事物的观察而对事物的本质做出判定，并通过持续不断的观察对这些本质的确切性进行检验。20 世纪以来，管理知识逐渐系统化，并形成了一套行之有效的管理方法。尽管与自然科学相比，它还不够精确，但管理已成为一门科学是毋庸置疑的。

管理的科学性，强调管理的客观规律性，即管理应体现客观规律的要求，具有一般科学的特点，以反映客观规律的管理理论和方法为指导，使管理成为在理论指导下的规范化的理性行为。

2. 管理是一门艺术

管理的艺术性，强调管理的实践性、灵活性与创造性。

没有实践则无所谓艺术。管理虽然可以遵循一定的原理或规范办事，但"管理无定法"，管理理论作为普遍适用的原理、原则，必须结合实际应用才能奏效。管理者在实际工作中，面对千变万化的管理对象，要因人、因时、因事、因地制宜，灵活多变地、创造性地运用管理技术和方法，解决实际问题。

3. 管理是科学性和艺术性的统一

不注重管理的科学性而只强调其艺术性，将使管理表现为随意性；不注重管理的艺术性而只强调其科学性，管理将是僵硬的教条。管理的科学性来自管理的实践，管理的艺术性要结合具体情况并在管理实践中体现出来，二者是统一的。

【管理名言】

管理，就像在厨房里做牛排，仅看菜谱是远远不够的，你得掌握好火候，这些都得凭感觉。

第二节 管理主体——管理者

一、管理者的概念

传统观点认为，管理者是运用职位、权力，对人进行统驭和指挥的人。这种概念强调的是组织中的正式职位和职权，强调必须拥有下属。

“现代管理学之父”——美国学者彼得·德鲁克曾给管理者下了如下定义：在一个现代的组织里，每一个知识工作者如果能够由于他们的职位和知识，对组织负有贡献的责任，因而能够实质性地影响该组织经营及实现成果，即为管理者。这一定义强调作为管理者首要的标志是必须对组织的目标负有贡献的责任，而不是权力。只要共同承担职能责任，对组织的成果有贡献，他就是管理者，而不在于他是否有下属人员。

本教材认为，管理者是指履行管理职能，对实现组织目标负有贡献责任的人。

这个概念既包括执行传统意义上的管理职能，对他人工作负有责任的人，也包括承担特殊任务，而不对他人工作负有责任的人或者介于这两者之间的人。只要他利用其职位和知识，以个人的方式对组织做出实质性的贡献，使组织的工作有成果，他就是一位管理者，而不管他对其他人是否具有管理监督的权力，是否拥有下属，如高级会计师、高级化验师、高级经济师等。在当今社会，管理者是一个非常宽泛的概念，厂长、经理、企业家、领导者、决策者、部门经理、CEO（首席执行官）、CFO（首席财务官）、CIO（首席信息官）等都可以称为管理者，人们提出这些概念，目的在于区分不同管理者群体所扮演的角色（或者说承担的责任）和相应的素质要求。

二、管理者的分类

管理者可以按照多种标准进行分类。

（一）按管理者在组织中的不同地位划分

1. 高层管理者

高层管理者是站在组织立场上，对组织的管理负有全面责任的管理人员，一般指的是战略管理者，其主要职责是关注长期问题并侧重于组织的生存、发展和总体的有效性。他们在对外交往中，往往以代表组织的“官方”身份出面。

2. 中层管理者

中层管理者位于组织高层和基层之间，有时被叫作战术管理者。中层管理者的主要职责是贯彻、执行高层管理者的意图，负责将高层管理者所制定的总目标和计划转化为更具体的目标和活动，并对基层管理者的活动进行检查、指导、督促和协调。

3. 基层管理者

基层管理者是组织中最低层次的管理者，也称为一线管理者。他们负责将组织的决策在基层落实，制订作业计划，负责现场指挥与监督，是组织内非常重要的角色。

【管理思考】

结合不同层次的管理者分类，“正确地做事”、“做正确的事”、“把事情做正确”，这“三件事”应该分别由谁来做？

【管理案例】

“问牛不问人”的丞相

西汉宣帝时有位十分有名的丞相，名叫丙吉。他有一句名言：“宰相不亲小事。”

有一天他到长安城外去视察民情，走到半路就有人拦轿喊冤，查问之下原来是有人打架斗殴致死，家属来告状。丙吉回答说：“不要理会，绕道而行。”走了没多远，发现有一头牛躺在路上直喘气吐舌，丙吉下轿围着牛查看了很久，问了很多问题。人们就议论纷纷，觉得这个丞相不称职，死了人不管，对一头生病的牛却那么关心。

皇帝听到传言就问丙吉为什么这么做，丙吉回答：“这很简单，打架斗殴是地方官员该管的事情，他自会按法律处置。如果他渎职不办，再由我来查办他，我绕道而行没有错。丞相管天下大事，现在天气还不热，牛就躺在地上喘气吐舌，我怀疑今年天时不利，可能有瘟疫要流行。要是瘟疫流行，我没有及时察觉就是我丞相的失职。所以，我必须了解清楚这头牛生病是因为吃坏了东西还是因为天时不利。”一番话说得皇帝非常赞赏，陪同官员也都非常叹服丞相的贤明。在他任丞相期间，各级官员职责分明，上下有序，朝廷大政井井有条。汉宣帝在这些良臣的辅佐下，国家一天比一天繁荣富庶，广大百姓安居乐业，社会风气良好，连刑狱案件都很少发生了，史称“昭宣中兴”。

（案例来源：根据《汉书·丙吉传》改写）

点评：管理者层次不同，管理的层面也不同。联系如今的企业，更具有现实意义。对于同一个问题、同一个事物和现象，不同层级的管理者所管理的方面不同，绝对不能交叉重叠，也不能分离、有空当。管理者所处的层次不同，关注的事情、思考的问题就应有所不同。作为一名管理者，只有牢记自己的职责，明白自己的管理层面，才有可能正确行使管理职能。

（二）按管理工作的性质与领域划分

1. 综合管理者

综合管理者是指负责管理整个组织或所属单位的全部活动的管理人员。他们是一个组织或其所属单位的主管，对整个组织或所属单位目标负有全部的责任。他们拥有这个组织或单位所必需的权力，有权支配该组织或单位的全部资源与职能活动，而不是只对单一资源或职能负责。

2. 职能管理者

职能管理者是指负责管理组织中某一类活动(或职能)的管理人员。

(三)按职权关系划分

1. 直线管理者

所谓直线职权是指给予一位管理者指挥其下属工作的权力,拥有这种直线职权的管理者就是直线管理者。显然,每一管理层的主管人员都具有这种职权,都是直线管理者;只不过每一管理层次的功能不同,其职权的大小及范围不同而已。他们的主要职能是决策和指挥。

2. 参谋人员

所谓参谋职权是指管理者拥有某种特定的建议权或审核权,可以评价直线方面的活动情况,进而提出建议或提供服务。因此,参谋人员就是指对上级提供咨询、建议,对下级进行专业指导的管理者。他们与上级的关系是一种参谋、顾问与主管领导的关系,与下级是一种非领导隶属的专业指导关系。他们的主要职能是咨询、建议和指导。

三、管理者的素质与技能

(一)管理者的素质

1. 政治与文化素质

指管理人员的政治思想修养水平和文化基础,包括:政治坚定性、敏锐性;事业心、责任感;思想境界与道德情操;人文修养与广博的文化知识等。

2. 基本业务素质

指管理人员在所从事工作领域内的知识与能力,包括一般业务素质和专门业务素质。

3. 身心素质

指管理者本人的身体状况与心理条件,包括:健康的身体;坚强的意志;开朗、乐观的性格;广泛的兴趣等。

【管理思考】

古人认为:有德有才——圣人;有德无才——贤人;无德无才——庸人;无德有才——小人。

现代企业认为:有德有才——正品;有德无才——次品;无德无才——废品;无德有才——危险品。

你是否同意上述观点?

【管理游戏】

有这样一个游戏:主讲人手上有个白色信封,里面可能是50元钱,也可能是一张罚款单或别的惩罚。你有三种选择:(1)打开信封,但必须服从信封里的要求;(2)不打开信封;(3)传给同伴,让同伴打开。究竟作何选择?选择意味着什么?

(二)管理者的技能

一个管理者要想把计划、组织、领导、控制这些管理职能付诸实践,要想在千变万化的复杂环境中进行有效的管理,实现组织的目标,就必须使自己具备必要的管理技能。这些管理技能主要包括以下三个方面:

1. 技术技能

技术技能是指管理者掌握与运用某一专业领域内的知识、技术和方法的能力。技术技能包括专业知识、经验、技术、技巧、程序、方法、操作与工具运用的熟练程度等。

这些是管理者对相应专业领域进行有效管理所必备的技能。管理者虽不能完全做到内行、专家那样,但必须懂行。特别是一线管理人员,技术技能尤为重要。

2. 人际技能

人际技能是指管理者处理人事关系的技能。一个管理者的大部分时间和活动都是与人打交道的:对外要与有关的组织和人员进行联系、接触;对内要联系下属,协调下属,调动下属的积极性。所有这些都要求管理者具备人际关系方面的技能。人际技能是以合适的方式与人沟通的能力。在以人为本的今天,人际技能对于现代管理者是一种极其重要的基本功。这种技能对各层次的管理人员都具有同等重要的意义。

【管理思考】

人际关系是一门很重要的人生大学问,不断地向比自己强的人靠近,你也会不断地提升。在以下三种人中,你最愿意结识的是哪一种?

A.经验比我多的人(向有经验的人靠近可以少走弯路)

B.人脉关系比我好的人(善于人脉经营的人路更宽)

C.实力比我强的人(强者容易受到尊重)

3. 概念技能

概念技能是指管理者观察、理解和处理各种全局性的复杂关系的抽象能力。概念技能包括:对复杂环境和管理问题的观察、分析能力;对全局性的、战略性的、长远性的重大问题处理与决断的能力;对突发性紧急处境的应变能力等。其核心是一种观察力和思维能力,这种能力对于组织的战略决策和发展具有极为重要的意义,是组织高层管理者所必须具备的,也是最为重要的一种技能。

上述三种技能,对于任何层次的管理者来说,都是应当具备的。但不同层次的管理者,由于所处位置、作用和职能不同,对三种技能的需要程度则明显不同。高层管理者尤其需要概念技能,而且,所处层次越高,对这种概念技能要求越高。这种概念技能的高低,成为衡量一个高层管理者素质高低的最重要的尺度。而高层管理者对技术技能的要求就相对低一些。与之相反,基层管理者更重视技术技能。由于他们的主要职能是现场指挥与监督,所以若不掌握熟练的技术技能,就难以胜任管理工作。当然,相比之下,基层管理者对概念技能的要求就不是太高。不同的管理层次对管理者技能要求的重点是不相同的,但是各管理层对人际技能的要求却是相同的。

不同层次的管理者,对管理技能需要的比例如图 1-1 所示。

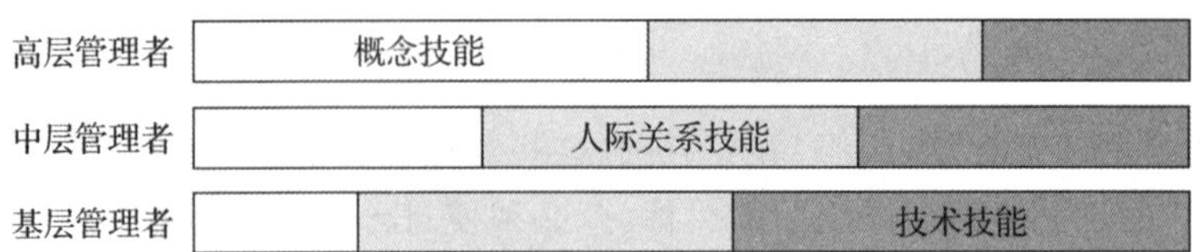

图 1-1 不同层次管理者对管理技能的要求

【管理游戏】

强调自我肯定

程序：

(1)要求每个人就如下建议的一个、两个或全部三个方面向他/她的同伴做出回答：

- 我喜欢的自己的两个身体特性；
- 我喜欢的自己的两个个性特点；
- 我喜欢的自己的一项才能或技能。

(2)向大家解释一下，每个评论都必须是肯定的，不允许说否定的评论！

(因为大多数人没有过这样被肯定的经历，开始的时候你可能得稍微鼓励他们一下。)

讨论：

(1)你们中有多少人在听到这个任务后，轻轻一笑，看着自己的同伴说"你先来"？

(2)你们是否觉得这是个难以开始的任务？

(3)现在你感觉如何？

第三节　管理客体——管理对象与管理环境

一、管理对象

管理对象是管理者为实现管理目标，通过管理行为作用其上的客体。管理总是对一个群体或组织实施的，所以，管理对象首先可以理解为不同功能、不同类型的社会组织。而任何社会组织为发挥其功能，实现其目标，必须拥有一定的资源或要素。管理正是通过对这些资源或要素进行配置、调度、组织，使管理的目标得以实现。所以，这些资源或要素就成为管理的直接对象。同时，任何组织要实现其功能或目标就必须开展一些职能活动，形成一系列工作或活动环节。只有对这些职能活动或工作环节进行有效的管理，才能保证目标的实现。这样，这些职能活动或工作环节也成为管理的对象。因此，管理的对象应包括各类社会组织及其构成要素(资源)与职能活动。

（一）组织的形态

1. 社会组织

所谓社会组织，是指为达到特定目的、完成特定任务，而结合在一起的人的群体。一般指具有法人资格的群体。社会组织可以因不同的观念而有不同的分类方法。普遍适用的是按组织的社会功能、性质来划分为：(1)政治组织，如政党、政府等；(2)经济组织，主要是工商企业，即以营利为目的，从事经济活动的组织，这是社会组织的主体；(3)文化组织，包括教育和各种文化事业单位；(4)宗教组织，如教会；(5)军事组织，主要指军队；(6)其他社会组织。以整个社会组织为对象进行管理的人，主要是组织的上级领导或社会组织的最高层管理者。更多的管理者是以组织内部的要素或活动作为管理对象的。

2. 社会组织内部的单位或部门

这是指在各种社会组织内部设置的各种单位或部门，既包括履行组织基本职能的各业务单位，又包括行使各种管理和服务职能的各种部门。它们不是独立的社会法人，只是社会组织内部半自治性的群体或组织。社会组织内部，除最高管理层以外，大部分管理者都是以这类内部组织为对象进行管理的。

（二）资源或要素

组织的资源或要素，作为管理的直接对象，各有其特定的属性与作用。只有对这些资源或要素进行科学的配置与组织，才能有效地发挥其作用，以保证目标的实现。关于管理要素的构成，管理学者做了大量的研究，提出了不同的见解。普遍接受的观点是，管理要素包括人员、资金、物资设备、时间和信息这五大资源。

1. 人员

人是管理对象中的核心要素，所有管理要素都是以人为中心存在和发挥作用的。人员作为管理对象，包括两层含义：一方面，从生产力角度看，人是作为劳动要素出现的，管理者通过合理运筹与组织，实现劳动者在数量上和质量上的最佳配置，提高劳动的效率和效益；另一方面，从生产关系的角度看，人又是管理者与被管理者，在组织的不同管理层次中，某个层次的管理者对下一层次来说是管理者，而对上一层次来说是被管理者。管理者要在人与人之间的互动关系中，通过科学的领导和有效的激励，最大限度地调动人的积极性，以保证目标的实现。管理的核心就在于管人。

2. 资金

资金是社会组织极为重要的资源，是管理对象的关键性要素。要保证组织职能活动正常进行，经济、高效地实现组织目标，就必须对资金进行科学的管理。对资金筹措、资金运用、经济分析与经济核算等过程加强管理，以降低成本，提高效益，是管理者重要的经常性管理职能。

3. 物资设备

物资设备是社会组织开展职能活动、实现目标的物质条件与保证。通过科学的管理，“物尽其用”，也是管理者的一项经常性工作。

4. 时间

时间是组织的一种流动形态的资源，也是重要的管理要素。管理者必须重视对时间的管理,科学地运筹时间,提高工作的效率。

5. 信息

在21世纪的今天,信息已成为极为重要的管理对象。现代管理者,特别是高层管理者,已越来越多地不再直接接触事物本身,而是同事物的信息打交道。信息既是组织运行、实施管理的必要手段,又是一种能带来效益的资源。管理者必须高度重视,并科学地管理好信息。

(三)职能活动

管理是使组织的活动效率化、效益化的行为。因此,最大量、最经常的管理对象是社会组织实现基本职能的各种活动。管理者正是在对各种活动进行计划、组织、领导和控制的过程中,发挥着管理的功能。

二、管理环境

管理环境,是指存在于社会组织内部和外部的,影响管理实施和管理效果的各种力量、条件和因素的总和。管理环境按存在于社会组织的内外范围划分,可分为内部环境和外部环境。

【管理案例】

生命桥

被一支持有猎枪的狩猎队追赶,一群羚羊被逼到了悬崖边,狩猎队准备全部活捉这群羚羊。几分钟后,羚羊群分成了两群:老羚羊为一群,年轻羚羊为一群。一只老羚羊走出羊群,朝年轻羚羊群叫了一声。一只年轻羚羊应声跟老羚羊走到了悬崖边。年轻羚羊后退了几步,突然奔跑着向悬崖对面跳过去,随即老羚羊紧跟在后面也飞跃出去,只是老羚羊跃起的高度要低一些。当年轻羚羊在空中向下坠时,奇迹出现了:老羚羊的身子刚好出现在年轻羚羊的蹄下,而年轻羚羊在老羚羊的背上猛蹬一下,下坠的身体又突然升高并轻巧地落在了对面的悬崖边,而老羚羊就像一只断翅的鸟笔直地坠入了山涧。

试跳成功!紧接着,一对对羚羊凌空腾起,没有拥挤,没有争夺,没有退却,秩序井然,快速飞跃。顿时,山涧上空划出了一道道令人眼花缭乱的弧线,那弧线是一座以老羚羊的死亡作桥墩的生命桥,那情景是何等神圣!猎人们个个惊得目瞪口呆,不由自主地放下了猎枪。

思考:老羚羊为什么不惜牺牲自己的生命?联系内外部环境管理知识谈谈“生命桥”现象。

(一)组织的内部环境

组织内部环境是指组织拥有的资源条件,也称为微观环境。它包括组织内部的物质环境和文化环境。

1. 组织物质环境

组织物质环境是指组织所拥有的各种资源，主要包括组织的人力资源、物力资源、财力资源、技术资源等。

2. 组织文化环境

组织文化环境至少有三个层面的内容：一是组织的精神文化，包括组织的价值观念、组织信念、经营管理哲学以及组织的精神风貌等；二是组织的制度文化，包括组织的工艺操作规程和工作流程、规章制度、考核奖励制度以及健全的组织结构等；三是组织的物质文化，主要通过物质形态表现出来，是看得见、摸得着的组织文化，是组织文化最终的外在体现，由核心层所决定，表征了组织文化的各种个性特征，包括厂容、组织标识、厂歌、文化传播网络等。良好的组织文化环境是组织生存和发展的基础和动力。

(二)组织的外部环境

组织的外部环境是指对组织的绩效具有潜在影响的外部因素。它又分为一般环境和产业环境两部分。

1. 一般环境

一般环境，即宏观环境，又称为社会大环境，是指对某一特定社会中的所有组织都发生影响的环境因素，包括政治法律环境、经济环境、社会文化环境、技术环境等四大环境。

(1)政治法律环境。政治法律环境主要是指一个国家的政权性质和社会制度，以及国家的方针、政策、法律和法规等。不同的国家有不同的社会政治环境，不同的社会政治环境对组织活动有不同的限制和要求。任何组织都必须使自己的行为符合国家的方针、政策以及法律和法规的要求。

(2)经济环境。经济环境是指一个组织所在的国家或地区的总体经济状况，包括生产力发展水平、产业结构状况、通货膨胀状况、收入和消费水平、市场的供求状况以及经济体制等。

(3)社会文化环境。社会文化环境是指生活在一定社会中的人口因素以及被社会所公认的价值观念、信仰和行为规范。一些社会习惯和整个社会所持有的价值观，以及为人们所普遍接受的行为准则，构成了组织的伦理环境。

(4)技术环境。技术环境是指组织所在国家或地区的技术进步状况，以及相应的技术条件、技术政策和技术发展的动向与潜力等。技术环境对组织的发展有至关重要的影响。伴随着社会信息化和知识经济时代的到来，科学技术对组织的影响更为显著，技术的变革正在从根本上影响着组织模式、对管理者的素质要求及管理方式的变革。

2. 产业环境

产业环境又称作具体环境或中观环境，是指与特定组织直接发生联系的环境因素，包括供应商、顾客、竞争对手、其他特殊环境因素等。

(1)供应商

所谓供应商是泛指组织活动所需各类资源和服务的供应者。例如，对企业来讲，供应商主要包括为企业提供原材料、设备等的各类供应商，为企业提供资本和信贷资金的股东、银行、保险公司、福利基金会及其他类似的组织，以及在劳动力市场上为企业提供人力资源的个体和中介机构等。

(2)顾客

所谓顾客是指组织产品或服务的购买者，有个人购买者(家庭购买者)和组织购买者之分。组织能否成功，其关键就在于能否满足顾客的需求，使顾客满意，甚至给顾客惊喜。但是，顾客的口味和需求是不断发生变化的，这意味着组织存在着潜在的不确定性。因此，如果组织要在激烈的市场竞争中立足，就必须培养和巩固顾客的忠诚度；如果希望能不断提高自身的市场占有率，就必须进行市场研究，做好广告宣传，并且不断地改善服务，树立"顾客至上"的经营观念。

【管理案例】

宝洁公司的尿布

宝洁公司生产的婴儿纸尿布，其销售市场遍及世界各地，在德国和中国香港市场都一度非常畅销。

但好景不长，不久，德国的销售点向总公司汇报：德国的消费者反映，宝洁公司的尿布太薄了，吸水性能不足。而中国香港的销售点却向总公司汇报：香港的消费者反映，宝洁公司的尿布太厚了，简直就是浪费。

总公司感到非常奇怪：为什么同样的尿布，会同时出现太薄和太厚两种不同的反映呢？这让公司的管理人员有点摸不着头脑。

总公司通过详细调查后发现，同时反映太薄和太厚的原因，是德国和中国香港的母亲使用婴儿尿布的习惯不同。虽然中西方婴儿一天的平均尿量大体相同，但德国人凡事讲究制度化，完全按照规矩行事，德国的母亲也是如此，早上起来的时候给孩子换一块尿布，然后就这么一整天都不会去管他，一直到了晚上才会再去换一次。于是，宝洁公司的尿布相对于这样的情况明显就显得太薄了。可是香港的母亲却是把婴儿的舒适当作头等大事，孩子只要尿布湿了就会换上一块新的尿布，一天不知道要换多少次，所以宝洁公司的尿布在这里就显得太厚了。

(3)竞争对手

这里的竞争对手是指与本组织存在资源和市场争夺关系的其他同类组织。企业的竞争对手包括现有生产和销售与本企业相似产品或服务的企业、潜在的进入者以及替代品制造商等。管理者不能忽略竞争，否则其代价将是非常昂贵的。找出主要竞争对手后，应对其进行更为具体的分析，特别是要分析其所以能对本企业构成威胁的主要原因，包括竞争对手的市场发展和产品发展动向，这种动向往往会构成对本企业的威胁，企业若能掌握竞争对手的发展方向，就可据此制定相应的竞争战略和竞争策略，从而捷足先登，抢得主动。

(4)其他特殊环境因素

除上述因素外，其他特殊环境因素，包括同盟者、政府机构及特殊利益团体也会影响和制约企业的经营行为。同盟者是与企业有合作关系的组织。从企业经营角度，可将同盟者分为基本同盟者(全面合作)与临时同盟者(某时、某事、某方面的合作)、直接同盟者与间接同盟者、现实同盟者与潜在同盟者、长期同盟者与短期同盟者等。同盟者与本企业应具有利害共同性或优劣势的互补性。政府机构作为社会经济管理者，对企业的经营行为需要从全社会利益角度进行必要的调节和控制。而工会、妇联、消费者协会、绿色和平组织、新闻传播媒介等各种特殊利益代表团体和反映公众利益要求的团体,也会对企业经营行为产生不容忽视的某种影响和制约。组织必须与这些环境因素保持良好的关系,否则就可能因小失大,给企业生产经营活动造成不利影响。

【管理案例】

让军人花5美分喝到可口可乐

20世纪30年代末期,美国的可口可乐正在雄心勃勃地准备向欧洲进军的时候,第二次世界大战爆发了。这对可口可乐公司来说,无疑是毁掉市场拓展机会的一场灾难,可口可乐的第二任董事长罗伯特·伍德鲁夫焦虑万分。

正在"内外交困"的时候,伍德鲁夫的老同学班塞从战区给他打来电话。伍德鲁夫说:"难得你还想着我啊!"班塞却说了句让伍德鲁夫既伤心又感激的话:"我不是想你,我是天天在想你的可口可乐。"班塞的一句话使伍德鲁夫心中豁然开朗:如果前线的将士都能喝到可口可乐,那么当地的人自然也可以喝到这种饮料,这样销路还用发愁吗?次日,伍德鲁夫发表特别声明:"不管我国的军队在什么地方,也不管本公司要花多少成本,我们一定让每个军人只花5分钱就能买到一瓶可口可乐。"

为此,可口可乐公司印刷了取名为《完成最艰苦的战斗任务与休息的重要性》的小册子。小册子强调:由于在战场上出生入死的战士们的需要,可口可乐对他们已不仅是休闲饮料,而是生活的必需品了,与枪炮弹药同等重要。

可口可乐公司本想把装瓶的可口可乐直接出口,但是,尽管他们有特权,却还是没有办法享受军事船运的优先权。伍德鲁夫设计出了另一套计划:仿照美军使用脱水食物的方式,把可口可乐浓缩液装瓶输出,并设法在驻区设立装瓶厂。可口可乐公司一共派遣了248人随军到国外。而后,这批人随军辗转,从新几内亚丛林到法国里维拉那的军官俱乐部,一共卖了100亿瓶可口可乐。除了南北极以外,可口可乐在战时建立了64家装瓶厂。

为了方便,美国军方授予这些可口可乐代表"技术观察员"的假军职。把可口可乐工厂的工人与修理飞机坦克的军人相提并论,这的确有些不可思议。但士兵以及军官们却都对这些技术观察员感激有加,因为正是这些人在他们大战激烈时送来了难忘的家乡味。

更富有传奇色彩的是,伍德鲁夫与美国大英雄艾森豪威尔的密友关系也是在可口可乐的基础上建立起来的。艾森豪威尔将军设在北非的盟军司令部也命令海军运输舰运送"能够装备10个可口可乐装瓶厂的设备",并指示如果军舰因装载军用品一时无法运送装瓶设备,那就先送来300万瓶可口可乐。

可口可乐就这样在世界大战的炮火中打开了欧洲和太平洋地区的市场。

【思政园地】

像焦裕禄那样解决问题

重读焦裕禄的事迹,发现他有着十分强烈的问题意识。早在河南杞县工作时,他在一份工作报告中就提出“有的村子干部不团结,干群关系不够密切”等问题。调任兰考县工作后,他在一次座谈会上着重讲了干部领导方法和工作作风上存在的问题,归纳起来有“十多十少”“五个跟不上”等等。正是因为焦裕禄在工作中牢固树立问题意识,始终坚持问题导向,在深入调研中发现问题、在独立思考中分析问题、在真抓实干中解决问题,才能针对兰考县发展过程中面临的问题开出良方,使得兰考县的面貌发生了深刻变化,同时也为我们留下了宝贵的精神财富。

“问题就是事物的矛盾。哪里有没有解决的矛盾,哪里就有问题。”问题无时不在、无处不在。能不能发现问题、敢不敢正视问题、会不会解决问题,不仅是认识能力和工作水平问题,也是工作作风和精神状态问题。一个有作为的党员干部,应该树立强烈的问题意识,在发现和分析问题中积累经验、增长才干,在解决问题中彰显作为、创造佳绩。

在深入调研中发现问题。调查研究是我们党的传家宝,也是我们做好各项工作的基本功。毛泽东同志曾指出,“你对于某个问题没有调查,就停止你对于某个问题的发言权”“调查就像‘十月怀胎’,解决问题就像‘一朝分娩’。调查就是解决问题”。为了治理“三害”,焦裕禄先后抽调120名干部、技术员等组成调查队,跋涉数千公里,拿到了第一手资料。正是在深入调查研究中,他基本掌握了内涝、风沙、盐碱的规律,探索出“贴膏药”“扎针”等土办法,以苦干实干把沙丘变成了沃野。广大党员干部要向焦裕禄学习,走出“高墙深院”,走到田间地头,用更多的时间蹲在基层、深入一线,用更多的精力“解剖麻雀”、了解实情,这样才能及时准确发现问题。

在独立思考中分析问题。深入实际、了解实际,落脚点在于科学分析问题。除了走到、看到、听到,还要想到、分析到,通过深入细致地分析思考,把握事物的本质和规律,找到解决问题之道。焦裕禄在调查研究中,对如何改变兰考县面貌进行了深入思考和分析,既看到影响兰考发展的自然因素,如内涝、风沙、盐碱等,又看到影响兰考发展的社会因素,包括领导思想状况、干部精神状态等,进而为改变兰考面貌开出良方——“一个落后地区的改变,首先是领导思想的改变。领导思想不改变,外地的经验学不进,本地的经验总结不起来”。现实中一些党员干部做不好调查研究工作,既有不愿吃苦、怕麻烦的懒惰思想作怪,也有个人研究问题能力弱的因素使然。党员干部要提高对问题的认识能力、分析能力、思考能力,通过实践锻炼切实掌握去粗取精、去伪存真的本领,练就“拨云见日、洞悉本质”的功夫,以精准分析问题确保真正解决问题。

在真抓实干中解决问题。在调查研究中发现问题,在独立思考中分析问题,最终要落实到有效解决问题上。焦裕禄搞调查研究,走一路,看一路,不仅有思考、有想法,而且有部署、有行动,知行合一,说干就干,以“对群众的那股亲劲、抓工作的那股韧劲、干事业的那股拼劲”改变了兰考面貌，铸就了不朽的丰碑。要想解决问题，关键在于真抓实干。解决问题，有的要大火快炒，有的要小火慢炖，但都需要向问题开刀、向顽疾亮剑的决心和勇气。在薄弱环节、关键问题上较真，让想遮的遮不住，想躲的躲不掉，这样才能打开天窗、一治到底，在解决问题中真出业绩、出真业绩，以实干担当履职尽责，以工作实绩取信于民。

能否及时发现问题、深入分析问题、有效解决问题，检验的是政治素质、党性原则和能力水平。党员干部只有具备较高的政治素质，才能“不畏浮云遮望眼”，在错综复杂的形势中看清事物的本质，抓住事物的要害；只有具备较强的党性原则，才能既“身入”更“心至”，坚持实事求是、一切从实际出发，敢说真话、敢报实情；只有具备较高的能力水平，才能有想法、有办法，遇事敢拍板，遇难敢攻关，以担当实干交出“为官一任、造福一方”的合格答卷。

（资料来源：吉象.像焦裕禄那样解决问题[N].解放军报，2023-03-17.）

本章小结

管理活动作为人类最重要的一项活动，广泛存在于现实生活之中，正所谓“时时处处有管理”。本章重点介绍了管理的基本内涵，包括管理的概念、管理系统、管理职能及管理性质；同时也就管理的主体管理者及管理的客体，即管理对象和管理环境进行了介绍。

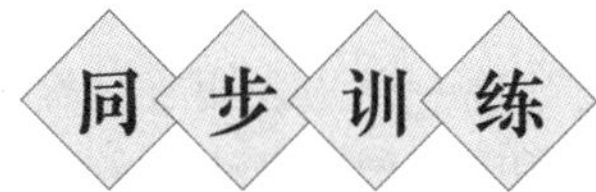

一、基础知识练习

（一）单选题

1. 管理的主体是（　　）。

A.人　　B.组织　　C.管理者　　D.管理机构

2. 管理是一种艺术，是强调管理的（　　）。

A.精确性　　B.延续性　　C.随意性　　D.实践性

3. 管理的二重性是指管理具有社会性和（　　）。

A.社会属性　　B.艺术性　　C.自然属性　　D.科学性

4. 对于一线管理者来说，（　　）更为重要。

A.人际技能　　B.概念技能　　C.行政技能　　D.技术技能

5. 对于高层管理者来说，（　　）更为重要。

A.人际技能　　B.技术技能　　C.概念技能　　D.行政技能

6. 认为管理就是计划、组织、领导、控制的过程，是强调管理的（　　）。

A.核心环节　　B.对人的管理　　C.作业过程　　D.本质

7. 认为管理就是决策，是强调管理的（　　）。

A.本质　B.对人的管理　C.作业环节　D.核心环节

8. 认为管理就是协调活动，是强调管理的（　　）。

A.对人的管理　B.本质　C.作业环节　D.核心环节

9. 存在于社会组织内部与外部的影响管理实施和管理功效的各种力量、条件和因素的综合称为（　　）。

A.管理要素　B.管理对象　C.管理客体　D.管理环境

10. 管理的目的是（　　）。

A.有效实现目标　B.提高经济效益　C.提高劳动效率　D.协调人际关系

（二）判断题

1. 管理是一门艺术，指主管人员在管理实践中，既要运用管理知识，又需发挥创造性，采取适宜措施，高效地实现目标。（　　）

2. 管理层分为三个层次，拥有的权力范围最大，担任的职务最高的管理人员是中层主管人员。（　　）

3. 有效的管理理论与方法只有通过实践，才能带来实效。（　　）

4. 管理环境中，对于企业来讲，产业环境是外部环境。（　　）

5. 组织资源包括人员、资金、物资设备、时间和信息这五大资源。（　　）

6. 参谋人员的主要职责是决策和指挥。（　　）

7. 高层管理者要求具备更多的概念技能，基层管理者需要具备更多的技术技能，那么，中层管理者则要求具备更多的人际技能。（　　）

8. 作为高层领导者，一定是技术高手，否则在工人当中没有威信。（　　）

9. “光看菜谱做不出一手好菜”，这一说法表明管理需要实践。（　　）

10. 管理系统具有五个要素，即：管理目标、管理对象、管理主体、管理媒介和管理环境。（　　）

（三）简答题

1. 管理的内涵是什么？

2. 管理有哪些职能？

3. 如何理解管理的科学性与艺术性？

4. 管理者的技能包括哪些？

5. 管理环境包括哪些类型？

二、能力素质训练

（一）案例讨论

升任公司总裁后的思考

郭宁最近被一家生产机电产品的公司聘为总裁。在他准备去接任此职位的前一天晚上，他浮想联翩，回忆起他在该公司工作20多年的情况。

他在大学时学的是工业管理，大学毕业获得学位后就到该公司工作，最初担任液压装配单位的助理监督。他当时感到真不知道如何工作，因为他对液压装配所知甚少，在管理工作上也没有实际经验，他感到几乎每天都手忙脚乱。可是他非常认真好学，一方面仔细参阅公司所订的工作手册，并努力学习有关的技术书刊；另一方面监督长也对他主动指点，使他渐渐摆脱了困境，胜任了工作。经过半年多时间的努力，他已有能力独担液压装配的监督长工作了。可是，当时公司没有提升他为监督长，而是直接提升他为装配部经理，负责包括液压装配在内的四个装配单位的领导工作。

在担任助理监督时，他主要关心的是每日的作业管理，技术性很强。而当他担任装配部经理时，他发现自己不能只关心当天的装配工作状况。他还得做出此后数周乃至数月的规划，还要完成许多报告和参加许多会议，他没有多少时间去从事他过去喜欢的技术工作了。当上装配部经理不久，他就发现原有的装配工作手册已基本过时，因为公司已安装了许多新的设备，吸收了一些新的技术，这令他花了整整一年时间去修订工作手册，使之切合实际。在修订手册过程中，他发现要让装配工作与整个公司的生产作业协调起来是有很多讲究的。他还主动到几个工厂去访问，学到了许多新的工作方法，他也把这些吸收到修订的工作手册中去。由于公司的生产工艺频繁发生变化，工作手册也不得不经常修订，郭宁对此都完成得很出色。他工作了几年后，不但自己学会了这些工作，而且还学会如何把这些工作交给助手去做，教他们如何做好，这样，他可以腾出更多时间用于规划工作和帮助他的下属工作得更好，以及花更多的时间去参加会议、批阅报告和完成自己向上级的工作汇报。

当他担任装配部经理 6 年之后，正好公司负责规划工作的副总裁辞职应聘于其他公司，郭宁便主动申请担任此一职务。在同另外 5 名竞争者较量之后，郭宁被正式提升为规划工作副总裁。他自信拥有担任此一新职位的能力，但由于此高级职务工作的复杂性，仍使他在刚接任时碰到了不少麻烦。例如，他感到很难预测一年之后的产品需求情况。可是一个新工厂的开工，乃至一个新产品的投入生产，一般都需要在数年前做好准备。而且，在新的岗位上他还要不断处理好市场营销、财务、人事、生产等部门之间的协调工作，这些他过去都不熟悉。他在新岗位上越来越感到：越是职位上升，越难以仅仅按标准的工作程序去进行工作。但是，他还是渐渐适应了，做出了成绩，以后又被提升为负责生产工作的副总裁，而这一职位通常是由公司资历最深、辈分最高的副总裁担任的。到了现在，郭宁又被提升为总裁。他知道，一个人当上公司最高主管之时，他应该自信自己有处理可能出现的任何情况的才能，但他也明白自己尚未达到这样的水平。因此，他不禁想到自己明天就要上任了，今后数月的情况会是怎么样？他不免为此而担忧！

思考(选择一个最佳选项)：

(1)郭宁当上装配部经理以后，花了整整一年的时间去修订工作手册，对此，你的评价是：(　　)

A.正确。因为工作手册的修订是装配部计划工作的一部分

B.不正确。此项纯系业务活动，不属于计划

C.不正确。郭宁应将精力投入市场调查，了解用户对产品的需求

D.难以得出结论

(2)郭宁担任总裁后,如果参加培训,其主要重点是(　　)。

A.总结他在基层管理的经验,以便推而广之

B.了解现代管理的前沿知识,完成知识更新

C.学会激励和用人方面的技巧

D.改变态度,完成管理角色的重新定位

A项目团队的狂人们

“我们走的方向就不正确!”史密斯嚷嚷着摔门而去。在A项目的团队研究工作中,史密斯强硬地坚持己见,并时常与其他人发生矛盾冲突,这样的消息不断地灌进A项目实验室负责人琼的耳朵里。“其实,他非常聪明和优秀。”这是琼对史密斯的评价,但史密斯与团队其他人的不和又确实是事实。

“没有必要谈什么团队合作,走出实验室的每一分钟都是在浪费时间。”维克多也是一位出色的科学家,但同样对团队合作不屑一顾,让其他人感觉“伤了自尊”。

而鲍尔和迈克这两个人本是琼的得力干将,自从被分到A项目组后,居然水火不容起来。两人在一个重大问题上意见相左,而且看起来似乎没有协商的可能。

与实验室的科学家和工程师相比,琼的学历和资历远远不够,但她却是一个杰出的管理者,很有责任心和自信心,非常善于与人沟通,在关键时刻总能把握住方向。在她的领导下,实验室做出了许多不凡的成绩。目前,琼管理着安捷伦全球三间实验室,作为实验室的负责人,琼知道在A项目组中,很多人在自己的专长领域内可以称雄,也有很好的合作精神,能够顾全大局,但总有一些让琼很头痛的牛人。

他们很优秀,他们很行,并且开始对团队表现出杀伤力。如何让项目组的所有成员,尤其是那些有着强烈的自我愿望,自视清高的牛人安安分分地步入项目组既定的目标轨道?

关于这个问题,琼有自己的一套做法。

(1)认识这个群体。人们需要得到尊重,需要得到倾听,对科学家和工程师而言尤其如此,因为他们需要自己的贡献被世人所认可。

(2)准确衡量杀伤力。总体而言,那些注重团队合作的人,他们的贡献比游离于团队边界的人要大得多。但总有一些不安分的个人,他们的能力是可圈可点,但也可能有一些越界行为。

(3)对于问题员工,采取不同的方式。

①换环境法。如果那个人不适应现在所在的研究环境,那么大可尝试将他用在其他地方,比如将他调到另外一个能让他尽情发挥才能的项目上去。

②提示法。对合作表现出不屑一顾的人也许并非出自本意,那么在适当的时候以适当的方式让他们意识到自己存在的问题就行了。很多时候必须与员工进行及时的沟通,以达到相互理解的目的。

③求同存异。对于有意见有分歧的员工,进行分别谈话,帮助他们找到相同点。

琼按照这些方法成功地使A项目研究工作顺利进行着。琼常说:"别指望靠管理的条条框框能约束这些科学狂人,和他们打交道,就像在厨房里做牛排,仅看菜谱是远远不够的,你得掌握好火候,这些都得凭感觉。"

思考:

(1)为什么说A项目组必须进行有效管理?

(2)现有的条件能让琼成为一名优秀的管理者吗?作为管理者应具备怎样的条件?

(3)管理者应如何对待具有不同特征的管理对象?

(4)案例中涉及了哪些管理职能?

(二)管理游戏

扮时钟——"点钟点钟,现在几点了?"

实训目标:

(1)训练指挥与反应能力;

(2)培养团队合作意识。

实训内容与方法:

(1)在班级中找三个人分别扮演时钟的秒针、分针和时针,手上拿着三种长度不一的棍子或其他道具(代表时钟的指针),背对着黑板;

(2)主持人任意说出一个时刻,比如现在是3点45分15秒,要三个分别扮演的人迅速将代表指针的道具指向正确的位置。指示错误或指示慢的话,扮演时钟指针的三人均要受罚。

坐地起身

实训目标:

(1)培养分析环境的能力;

(2)培养团队合作意识。

实训内容与方法:

(1)首先4个人一组,围成一圈,背对背地坐在地上(坐的意思是屁股贴地,正常来说一个坐在地上的人,手不着地站起来是很困难的)。

(2)四人手"桥"手,然后要他们一同站起来。很容易吧?那么再试试人多一点,如六至七个人,应该还不是太难。最后再试试十四五人一同站起来,那难度就会提高了。

游戏点评:

如何合作才可成功?

(三)无领导小组讨论

海上救援

题目背景:

现在发生海难,一艘游艇上有八名游客等待救援,但是现在直升飞机每次只能够救一个人。游艇已坏,不停漏水。寒冷的冬天,刺骨的海水。游客情况:

1. 将军,男,69岁,身经百战;
2. 外科医生,女,41岁,医术高明,医德高尚;
3. 大学生,男,19岁,家境贫寒,参加国际奥数获奖;
4. 大学教授,50岁,正主持一个科学领域的项目研究;
5. 运动员,女,23岁,奥运金牌获得者;
6. 经理人,35岁,擅长管理,曾将一大型企业扭亏为盈;
7. 小学校长,53岁,男,劳动模范,五一奖章获得者;
8. 中学教师,女,47岁,桃李满天下,教学经验丰富。

请将这八名游客按照营救的先后顺序排序。

说明:

3分钟的阅题时间,1分钟的自我观点陈述,15分钟小组讨论,1分钟总结陈词。

(四)辩论赛

酒香不怕巷子深 VS 酒香也怕巷子深

CEO

CEO(chief executive officer),即首席执行官,是美国人在20世纪60年代进行公司治理结构改革和创新时的产物。

由于市场风云变幻,决策的速度和执行的力度比以往任何时候都更加重要。传统的“董事会决策、经理层执行”的公司体制已经难以满足决策的需要;而且,决策层和执行层之间存在的信息传递时滞和沟通障碍、决策成本的增加,已经严重影响经理层对企业重大决策的快速反应和执行能力。而解决这个问题的首要一点,就是让经理人拥有更多自主决策的权力,让经理人更多地为自己的决策奋斗,对自己的行为负责。CEO就是这种变革的产物。CEO在某种意义上代表着将原来董事会手中的一些决策权过渡到经营层手中。

CEO与总经理,形式上都是企业的“一把手”,但CEO既是行政一把手,又是股东权益代言人;大多数情况下,CEO是作为董事会成员出现的,总经理则不一定是董事会成员。从这个意义上讲,CEO代表着企业,并对企业经营负责。

由于国外没有类似的上级主管和来自四面八方的牵制，CEO 的权威比国内的总经理们更绝对，但他们绝不会像总经理那样过多介入公司的具体事务。CEO 做出总体决策后，具体执行权就会下放。所以有人说，CEO 就像我国 50%的董事长加上 50%的总经理。

一般来讲，CEO 的主要职责有三方面：①对公司所有重大事务和人事任免进行决策，决策后，权力就下放给具体主管，CEO 具体干预的较少；②营造一种促使员工愿意为公司服务的企业文化；③把公司的整体形象推销出去。

最后，在这里推荐一部国产电影《首席执行官》，相信大家定有所获！

宗庆后的管理——从有为到无为三阶段

放眼当今饮料界，乐百氏、健力宝易帜动荡，农夫山泉、汇源果汁尚未成大器，旭日升已成明日黄花，唯娃哈哈独具亮色，扛起中国民族饮料的大旗。前可口可乐中国总裁杜达夫认为：可口可乐今后在中国最大的挑战将来自娃哈哈。娃哈哈如何成为可乐巨人担忧的对手？其有什么特别之处？本文从管理的角度进行了探索。娃哈哈如何实现有效管理？宗庆后，杭州娃哈哈集团公司董事长兼总经理，在《娃哈哈方法》一书中提出了有名的“管理创新三阶段”论。

第一阶段：经验管理——能人时代

宗庆后所经历的管理第一阶段是经验管理阶段，即宗庆后的个人英雄主义阶段，也就是“有为”的阶段。它的特征是能人治厂，凭感觉、靠经验管理。这是一种火车头式的方式，企业的整个运作都靠能人拉动，靠其个人的能力、素质、经验和风格在发挥着巨大的作用。在这个阶段宗庆后事必躬亲、身先士卒，与员工一起起早贪黑地干，也是娃哈哈大家庭形成的时代。我们可以想象得到那是一个什么样的时代，娃哈哈凭借着儿童营养液、AD 钙奶等产品驰骋天下，这一时期，也是宗庆后个人威权彻底建立起来的时期。

这个阶段宗庆后最大的管理特色是以亲情塑造团队、以威权建立权威，管理上比较粗放，但企业凝聚力强，锻造了一支可以一扫天下的“子弟兵”队伍。

第二阶段：科学管理

20 世纪 90 年代中期娃哈哈迎来了自己的第一个重要的转型时刻。宗庆后的管理创新，也进入第二个阶段。在此阶段，宗庆后完成了娃哈哈的几大管理创新：一是改变企业资本结构，重组企业股权，与法国达能合资；二是逐渐形成联销体营销网络，建立以通路为平台的企业运作模式。而这一阶段最重要的管理变革，就是宗庆后与时俱进进行管理分层授权，以适应企业做大做强的形势。

这之后的娃哈哈，在宗庆后的领导下屡战屡胜，“宗氏兵法”开始名扬天下，“非常营销”成为饮料行业的标杆。娃哈哈靠战略领先创造优势，攀上中国食品饮料行业的宝座。我们会发现娃哈哈的每一个产品，都不是先吃螃蟹，但在宗氏兵法的指导下，娃哈哈做一个赚一个，当娃哈哈出现充裕的现金流和优美的企业增长曲线时，不断惹来企业界对其神话的追逐。

第三阶段：现代管理

在进入跨国竞争和全面竞争时代之后，娃哈哈的管理变革再次遭遇转型，这是宗庆后的第三次管理创新。宗庆后给出的解决方案是企业流程再造。这里所说的“企业流程再造”，相比于以通路为平台的“组织流程再造”，主要区别是宗庆后开始从企业结构的层面上升到企业信息整合的层面。通过企业流程再造，可以通过信息化提高企业的整体运作水平，从而使管理层从日常工作中的随意决策变成依靠科学化决策。

在经过多方面考虑之后，宗庆后聘请美国埃森哲公司为娃哈哈实施企业流程再造的“外脑”，主要内容包括：实施应用 SAP 软件、供应链优化系统（APO）、管理信息系统（ERP），建立企业科学的分级授权体制。

从经验管理，到科学管理，再到现代管理，这是企业变革的必然进程，不可逾越。目前大多数的中国企业还处于经验管理阶段，但是我们很多管理者没有弄清本企业所处的进程，就盲目套用所谓先进的管理方式和方法，由此注定了不可避免的大起大落的宿命。

小结：从“有为”到“无为”，宗庆后完成了他在娃哈哈的“管理三阶段”，宗庆后依靠后天的自我修炼，进入中国当代一流企业家行列。其“宗氏兵法”成为娃哈哈市场制胜的法宝，“宗氏兵法”造就了独一无二的“娃哈哈模式”，这些成功方法的背后是宗庆后个人思想的闪光。所以很多学者将宗庆后与张瑞敏相提并论，于是就有了“北有张瑞敏，南有宗庆后”之说。他们两个人都是各自行业的领军人物，又善于思考，以谋治天下，并且建立了自己相对完善的企业发展理论。

宗庆后认为，从“有为”到“无为”，一是充分地信任部下，充分地授权，实现责、权、利相统一；二是推行契约化的管理，也就是制度化的管理，让契约成为管理中的一只“有形的手”；三是设置一种最能减少交易成本的分配机制；四是依靠企业文化从根本上去改变人的价值观念，改变人的意识，使企业文化成为管理过程中一只“无形的手”；五是减少管理的内容，根据社会分工的理论尽可能地将一些管理事务交给社会，比如，住房问题、社会保险问题、子女教育问题。

（资料来源：高超.娃哈哈方法[M].中国工人出版社，2005.有改动）

气质测试

人的体内有四种液体，即黏液、黄胆汁、墨胆汁和血液。其中黏液生于脑，黄胆汁生于肝，墨胆汁生于胃，血液生于心脏。如果在液体的混合比例中血液占优势的人，是湿和热的配合，其特点是湿而润，好像春天一样，这就是多血质型；黏液占优势的人是冷和湿的配合，其特点是冷酷无情，像冬天一样，这就是黏液质型；黄胆汁占优势的人是热和干的配合，热而燥像夏天一样，这就是胆汁质；墨胆汁占优势的人是冷和干的配合，像秋天一样冷而燥，这就是抑郁质。

本测试题共 60 道题目，目的只是大概了解一下你的性格类型。回答这些问题应实事求是，怎么样想就怎么样回答，不必多做考虑，因为并没有什么标准答案和好坏之分。看清题目后请赋分，认为最符合自己情况的记 2 分；比较符合的记 1 分；介于符合与不符合之间的记 0 分；比较不符合的记－1 分；完全不符合的记－2 分。

说明：测试计分表附后，请按计分表设计的题号顺序把相应的得分填入表中，分别算出四种气质的分数，得分高的前两项即为你的气质。

1. 做事力求稳妥，不做无把握的事。
2. 遇到可气的事就怒不可遏，想把心里话说出来才痛快。
3. 宁可一个人干事，不愿很多人在一起。
4. 到一个新环境很快就能适应。
5. 厌恶那些强烈的刺激，如尖叫、噪音、危险镜头等。
6. 和人争吵时，总是先发制人，喜欢挑衅。
7. 喜欢安静的环境。
8. 喜欢和人交往。
9. 羡慕那些善于克制自己感情的人。
10. 生活有规律，很少违反作息时间。
11. 在多数情况下情绪是乐观的。
12. 碰到陌生人觉得很拘束。
13. 遇到令人气愤的事，很好地自我克制。
14. 做事总是有旺盛的精力。
15. 遇到问题常常举棋不定，优柔寡断。
16. 在人群中从不觉得过分拘束。
17. 情绪高昂时，觉得干什么都有趣，情绪低落时，觉得干什么都没有意思，
18. 当注意力集中于一事物时，别的事物就很难使我分心。
19. 理解问题总比别人快。
20. 遇到不顺心的事能从不向他人说。
21. 记忆能力强。
22. 能够长时间做枯燥、单调的事。
23. 符合兴趣的事，干起来劲头十足，否则就不想干。
24. 一点小事就能引起情绪波动。
25. 讨厌做那种需要耐心、细致的工作。
26. 与人交往不卑不亢。
27. 喜欢参加热烈的活动。
28. 爱看感情细腻、描写人物内心活动的文学作品。
29. 工作学习时间长了，常感到厌倦。
30. 不喜欢长时间谈论一个话题，愿意实际动手干。
31. 宁愿侃侃而谈，不愿窃窃私语。
32. 别人说我总是闷闷不乐。
33. 理解问题时常比别人慢些。
34. 疲倦时只要短暂的休息就能精神抖擞，重新投入工作。
35. 心里有事，宁愿自己想，不愿说出来。
36. 认准一个目标就希望尽快实现，不达目的，誓不罢休。
37. 同样和别人学习、工作一段时间后，常比别人更疲倦。

38. 做事有些莽撞,常常不考虑后果。
39. 别人讲授新知识、技术时,总是希望他讲慢些,多重复。
40. 能够很快忘记那些不愉快的事情。
41. 做作业或完成一件工作时总比别人花费的时间多。
42. 喜欢运动量大的剧烈活动,或参加各种文体活动。
43. 不能很快地把注意力从一件事转移到另一件事上去。
44. 接受一个任务后,就希望把它迅速解决。
45. 认为墨守成规要比冒风险强些。
46. 能够同时注意几件事物。
47. 当我烦闷的时候,别人很难使我高兴。
48. 爱看情节起伏跌宕、激动人心的小说。
49. 对工作抱认真谨慎、始终如一的态度。
50. 和周围人们的关系总是相处不好。
51. 喜欢复习学过的知识,重复做已经掌握的工作。
52. 喜欢做变化大、花样多的工作。
53. 小时候会背的诗歌,我似乎比别人记得清楚。
54. 别人说我"出语伤人",可我并不觉得这样。
55. 在体育运动中,常因反应慢而落后。
56. 反应敏捷,大脑机智。
57. 喜欢有条理而不甚麻烦的工作。
58. 兴奋的事情常使我失眠。
59. 别人讲新概念,我常常听不懂,但是弄懂以后就很难忘记。
60. 假如工作枯燥无味,马上就会情绪低落。

胆汁质	2	6	9	14	17	21	27	31	36	38	42	48	50	54	58
多血质	4	8	11	16	19	23	25	29	34	40	44	46	52	56	60
黏液质	1	7	10	13	18	22	26	30	33	39	43	45	49	55	57
抑郁质	3	5	12	15	20	24	28	32	35	37	41	47	51	53	59

多血质

强而平衡,灵活性高。这种人情感和情绪发生迅速,表露于外,极易变化,灵活而敏捷,动作活泼好动,但往往不求甚解。工作适应力强,讨人喜欢,交际广泛。容易接受新事物,也容易见异思迁而显得轻浮。

神经特点：感受性低；耐受性高；不随意反应性强；具有可塑性；情绪兴奋性高；反应速度快而灵活。

心理特点：活泼好动；善于交际；思维敏捷；容易接受新鲜事物；情绪情感容易产生也容易变化和消失，容易外露；体验不深刻。

典型表现：多血质又称活泼型，敏捷好动，善于交际，在新的环境里不感到拘束。在工作学习上富有精力而效率高，表现出机敏的工作能力，善于适应环境变化。在集体中精神愉快，朝气蓬勃，愿意从事合乎实际的事业，能对事业心向神往，能迅速地把握新事物，在有充分自制能力和纪律性的情况下，会表现出巨大的积极性。兴趣广泛，但情感易变，如果事业上不顺利，热情可能消失，其速度与投身事业一样迅速。从事多样化的工作往往成绩卓越。

合适的职业：导游、推销员、节目主持人、演讲者、外事接待人员、演员、市场调查员、监督员等等。

胆汁质

强而不平衡。这样的人情感和情绪发生迅速，爆发力很好。同时，情感和情绪消失得也快，情绪趋于外向。智力活动灵敏有力，但理解问题容易粗枝大叶。意志力坚强，不怕挫折勇敢果断，但容易冲动，难以抑制。工作热情高，表现得雷厉风行，顽强有力。

神经特点：感受性低；耐受性高；不随意反应强；外倾性明显；情绪兴奋性高；控制力弱；反应快但不灵活。

心理特点：坦率热情；精力旺盛，容易冲动；脾气暴躁；思维敏捷；但准确性差；情感外露，但持续时间不长。

典型表现：胆汁质又称不可遏止型或战斗型。具有强烈的兴奋过程和比较弱的抑郁过程，情绪易激动，反应迅速，行动敏捷，暴躁而有力；在语言上，表情上，姿态上都有一种强烈而迅速的情感表现；在克服困难上有不可遏止和坚忍不拔的劲头，而不善于考虑是否能做到；性急，易爆发而不能自制。这种人的工作特点带有明显的周期性，埋头于事业，也准备去克服通向目标的重重困难和障碍。但是当精力耗尽时，易失去信心。

适合职业：管理工作、外交工作、驾驶员、服装纺织业、餐饮服务业、医生、律师、运动员、冒险家、新闻记者、演员、军人、公安干警等。

黏液质

强而平衡，灵活性低。这种人情绪比较稳定，兴奋性低，变化缓慢，内向、喜欢沉思。思维和言行稳定而迟缓，冷静而踏实。对工作考虑细致周到，不折不扣，坚定地执行自己已经做出的决定，往往对已经习惯了的工作表现出高度热情，而不容易适应新的工作和环境。

神经特点：感受性低；耐受性高；不随意反应低；外部表现少；情绪具有稳定性；反应速度快但灵活。

心理特点：稳重，考虑问题全面；安静，沉默，善于克制自己；善于忍耐。情绪不易外露；注意力稳定而不容易转移，外部动作少而缓慢。

典型表现：这种人又称为安静型，在生活中是一个坚持而稳健的辛勤工作者。

由于这些人具有与兴奋过程向均衡的强的抑制，所以行动缓慢而沉着，严格恪守既定的生活秩序和工作制度，不为无所谓的动因而分心。黏液质的人态度持重，交际适度，不作空泛的清谈，情感上不易激动，不易发脾气，也不易流露情感，能自治，也不常常显露自己的才能。这种人长时间坚持不懈，有条不紊地从事自己的工作。其不足是有些事情不够灵活，不善于转移自己的注意力。惰性使他因循守旧，表现出固定性有余，而灵活性不足。从容不迫和严肃认真的品德，以及性格的一贯性和确定性。

适合职业：外科医生、法官、管理人员、出纳员、会计、播音员、话务员、调解员、教师、人力人事管理主管等。

抑郁质

弱性，易抑制。这种人情绪体验深刻，不易外露。对事物有较高的敏感性，能体察到一般人所觉察不到的东西，观察事物细致。行动缓慢、多愁善感，也易于消沉，干工作常常显得信心不足，缺乏果断性。交往面较窄，常常有孤独感。

神经特点：感受性高；耐受性低；随意反应低；情绪兴奋性高；反应速度慢，刻板固执。

心理特点：沉静、对问题感受和体验深刻；持久；情绪不容易表露；反应迟缓但是深刻；准确性高。

典型表现：有较强的感受能力，易动感情、情绪体验的方式较少，但是体验的持久而有力，能观察到别人不容易察觉到的细节，对外部环境变化敏感，内心体验深刻，外表行为非常迟缓、忸怩、怯弱、怀疑、孤僻、优柔寡断，容易恐惧。

适合职业：校对、打字、排版、检察员、雕刻工作、刺绣工作、保管员、机要秘书、艺术工作者、哲学家、科学家。

气质类型与人的生理素质关系尤为密切，不易改变。每个人的气质都有其所长，也有其所短，要了解其特点，扬长避短。多血质的人活泼、敏捷、情绪丰富、工作能力强，容易适应环境，但行为轻率、情感不深、注意力不稳定、兴趣容易转移；胆汁质的人，主动、热情、精力旺盛，但暴躁、任性、缺乏耐性；黏液质的人，沉着、冷静、坚韧，但容易精神不振，缺乏生气，迟钝、冷淡；抑郁质的人，耐受性差，易感到疲劳，但感情深刻细腻，做事审慎小心，观察力敏锐，善于觉察到别人不易发现的问题。

不同的气质都有容易培养的良好品质，如多血质的活泼、易感；胆汁质的迅速；黏液质的安静和耐性；抑郁质的情感稳定和深刻。同时，要注意防止和克服每一种气质易产生的不良倾向，如多血质的精力分散；胆汁质的急躁；黏液质的冷淡；抑郁质的沉沦于个人体验的倾向和过度的沉默。

需要指出，气质不决定一个人活动的社会价值和成就的高低，因为在同一领域作出杰出成就的人，有各种气质类型的代表，原苏联心理学家经过分析认为，普希金属胆汁质，赫尔岑属多血质，克雷洛夫属黏液质，果戈里属抑郁质，他们都成了大文豪。气质不同的人都可以成为高尚的人，都可以成为某一领域人才的杰出代表。

管理启示：

1. 依据气质特点安排员工工作

就一般职业来说，对于个体的气质特点并没有什么特别的要求，但一些特殊工种对气质的要求具有绝对性，不具备所要求气质类型的人就不能从事该种职业。如飞行员、宇航员、矿厂救护员等职业需要经受高度的身心紧张，具有抑郁质的人恐怕就难以适应，因此就需要通过气质测验进行人员筛选。

不同气质的人在进行一些工作时，他们的工作效率会不一样，产生的效果也会有差别。一名管理者应该了解员工的气质特点，力争将员工安排在最有利于发挥他的气质特长的工作岗位上。如商业谈判、公关等工作对多血质的人比较适合，而持久细致的工作如统计数据，观察试验过程等对黏液质和抑郁质的人较为适合。美国曾做过研究，胆汁质驾驶员驾驶车辆的特点是：操作动作有力干脆，开车速度较快。严格要求自己的愿望很强烈，但这种愿望往往被自己的一时冲动所破坏，在一些车辆的恶性事故中，这类驾驶员比较多。

2. 气质与人际关系的协调

现代心理学研究表明，人际关系是否和谐直接影响职工的身心健康、群体的士气和工作效率。人际关系离不开一定的人际行为，而人际行为受气质影响，从而直接影响人际关系。如具有胆汁质气质特点的人在与人交往中热情、直率、开朗。但脾气暴躁、自制力差，往往在与人交往中不讲究方式，忽略别人的感受，在不知不觉中伤害他人；而具有多血质气质特点的人，不善于掩饰个人内心情感的变化，在与人交往中心直口快、坦率、能在很短时间内与人产生亲近感，但在与人交往中往往感情不专，缺乏深沉，常因无知心朋友而苦恼；具有黏液质气质特点的人在与人交往中善于忍让、克制，能体谅人，不轻易发脾气，尽量不与人发生正面冲突，与人交往一般不动真情，一旦建立感情，则比较深厚持久，但不太喜欢与人交往，与人交往比较拘谨、沉闷，往往冷场；具有抑郁质气质特点的人外表温柔、腼腆、重感情，感情不容易外露，喜欢独处，从不主动与人交往，对外人总是不轻易信赖，与人交往容易自卑，缺乏自信且固执、敏感、多疑。

这些气质类型与特征往往影响人际交往的质量。作为管理者应让每个员工了解个人气质在人际交往中的优势与不足，在人际交往中，一方面要充分利用个体气质上不同的优势，协调人际关系，建立和谐信赖的人际关系，保证员工身心健康，合作愉快，另一方面要让员工认识到个人气质上存在的不足，并设法改变以往的人际行为模式，以保持良好的人际关系。社会心理学家指出，改善人际关系的关键是体察对方的需要的感情。不管任何气质类型的人，只有体察了对方的需要和感情，才有可能满足对方的需要，才能彼此体贴、关心，达到有效合作，这对维护单位内部团结，搞好协作，保障员工身心健康有着积极作用。

3. 根据不同气质特点采取不同的教育方法

首先不同气质类型的人对挫折的容忍力不同，胆汁质和多血质的人承受挫折的容忍力较大，可以接受较严厉的批评，并且批评有利于他们认识错误，改正缺点。抑郁质的人对挫折的容忍力较小，所以要特别注意不宜在公开场合批评他们。而对于黏液质的人可以进行说理教育，但要注意以理服人。其次，在安排工作中。特别要多关心抑郁质和黏液质的员工，因为他们对新环境的适应比较慢，又有比较强的情绪易感性，因此他们需要更多的耐心和鼓励。

4. 气质与人员的合理搭配

人员的合理搭配也应考虑人的气质差异，即应考虑不同气质特点的人的相容性。侧重于多血质气质的人在群体中有积极作用，因为他们善于交际，有进取心，有干劲，有号召力，但其缺乏持久和坚持性，做事易于半途而废而影响士气和工作任务的完成。侧重于胆汁质气质的人富有生机，敢于变革、创新，但急躁、粗心、好发脾气、无计划性、争强好胜等等，不利于群体的和谐与团队协作。侧重于黏液质与抑郁质的人，对工作认真负责、计划性强、有耐心、持久、办事稳妥；但缺乏变革精神、固执，工作上不善于打开局面，创新意识不够。因此在人员搭配上应根据工作性质，充分利用气质互补的特征，对这一个群体中每个成员充分发挥优势，共同完成工作任务有积极作用。

总之，在管理过程中，应注意员工个体气质的特点与差异性，把握住气质与工作匹配，不同的气质采用不同管理策略等方式，才能使效率达到最大化。

第二章　管理理论的形成与发展

【学习目标】

1. 理解和掌握古典管理理论的主要思想。
2. 理解和掌握人际关系理论的主要思想。
3. 了解“管理理论丛林”的主要理论及管理发展的新趋势。
4. 理解组织文化的概念和结构，掌握组织文化的建设方法。

【本章关键词】

古典管理；人际关系学说；学习型组织理论；组织文化

【导入案例】

搬运生铁试验

19世纪末，美国伯利恒钢铁工厂在货场搬运生铁的工人，每天挣得1.15美元，这是当时的标准工资。每人每天只能搬运12～13吨生铁，劳动效率不高，但监工（管理者）并不清楚真正合理的工作量是多少。

1898年，泰罗来到该厂，不久，带着秒表进行试验。开始用了三到四天仔细研究了其中75人，从中挑选了一个叫施密特的工人，告诉他按要求去做可以增加工资。先是训练他在弯腰、搬铁、直腰、手臂摆动幅度、走动速度等等动作方面如何科学、准确、规范，目的是既提高效率又节省体力；然后计算操作中各项动作的科学时间：弯腰时间、把生铁搬起时间、搬铁块在平地每英尺走动时间、沿跳板走向车厢每步的时间、把铁块放下的时间、空手返回每英尺的时间等。不仅用秒，而且精准到一秒的十分之几、百分之几的地步。同时，在一天内还要把劳动时间与休息时间很好地搭配起来，结果使工人的工作量一天可达到47吨。经计算，一天负重搬运时间仅为42%，其余时间是不负重的，工人也不感到太疲劳。工人达到47吨标准，工资增加到1.85美元，施密特一天很早就搬完了47.5吨。于是其他工人渐渐要求泰罗指导，也完成1.85美元所要求完成的47吨定额。

总结：上述试验就是确定合理的日工作量，也就是劳动定额。劳动定额是西方管理思想沿革过程中的一个里程碑，这一科学的来之不易的方法目前仍在各国广泛采用，因为它是衡量劳动者劳动效率的尺度，也是劳动成果分配的重要依据。

第一节 古典管理理论

18世纪下半叶工业革命首先开始于英国的纺织业，后来蒸汽机的发明促进了化学、冶金和机器制造业的发展。19世纪，工业革命波及法、德、美、日等国，使社会生产的组织形式从家庭转向工厂，管理思想有了飞跃的发展，出现了亚当·斯密、巴贝奇、欧文等许多近代管理理论的先驱者。

最早对经济管理思想进行系统论述的学者，首推英国经济学家亚当·斯密。他在1776年，当时正值英国的工场手工业开始向机器工业过渡时期，出版了《国民财富的性质和原因研究》一书，系统地阐述了劳动价值论及劳动分工理论。

亚当·斯密认为，劳动是国民财富的源泉，各国人民每年消费的一切生活日用必需品的源泉是本国人民每年的劳动。这些日用必需品供应情况的好坏，取决于两个因素：一是这个国家人民的劳动熟练程度、劳动技巧和判断力的高低；二是从事有用劳动的人数和从事无用劳动人数的比例。他同时还提出，劳动创造的价值是工资和利润的源泉，并经过分析得出了工资越低利润就越高，工资越高利润就越低的结论。这就揭示了资本主义经营管理的本质。

亚当·斯密在分析增进"劳动生产力"的因素时，特别强调了分工的作用。他对比了一些工艺和一些手工制造业实行分工前后的变化，对比了易于分工的制造业和当时不易分工的农业的情况，说明分工可以提高劳动生产率。他认为，分工的益处主要是：

(1)可以使工人重复完成单项操作，从而提高劳动熟练程度，提高劳动效率。

(2)可以减少由于变换工作而损失的时间。

(3)可以使劳动简化，使劳动者的注意力集中在一种特定的对象上，有利于创造新工具和改进设备。

他的上述分析和主张，不仅符合当时生产发展的需要，而且也成了以后企业管理理论中的一条重要原理。

亚当·斯密在研究经济现象时，提出了一个重要的论点：经济现象是基于具有利己主义目的的人们的活动而产生的。他认为，人们在经济行为中，追求的完全是私人的利益。但是，每个人的利益又为其他人的利益所限制。这就迫使每个人必须顾及其他人的利益。由此，就产生了相互的共同利益，进而产生和发展了社会利益，社会利益正是以个人利益为基础的。这种认为人都会追求自己的经济利益的"经济人"观点，正是以"看不见的手"为标志的资本主义生产关系的反映。

在斯密之后，另一位英国人查理·巴贝奇(1792—1871)发展了斯密的论点，提出了许多关于生产组织机构和经济学方面的带有启发性的问题。1832年，他在《论机器和制造业的经济》一书中，概述了他的思想。

巴贝奇认为，工人同工厂主之间存在利益共同点，并竭力提倡所谓利润分配制度，即工人可以按照其在生产中所做的贡献，分到工厂利润的一部分。巴贝奇也很重视对生产的研究和改进，主张实行有益的建议制度，鼓励工人提出改进生产的建议。他认为工人的收入应该由三部分组成，即：①按照工作性质所确定的固定工资；②按照生产效率及所做贡献分得的利润；③为提高劳动效率而提出建议所应给予的奖励。提出按照生产效率不同来确定报酬的具有刺激作用的制度，是巴贝奇做出的重要贡献。

这一时期的著名管理学者除了斯密和巴贝奇之外，还有英国的空想社会主义者罗伯特·欧文。他经过一系列试验，首先提出在工厂生产中要重视人的因素，要缩短工人的工作时间，提高工资，改善工人住宅。他的改革试验证实，重视人的作用和尊重人的地位，也可以使工厂获得更多的利润。所以，也有人认为欧文是人事管理的创始人。

上述各种管理思想是随着生产力的向前发展，适应当时的工厂制度发展的需要而产生的。但这些管理思想和方法还不系统、不全面，还不能称之为系统的理论。管理理论比较系统地建立是在 19 世纪末 20 世纪初，这个阶段所形成的管理理论称为“古典管理理论”。

一、泰罗的科学管理理论

科学管理理论的创始人是美国的弗雷德里克·泰罗。泰罗 22 岁到米德维尔钢铁公司当学徒，在技术水平、管理能力上得到过锻炼，后来被资本家提拔为工头、中层管理人员和总工程师。泰罗的经历使他对生产现场很熟悉，对生产基层很了解。他认为单凭经验进行管理的方法是不科学的，必须加以改变。他凭借自己多年参加劳动和管理实践，通过长期不懈的试验，于 1911 年出版了他的《科学管理》一书，标志着管理由经验上升为科学，以及科学管理理论的正式形成，为现代管理理论奠定了基础。泰罗也因而被后人誉为“科学管理之父”。泰罗所创立的管理理论有以下几个主要观点。

（一）科学管理的中心问题是提高劳动效率

当时，雇主、工人对于工人一天该干多少活，都心中无数。劳资双方经常发生纠纷，工人认为雇主剥削过重，雇主认为工人偷懒而磨洋工。泰罗通过搬运生铁试验（见“导入案例”），使搬生铁工人一天的搬运量由一天 12～13 吨增加到 47.5 吨，提高了 2.8 倍，据此定出了“合理的日工作量”。

（二）为每项工作挑选“第一流”的工人

泰罗认为每个人有不同的天赋，只要某项工作对一个人适合，而且他又愿意去做，就能成为“第一流的工人”。身强力壮的人，干重活是第一流的，干精活就不一定是第一流的。而女工虽然不能干重活，但干精活却是第一流的。管理者的责任在于仔细地研究每个工人的特点、性格、特长从而安排合适的工作，然后进行训练，帮助和教育他们成为“第一流的工人”。制定工作定额时，泰罗是以“不损害工人健康，维持较长时间的速度”为标准的，不是以突击活动或持续紧张为基础的。

（三）标准化管理

标准化包括机器工具和原材料标准化、作业环境标准化、操作方法标准化。实行标准化，可以消除各种不合理因素，提高劳动效率。泰罗在米德维尔公司进行的一项金属切削试验，持续 26 年，试验报告 3 万份以上，试验中的切屑达 80 万磅，总费用达 15 万美元。试验为进行高速切削和精密切削提供了科学依据。这种试验也为实行标准化提供了前提条件。

【管理案例】

铁锹试验

泰罗通过对工人劳动过程的观察，特别是使用秒表和量具来精确计算工人铲煤的效率与铁锹尺寸的关系，发现每铁锹重量为21磅时效率最高，探索出实现铲煤最高效率的铁锹尺寸与铲煤动作的规范方式，并相应设计出大小12种规格的铁锹。每次劳动，除指派任务外，还要根据材料的比重指定所用铁锹的规格（确保每锹重量为21磅），以提高劳动效率。试验前，干不同的活拿同样的铁锹，铲相同的东西每铁锹重量不一样；试验后，铲不同的东西拿不同的铁锹，用大铁锹铲轻物料，用小铁锹铲重物料，使堆料厂工人从400～600名降到140名，平均每人每天的工作量从原来的6吨提高到59吨，工人的日工资由原来的1.15美元提高到1.85美元，生产效率得到大幅度提高。

评价：百年管理始于标准化。泰罗的贡献在于将企业经营带入了管理世界，没有他，就不会有现代管理，正如现代物理学是基于爱因斯坦的相对论而创建的一样！

（四）实行激励性的差别付酬制度

泰罗不赞成年终工人才分享部分利润的做法。他认为，那会失去及时刺激的作用。他提出差别付酬，其中有两点是主要的：一是通过工时研究、分析，制定科学的劳动定额，改变以往那种仅凭经验而估计的做法；二是按工人完成定额情况采用不同的工资率，达到或超额后，支付正常工资的125%，以资鼓励；没有达到定额，仅为正常工资的80%，并发给一张黄色工票以示警告。

（五）把计划职能与执行职能分开

泰罗提出计划部门的主要任务是调整研究、制定工作定额和标准化操作方法，向执行部门发布指示、命令，进行检查和控制。现场工人和工头从事执行职能，按规定的操作方法、工具和下达的指示从事实际操作。泰罗说的计划部门实际上就是管理部门。这在管理思想上有一很大进步，即将分工理论拓展到了管理领域。

（六）工长职能细分

泰罗认为一个工长管的事太多，为了提高效率，必须进一步细分。他设计了8种不同职能的工长，分别负责工作命令、工时成本、作业程序、维持纪律、分派任务、工作速度及修理、检验。后来的事实证明，一个工人同时接受几个职能工长的领导，容易引起混乱，因而该理论没有得到顺利推广。但他的这种思想为职能部门的建立和管理专业化提供了思路。

（七）劳资双方的“心理革命”

泰罗认为雇主关心的是低成本，工人关心的是高工资。关键是要使双方认识到通过科学管理提高了劳动生产率，他们都可以达到自己的目的。比如在一次搬运煤铁的试验中，每个工人每天的平均搬运量从16吨提高到59吨，每吨运费从7.5美分降到3.3美分。工人每日的工资从1.15美元提高到1.88美元（前者应为1.2美元，后者应为1.947美元，差额是扣去了工具及有关费用）。这种所谓的“心理革命”（也可称是“精神革命”）虽然提高了劳动生产率，但也加重了对工人的剥削。

（八）组织管理上的“例外原则”

泰罗认为规模大的企业，除了依据正常的职能原则来组织管理外，还应采用“例外原则”。所谓“例外原则”，就是企业的高级管理者把一般的日常事务授权给下级管理人员去处理，而自己只保留对例外事项（重大事项）的决策和监督权。这种例外原则对以后提出的管理控制原理起了重要影响。

【管理案例】

UPS的作业（最快捷的运送）

联合邮包服务公司（United Parcel Service，UPS）雇用了15万名员工，平均每天将900万个包裹发送到美国各地和180个国家。为了实现他们的宗旨即“在邮运业中办理最快捷的运送”，UPS的管理当局系统地培训员工，使他们以尽可能高的效率从事工作。让我们以送货司机的工作为例，介绍一下他们的管理风格。

UPS的工业工程师们对每一位司机的行驶路线都进行了时间研究，并对每种送货、暂停和取货活动都设立了标准。这些工程师记录了等红灯、通行、按门铃、穿过院子、上楼梯、中间休息喝咖啡的时间，甚至上厕所的时间，将这些数据输入计算机中，从而给出每位司机每天工作中的详细时间标准。

为了完成每天取送130件包裹的目标，司机们必须严格遵循工程师设定的程序。

当他们接近发送站时，他松开安全带，按喇叭，关发动机，拉起紧急制动，为送货完毕的启动离开做好准备，这一系列动作严丝合缝。

然后，司机从驾驶室来到地面上，右臂夹着文件夹，左手拿着包裹，右手拿着车钥匙。他们看一眼包裹上的地址，把它记在脑子里，然后以每秒钟3英尺的速度快步走到顾客的门前，先敲一下门以免浪费时间找门铃。送货完毕后，他们在回到卡车的路途中完成登录工作。

这种刻板的时间表是不是看起来有点烦琐？也许是。它真能带来高效率吗？毫无疑问！生产率专家公认，UPS是世界上效率最高的公司之一。举例来说吧，联邦快运公司（Federal Express）平均每人每天不过取送80件包裹，而UPS却是130件。在提高效率方面的不懈努力，看来对UPS的净利润产生了积极的影响。

思考：

（1）为什么UPS公司的这些程序今天仍然有效？

（2）如果你是司机，会按照工程师的要求做吗？说一说你的观点。

二、法约尔的一般管理理论

亨利·法约尔是当时古典组织管理理论杰出的代表人物，被誉为“经营管理之父”、“管理过程之父”。19岁在法国任采矿工程师，31岁任矿山集团经理，干了30多年，75岁时发表了他的划时代著作《工业管理和一般管理》。企业组织结构的合理化问题是法约尔研究的中心问题。他最先提出管理的职能、要素和原则，许多理论至今仍产生重要影响。他的一般管理理论主要有以下三方面。

(一)经营六功能

他把整个工业经营活动分为六个方面：①技术活动，指生产制造、加工等活动；②商业活动，指购买、销售、交换等活动；③财务活动，指资金的筹集和运用；④安全活动，指设备的维护和职工安全等活动；⑤会计活动，指货物盘存、资产负债表编制、计算成本、统计等；⑥管理活动，指计划、组织、指挥、协调、控制五种要素。法约尔认为，一般工人侧重于技术活动，越到高层领导，管理活动所占的比重越大。

(二)管理五要素

法约尔认为经营应与管理不同，管理包括以下五种要素：

(1)计划。他认为编制任何计划都必须依据下述三点：企业资源、工作任务性质、企业将来的发展趋向。他指出，良好的计划具有以下特点：统一性、连续性、灵活性、精确性。他主张随着时间的推移和条件的改变而撰写出一系列的计划：每日的、每周的、每月的、每年的、5年的和10年的计划。

(2)组织。他强调组织的统一指挥原则，以保证控制的顺利进行并实现总目标。他认为组织应是金字塔形的等级系列，要有一个适当的管理幅度，除了最基层(即工头)领导15个工人以外，每一个上级领导4个下级，最多不超过6人。在高级管理层要有参谋机构，给领导出主意，但不能给下级下命令。

(3)指挥。他认为一个负责指挥的管理人员必须做到以下几点：①对其所属人员有完全的了解；②消除不称职的人；③处理好企业组织与员工的关系；④以身作则，树立一个好榜样；⑤定期进行检查，并用概念图来表示；⑥同主要的助手统一思想、行动；⑦不陷于琐事；⑧尽力使员工团结、努力、忠诚、有主动性。

(4)协调。协调是指维持必要的统一及和谐，以达成组织的目标。协调是使支出同收益相称、生产资源与生产目标相称、生产和销售相称的一种平衡活动。

(5)控制。即检查每一件事情是否同既定的目标、拟定的计划、发出的指示和确定的原则相符合，及时发现、改正问题，以防犯错误。控制、检查必须公正，要具有独立性。

法约尔提出的管理五项要素(即五项职能)，形成了一个完整的循环过程，具有极重要的意义，至今许多管理理论还没有超出他所确定的框架。

(三)十四条管理原则

(1)分工。分工可以提高产量，技术工作要分工，管理也要分工。

(2)权力和责任。正式权力和个人权力有区别。前者由管理人员的职务、地位所决定；

后者则由管理人员的智慧、经验、道德品质、领导能力、以往的功绩等所构成。一个好的管理人员应以他的个人权力来补充他的职务权力。

(3)纪律。纪律是以尊重、服从为基础的,而不是以恐惧为基础的。纪律松弛必然是领导不善的结果。

(4)命令的统一性。一个雇员的任何行动都只能接受一个上级的命令,而双重命令对于权威、纪律和稳定性都是一种威胁。

(5)指挥的统一性。只能有一个领导和一项计划,这是统一行动、协调力量、集中力量的重要条件。

(6)个人利益服从整体利益。要克服愚昧、野心、自私、懒惰、软弱和一切企图把个人或小集团置于组织之上,从而导致冲突的个人情绪。

(7)职工报酬。要公平合理,尽可能使劳资双方满意。

(8)实行集权领导。集权与分权如何划分,取决于经理的个人性格、道德品质、领导能力、下属的可靠程度及企业的规模、条件。集权程度应随着不同情况而改变,目标是最大限度地发挥职工的积极性。

(9)等级系列。这是从最高领导到最基层的上下级系列。它显示执行权力的路线和信息传递的渠道。为了维护命令统一性原则,通过法约尔设计的"联系板"(也称"法约尔跳板")进行横向联系。例如,A生产车间机器出了故障,既在生产系统自下而上地报告,又同时向B维修车间联系赶快来维修。B维修车间既马上派人去维修,又同时在维修系统向上报告。

【管理窗口】

"法约尔跳板"原理

在管理机构中,有明确的等级链,从管理的最高一级到管理的最低一级,应该建立关系明确的职权等级系列,这既是执行权力的线路,也是信息传递的渠道。一般情况下不要轻易违反它。"法约尔跳板"原理,指在层级划分严格的组织中,在特殊情况下,为提高办事效率,两个分属不同系统的部门遇到只有协作才能解决的问题时,可先自行商量、自行解决,只有协商不成时才报请上级部门解决。

(10)秩序。这条原则保证每一事物有一个固定的位置,它适用于材料、工场的整洁,也意味着人与人安排的各就其位。

(11)公平。公平是由善意和公正产生的,它是处理人与人之间关系的一项原则。

(12)保持人员的稳定。

(13)鼓励创造性。即鼓励个人发挥热情、干劲和首创精神。

(14)集体精神。努力建立和谐与团结的气氛。法约尔指出:"分裂敌人的力量是聪明的,但分裂自己的队伍是对企业的严重犯罪。"

除了上述三项之外,法约尔还认为一个组织的效率是由其成员的素质决定的,他对管理人员提出了基本要求。①体力方面:身体健康、精力充沛、反应灵敏;②智力方面:有理解和学习、判断能力,思想活跃、机智、适应性强,能同时处理许多不同问题;③品德方面:有主动性，愿意承担责任，干劲大，坚定、忠诚、机智、自尊，纪律性强；④管理方面：具有计划、组织、命令、协调和控制等方面的知识；⑤专业方面：对于所承担的技术、商业、财务、管理等职务方面的知识有深入了解；⑥经验方面：不断总结，不断积累。

三、韦伯的行政组织理论

马克斯·韦伯，德国社会学家，和泰罗、法约尔处于同一历史时期，他在管理理论上的研究主要集中在组织理论方面，被誉为“组织理论之父”。

韦伯认为，权力和权威是一切社会组织形成的基础。权力有三种：合法合理的权力，传统的权力（如君王世袭制），超凡的权力（即神授的权力）。

马克斯·韦伯对组织管理理论的伟大贡献在于明确而系统地指出理想的组织应以合理合法的权力为基础，这样才能有效地维系组织的连续和目标的达成。为此，韦伯首推理想的行政组织，并且阐述了规章制度是组织得以良性运作的基础和保证。企业的“长生不老”绝不仅仅依赖于其英雄人物的“超凡卓识”，应在更大程度上依赖于其“顺应自然”的原则体系——公正地识人、用人和鉴人的体系。

有了适合于行政组织体系的权力基础，韦伯勾画出理想的行政组织模式具有下列特征：

(1)组织中的人员应有固定和正式的职责并依法行使职权。

(2)组织的结构是一层层控制的体系。在组织内，按照地位的高低规定成员间命令与服从的关系。

(3)人与工作的关系。成员间的关系只有对事的关系而无对人的关系。

(4)成员的选用与保障。每一职位根据其资格限制（资历或学历），按自由契约原则，经公开考试合格后予以使用，务求人尽其才。

(5)专业分工与技术训练。对成员进行合理分工并明确每人的工作范围及权责，然后通过技术培训来提高工作效率。

(6)成员的工资及升迁。按职位支付薪金，并建立奖惩与升迁制度，使成员安心工作，培养其事业心。

韦伯认为，凡具有上述六项特征的组织，可使组织表现出高度的理性化，其成员的工作行为也能达到预期的效果，组织目标也能顺利达成。

第二节　行为科学理论

一、行为科学理论的形成——人际关系学说

(一)梅奥与“霍桑试验”

梅奥于1926年在哈佛大学工商管理研究院工业研究室任教，在此期间，他参与策划了霍桑试验。有关霍桑试验的总结主要集中在他的两本书中——《工业文明中人的问题》和《工业文明中的社会问题》。该试验选择霍桑工厂的原因是：尽管霍桑工厂具有较完善的娱乐设施、医疗制度和养老制度，但工人依然愤愤不平，而且生产效率也很低。为了探究原因，由美国国家研究委员会和美国西方电气公司合作进行了有关工作条件、社会因素与生产效

率之间关系的试验。霍桑试验进行了8年,共分4个阶段。

【管理窗口】

霍桑试验

第一阶段:工场照明试验

当时,关于生产效率的理论,占统治地位的是劳动医学的观点,认为影响工人生产效率的是疲劳和单调感等。于是当时的试验假设便是“提高照明度有助于减少疲劳,使生产效率提高”。可是经过两年多的试验发现,照明度的改变对生产效率并无影响。具体结果是:当试验组照明度增大时,试验组和控制组都增产;当试验组照明度减弱时,两组依然都增产,甚至试验组的照明度减至0.06烛光时,其产量也无明显下降;直至照明减至如月光一般、实在看不清时,产量才急剧降下来。研究人员对此结果感到茫然,失去了信心。从1927年起,以梅奥教授为首的一批哈佛大学心理学工作者将试验工作接管下来,继续进行试验。研究人员希望由此推测出照明强度变化所产生的影响。

其结论是:工场照明只是影响员工产量的因素之一,而且是不太重要的因素。

第二阶段:福利试验

福利试验的目的总的来说是查明福利待遇的变化与生产效率的关系。经过两年多的试验发现,不管福利待遇如何改变(包括工资支付办法的改变、优惠措施的增减、休息时间的增减等),都不影响产量的持续上升,甚至工人自己对生产效率提高的原因也说不清楚。进一步的分析发现,导致生产效率上升的主要原因如下:

(1)参加试验的光荣感。参加试验的女工认为参与此项活动是莫大的荣誉。这说明被重视的自豪感对人的积极性有明显的促进作用。

(2)成员间良好的相互关系。

其结论是:由于督导方法的变更,使员工的态度改善,因而产量增加。

第三阶段:访谈试验

研究者在工厂中开始了访谈计划。此计划的最初想法是要工人就管理当局的规划和政策、工头的态度和工作条件等问题做出回答,这种规定好的访谈计划在进行过程中得到了意想不到的效果。工人想就访谈提纲以外的事情进行交谈,工人认为重要的事情并不是公司或调查者认为意义重大的那些事。访谈者了解到这一点,及时把访谈计划改为事先不规定内容,延长访谈时间,多听少说,详细记录工人的不满和意见。访谈计划持续了两年多,工人的产量大幅提高。工人长期以来对工厂的各项管理制度和方法存在许多不满,无处发泄,访谈计划的实行恰恰为他们提供了发泄机会。发泄过后心情舒畅,士气提高,使产量得到提高。

其结论是:任何一位员工的工作成绩,都要受到周围环境的影响。

第四阶段:群体试验

梅奥等人在这个试验中选择14名男工在单独的房间里从事绕线、焊接和检验工作,对这个班组实行特殊的计件工资制度。试验者原来设想,实行这套奖励办法会使工人更加努力工作,以便得到更多的报酬。但观察的结果发现,产量只保持在中等水平上，每个工人的日产量平均都差不多，而且工人并不如实地报告产量。深入的调查发现，这个班组为了维护他们的群体利益，自发地形成了一些规范。他们约定，谁也不能干得太多，突出自己；谁也不能干得太少，影响全组的产量；并且约法三章，不准向管理当局告密。如有人违反这些规定，轻则挖苦谩骂，重则拳打脚踢。

进一步调查发现，工人们之所以维持中等水平的产量，是担心产量提高，管理当局会改变现行的奖励制度，或裁减人员使部分工人失业，或者会使干得慢的伙伴受到惩罚。这一试验表明，为了维护班组内部的团结，可以放弃物质利益的引诱。由此提出"非正式群体"的概念，认为在正式的组织中存在着自发形成的非正式群体，这种群体有自己特殊的行为规范，对人的行为起着调节和控制作用。

其结论是：在正式组织中存在着"非正式组织"。

(二)霍桑试验的结论

1. 职工是"社会人"

古典管理理论把人视为"经济人"，认为金钱是刺激积极性的唯一动力，生产效率主要受到工作方法和工作条件的制约。而霍桑试验表明，职工不仅受金钱的影响，还受社会和心理的影响，生产效率主要取决于职工的积极性，取决于职工的家庭和社会生活以及企业中人与人的关系。

2. 企业中存在着"非正式组织"

非正式组织通过不成文的规范左右着成员的感情倾向和行为。

3. 新型的领导能力在于提高职工的满足度

企业中的主管人员要具有人际技能，学会了解人们的逻辑行为和非逻辑行为，学会通过交谈来了解人们的感情，使正式组织的经济需要与非正式组织的社会需要取得平衡。

4. 生产率的提高主要取决于工人的工作态度及他和周围人的关系

科学管理认为生产效率主要取决于工作方法、作业条件和工资制度。而梅奥通过研究认为，工人的士气是调动人积极性的关键因素，而工人们的士气主要取决于他们感受到各种需要的满足程度。

二、行为科学理论的发展

在管理活动中，研究人类行为产生的原因，以及人的行为动机和发展变化规律，其目的在于有效调动人的积极性，实现组织目标。研究人与人、个体与群体的关系，目的在于营造一个良好的工作环境，使人的主观能动性得到充分的发挥。

1949 年在美国芝加哥召开的一次跨学科的会议上，首先提出了行为科学这一名称，以后在 1953 年美国福特基金会召开的各大学科学家参加的会议上，正式定名为行为科学。从研究的对象和所涉及的范围来看，行为科学可分成三个层次的研究理论。

(一)有关个体行为的理论

主要包括两方面：一是有关人的需要、动机和激励的理论，又可分为激励内容理论、激励过程理论和激励强化理论三大类；二是有关企业中的人性理论，如 X—Y 理论、不成熟—成熟理论等。

1. 马斯洛的需求层次理论

马斯洛需求层次理论亦称“基本需求层次理论”，是行为科学的理论之一，由美国心理学家亚伯拉罕·马斯洛(1908—1970)于 1943 年在《人类激励理论》一文中提出。马斯洛理论把需求分成生理需求、安全需求、社会交往、尊重和自我实现五类，依次由较低层次到较高层次排列。

2. 麦格雷戈的 X 理论和 Y 理论

麦格雷戈的 X—Y 理论(Theory X-Theory Y)主要是对人性的根本性理解。他认为，每个管理决策和管理措施的背后，都有一种人性假设，这些假设影响乃至决定着管理决策和措施的制定以及效果。他认为，传统理论是以对人性的错误看法为基础的，这种理论把人看作天性厌恶工作、逃避责任、不诚实和愚蠢等等。因此，为了提高劳动效率，就必须采取强制、监督、惩罚的方法。麦格雷戈把这种理论称为 X 理论。与之相对的 Y 理论，认为人的行为受动机支配，只要创造一定的条件，他们会视工作为一种得到满足的因素，就能主动把工作干好。因此，对工作过程中存在的问题，应从管理上找原因，排除职工积极性发挥的障碍。他认为，只有 Y 理论才能保证管理的成功。

3. 弗雷德里克·赫茨伯格的双因素理论

双因素理论又叫激励保健理论，是美国的行为科学家弗雷德里克·赫茨伯格于 1959 年提出来的，也叫“双因素激励理论”。双因素理论认为，引起人们工作动机的因素主要有两个：一是激励因素；二是保健因素。只有激励因素才能给人们带来满意感，而保健因素只能消除人们的不满，但不会带来满意感。

第一类因素是激励因素，包括工作本身、认可、成就和责任，这些因素涉及对工作的积极感情，又和工作本身的内容有关。这些积极感情和个人过去的成就、被人认可以及担负过的责任有关，它们的基础在于工作环境中持久的而不是短暂的成就。

第二类因素是保健因素，包括公司政策和管理、技术监督、薪水、工作条件以及人际关系等。这些因素涉及工作的消极因素，也与工作的氛围和环境有关。也就是说，对工作和工作本身而言，保健因素是外在的，而激励因素是内在的，或者说是与工作相联系的内在因素。

(二)有关团体行为的理论

团体行为介于个体行为和组织行为之间。主要包括团体动力、信息交流、团体及成员的相互关系等几个方面。

(三)有关组织行为的理论

主要包括有关领导理论和组织变革的发展理论。有关领导理论又包括领导性格理论、领导行为理论和领导权变理论三大类。

这些理论将在第五章“领导”中重点介绍，这里不一一赘述。

第三节 现代管理理论

一、现代管理理论的丛林

第二次世界大战以后，随着现代自然科学和技术日新月异的发展，生产和组织规模急剧扩大，生产力迅速发展，生产社会化程度不断提高，管理理论引起了人们的普遍重视。许多学者结合前人的理论和实践经验，从不同的角度研究管理问题，形成了多种管理学派。美国管理学家孔茨把管理理论的各个流派称为“管理丛林”。主要的管理流派有：

(1)管理过程学派。该学派在法约尔一般管理理论的基础上发展起来，代表人有美国的哈罗德·孔茨和西里尔·奥唐奈。

(2)经验主义学派。经验主义学派代表人物有彼得·德鲁克、欧内斯特·戴尔。这一学派主要从管理者的实际管理经验方面来研究管理，他们认为成功的管理者的经验是最值得借鉴的。

(3)社会系统学派。代表人物是美国的巴纳德，代表作《经理的职能》。他被誉为“现代管理理论之父”。主要贡献是从系统理论出发，运用社会学的观点，对正式组织与非正式组织、团体及个人做出了全面分析。

(4)系统管理学派。侧重以系统观点考察组织结构及管理基本职能，代表人物是美国的卡斯特和詹姆斯·E.罗森茨韦克。他们认为，组织是一个开放的系统，与外部环境相互影响，在管理方面应时刻关注外部环境的变化，及时做出反应。

(5)决策理论学派。主要代表人物是美国管理学家和社会科学家赫伯特·西蒙。西蒙认为，在实践中，即使能求出最佳方案，出于经济方面的考虑，人们也往往不去追求它，而是根据令人满意的准则进行决策。

(6)管理科学学派。管理科学学派又称数理学派，它是泰勒科学管理理论的继续和发展。其代表人物为美国的伯法等人。其核心是把运筹学、统计学和计算机用于管理决策和提高组织效率。

(7)权变理论学派。代表人物有英国的伍德沃德和美国的菲德勒。该学派把管理看成一个根据企业内外部环境选择和实施不同管理策略的过程，强调权宜应变。

(8)经理角色学派。代表人物是亨利·明茨伯格。该学派以对经理所担任角色的分析为中心来考虑经理的职务和工作，以求提高管理效率。

二、管理理论的新发展

20世纪六七十年代以来，西方管理学界出现了许多新的管理理论，这些理论代表了管理理论发展的新趋势。

(一)企业再造理论

企业再造也称为“公司再造”、“再造工程”，是于1993年在美国出现的关于企业经营管理方式的一种新的理论和方法。所谓“再造工程”，简单地说，就是以工作流程为中心，重新设计企业的经营、管理及运作方式。按照该理论的创始人原美国麻省理工学院教授迈克·哈默与詹姆斯·钱皮的定义,是指"为了飞跃性地改善成本、质量、服务、速度等重大的现代企业的运营基准,对工作流程进行根本性重新思考并彻底改革",也就是说,"从头改变,重新设计"。为了能够适应新的世界竞争环境,企业必须摒弃已成惯例的运营模式和工作方法,以工作流程为中心,重新设计企业的经营、管理及运营方式。

企业再造包括企业战略再造、企业文化再造、市场营销再造、企业组织再造、企业生产流程再造和质量控制系统再造。

可以从以下四方面来把握企业再造的含义:

(1)企业再造需要从根本上重新思考业已形成的基本信念。对长期以来企业在经营中所遵循的基本信念,如分工思想、等级制度、规模经营、标准化生产和官僚体制等进行重新思考,这就需要打破原有的思维定式,进行创造性思维。

(2)企业再造是一次彻底的变革。企业再造不是对组织进行肤浅的调整修补,而是要进行脱胎换骨式的彻底改造,抛弃现有的业务流程、组织结构以及陈规陋习,另起炉灶。

(3)企业通过再造工程可望取得显著进步。企业再造是根治顽疾的一剂"猛药",可望取得"跳跃"式的进步。

(4)企业再造从重新设计业务流程着手。业务流程是企业以输入各种原料和顾客需求为起点,以企业创造出对顾客有价值的产品(或服务)为终点的一系列活动。在一个企业中,业务流程决定着组织的运行效率,是企业的生命线。

可以看出,企业再造与以前的渐进式变革理论有本质的区别:企业再造是组织的再生策略,它需要全面检查和彻底改变原有的工作方式,把被分割得支离破碎的业务流程合理地"组装"回去。通过重新设计业务流程,建立一个扁平化的、富有弹性的新型组织。

(二)企业战略管理

战略管理理论的发展经历了三个阶段:经典战略理论阶段、竞争战略理论阶段(波特阶段)和核心能力理论阶段。

1. 经典战略理论

20 世纪 60 年代出现的经典战略理论,是最早出现的战略管理理论。该理论的主要特点是强调企业战略要适应外部环境。

1962 年钱德勒的《战略与结构》一书出版,该书研究环境、战略和组织结构之间的关系,首开企业战略问题研究之先河。钱德勒在这部著作中,分析了环境、战略和组织结构之间的相互关系。他认为,企业经营战略应当适应环境以满足市场需要,而组织结构又必须适应企业战略,随着战略变化而变化。因此,他被公认为研究环境、战略、结构之间关系的第一位管理学家。其后,就战略构造问题的研究,形成了两个学派:"设计学派"和"计划学派"。

设计学派对于战略管理理论的发展做出了很大的贡献,尤其是 SWOT 模型的建立充分体现了组织内外部关系对制定战略的重要性。

所谓 SWOT 分析,即基于内外部竞争环境和竞争条件下的态势分析,就是将与研究对象密切相关的各种主要内部优势和劣势与外部的机会和威胁等,通过调查列举出来,并依照矩阵形式排列,然后用系统分析的思想,把各种因素相互匹配起来加以分析,从中得出一系列相应的结论,而结论通常带有一定的决策性。

运用这种方法，可以对研究对象所处的情景进行全面、系统、准确的研究，从而根据研究结果制定相应的发展战略、计划以及对策等。

S(strengths)是优势，W(weaknesses)是劣势，O(opportunities)是机会，T(threats)是威胁。按照企业竞争战略的完整概念，战略应是一个企业"能够做的"(即组织的强项和弱项)和"可能做的"(即环境的机会和威胁)之间的有机组合。

从整体上看，SWOT可以分为两部分：第一部分为SW，主要是着眼于组织自身的实力与其竞争对手的比较；第二部分为OT，主要将注意力放在外部环境的变化及对组织的可能影响上。利用这种方法可以从中找出对自己有利的、值得发扬的因素，以及对自己不利的、要避开的东西，发现存在的问题，找出解决办法，并明确以后的发展方向。

2. 竞争战略理论(波特理论)

20世纪80年代初，以哈佛大学商学院的迈克尔·波特为代表的竞争战略理论取得了战略管理理论的主流地位。波特认为，企业战略的核心是获取竞争优势，而影响竞争优势的因素有两个：一是企业所处产业的盈利能力，即产业的吸引力；二是企业在产业中的相对竞争地位。因此，竞争战略的选择应基于以下两点考虑：(1)选择有吸引力的、高潜在利润的产业。不同产业所具有的吸引力以及带来的持续盈利机会是不同的，企业选择朝阳产业，要比选择夕阳产业更有利于提高自己的盈利能力。(2)在已选择的产业中确定自己的优势竞争地位。在一个产业中，不管它的吸引力以及提供的盈利机会如何，处于竞争优势地位的企业要比劣势企业具有较大的盈利可能性。而要正确选择有吸引力的产业以及给自己的竞争优势定位，必须对将要进入的一个或几个产业结构状况和竞争环境进行分析。

概括起来，波特的竞争战略理论的基本逻辑是：

(1)产业结构是决定企业盈利能力的关键因素。

(2)企业可以通过选择和执行一种基本战略影响产业中的五种作用力量，以改善和加强企业的相对竞争地位，获取市场竞争优势(低成本或差异化)。根据迈克尔·波特的"五力棋型"，这五种竞争力量就是：①新加入者的威胁，这是指潜在的竞争对手进入本行业的可能性；②替代品的接近程度，替代品是指具有相同或相近功能的产品或服务，它们在使用上可以相互替代；③购买者的议价能力，这是指顾客在交易中讨价还价的能力；④供应商的议价能力，这是指企业的供应商向企业提供产品或原材料时的讨价还价能力；⑤现有企业的竞争，即企业所面临的同行业其他企业的竞争。系统地考察这五种竞争力，就可以正确地评估所在产业的竞争结构。

(3)价值链活动是竞争优势的来源，企业可以通过价值链活动和价值链关系(包括一条价值链内的活动之间及两条或多条价值链之间的关系)的调整来实施其基本战略。

3. 核心能力理论

核心能力理论代表了战略管理理论在20世纪90年代的最新进展，它是由美国学者普拉哈拉德和英国学者哈默于1990年首次提出的。

核心能力理论认为，并不是企业所有的资源、知识和能力都能形成持续的竞争优势。区分核心能力和非核心能力主要在五个方面：(1)价值型。核心竞争能力必须对用户看重的价值起重要作用。(2)异质性。一项能力要成为核心能力必须是某公司所独有的、稀缺的，没有被当前和潜在的竞争对手所拥有。(3)不可模仿性。其他企业无法通过学习获得，不易为竞争对手所模仿。(4)难以替代性。即没有战略性等价物。(5)延展性。从公司总体来看，核心竞争能力必须是整个公司业务的基础，能够产生一系列其他产品和服务，能够在创新和多元化战略中实现范围经济。

（三）学习型组织理论

学习型组织最初的构想源于美国麻省理工学院佛瑞斯特教授。彼得·圣吉是学习型组织理论的奠基人。作为佛瑞斯特教授的学生，彼得·圣吉一直致力于研究以系统动力学为基础的更理想的组织。他于1990年完成其代表作《第五项修炼——学习型组织的艺术与实务》。他指出现代企业所欠缺的就是系统思考的能力。它是一种整体动态的搭配能力，因为缺乏它而使得许多组织无法有效学习。之所以会如此，正是因为现代组织分工、负责的方式将组织切割，而使人们的行动与其时空上相距较远。当不需要为自己的行动结果负责时，人们就不会去修正其行为，也就无法有效地学习。

1. 学习型组织的内涵

(1)学习型组织的基础——团结、协调及和谐。在现实中，组织中个体智商高，组织群体反而效率低。从这个意义上说，组织人员的团结，组织上下协调以及群体环境的民主、和谐，是学习型组织的基础。

(2)学习型组织的核心——在组织内部建立完善的"自我学习机制"。组织成员在工作中学习，在学习中工作，学习成为工作的新形式。

(3)学习型组织的精神——学习、思考和创新。此处学习是团队学习、全员学习，思考是系统、非线性的思考，创新是观念、制度、方法及管理等多方面的更新。

(4)学习型组织的关键特征——系统思考。要站在系统的角度认识组织，认识组织所处的环境。

(5)组织学习的基础——团队学习。团队是现代组织中学习的基本单位。

2. 学习型组织应包括五项要素

(1)建立共同愿景

愿景可以凝聚公司上下的意志力，透过组织共识，大家努力的方向一致，个人也乐于奉献，为组织目标奋斗。

(2)团队学习

团体学习的有效性不仅在于团体整体会产生出色的成果，而且其个别成员学习的速度也比其他人的学习速度快。团体学习的修炼是"深度汇谈"。"深度汇谈"是一个团体的所有成员提出心中的假设，从而实现真正一起思考的能力。"深度汇谈"的修炼也包括能帮助个人找出有碍学习的互动模式。

(3)改变心智模式

心智模式是指在每个人或组织之中根深蒂固的思想方式和行为模式，它影响人或组织了解这个世界的方式。组织的障碍，多来自个人的旧思维，例如固执己见、本位主义。唯有通过团队学习，才能改变心智模式，有所创新。

(4)自我超越

它是学习型组织的精神基础。自我超越需要不断认识自己，认识外界的变化，不断地赋予自己新的奋斗目标，个人与愿景之间有种"创造性的张力"，并由此超越过去，超越自己，迎接未来。

(5)系统思考

组织与人类其他活动一样是一个系统,受到各种细微且息息相关的行动的牵连而彼此影响着,这种影响往往要经年累月才完全展现出来。我们作为群体的一部分,置身其中而想要看清整体的变化,非常困难。因此,系统思考,是要让人与组织形成系统观察、系统思考的能力,并以此来观察世界,从而决定我们正确的行动。

学习是心灵的转换,企业如果能够顺利导入学习型组织,不仅能够达成更高的组织绩效,更能够带动组织的生命力。

【管理案例】

一个老农,种玉米很有一套,但他年事已高,决定把农场交给小儿子打理,并交代说,每年秋天,无论种子多么紧缺,都要挑一批上好的玉米种子分给邻居们。儿子不理解,放着高价不卖,反而免费送人?

老农说,咱家的玉米之所以好,全靠我送种子给邻居们。倘若他们用了劣质种子,长出差劲的玉米,糟糕的花粉,就会影响到咱家的玉米。所以,邻居地里的玉米,跟咱家的玉米一样重要。

点评:这个老农,多么善于系统思考。如果邻居家的玉米是差劲的,那么自家的玉米因为糟糕的授粉,肯定也好不到哪里去。只有你好他好大家才好!

第四节 组织文化

【管理案例】

一套西装引发的管理难题

我所在的美国公司收购了一家日本企业,收购过程十分顺利,后来却渐渐显露出不同文化背景带来的尴尬。

这家日本企业每天早上要举行“朝礼”。什么是朝礼呢?就是上班后大家先不开始工作,而是去会议室,全体肃静。一名雇员(轮流值日)走上台子中央,与台下相互鞠躬之后,板起面孔大声朗诵两句类似“不成功则成仁”之类的口号。底下全体则立正答道:“一定努力啊!”鼓掌……

负责接收的正式大员是新任命的分部总监德国后裔巴赫,他对这种朝礼自然颇为不解,觉得这像是在浪费工作时间。第二天,这个形式主义的“朝礼”就此寿终正寝了。

但几天以后,各小部门每天早上开始“晨会”了。形式也是大家围一圈,低声说口号,回答:“一定努力啊!”鼓掌……日本员工说习惯了,不开晨会,像是没开始上班。

后来,总公司派来一个熟悉日本情况的调查组找巴赫谈话,说总公司监察部收到日方员工若干来信,对接收过程中降低日方员工地位,影响营业深表忧虑云云。

调查组调查下来，发现是巴赫下达的一条造福员工的指令比较特殊。

原来，美国公司有一个很得人心的传统，就是上班时大家都穿休闲服。于是，走进新接收的这家公司，看到日本公司职员身着颜色庄重的深色西装时，巴赫觉得他们就像一片压抑的蓝灰黑色蚂蚁群。巴赫开始琢磨尽快把穿休闲服的好处落实给日本新员工，让他们也能更自由，上班更舒服。

谁知，这条要求下达后，日本员工除了“哈伊”以外没任何表示。

第二天上班一看，还是蓝灰黑色蚂蚁，第三天照旧。只不过日本员工一致把领带摘了。于是巴赫再发电邮给大家，好心好意地解释——casual(不拘束，随意)不是穿西服不打领带，是大家可以穿各种休闲衣服，比如牛仔啦，T恤啦，夹克啦。

第四天，日本员工终于穿得多种多样地来上班了，不过，那表情绝对和“自由”、“舒服”不搭界，反而士气低落，连来公司谈业务的客户都少了很多。

调查组组长，这位在日本公司干了多年的老大给巴赫上了一堂日本服装艺术课：日本是个等级分明的国家，穿不穿西装反映的是工作属于白领还是蓝领。无论政府工作人员还是公司职员，都以穿西装、头发理成“三七头”为标准装束。但若是地位和收入都比较低的售货员、产业工人等，就不必如此穿着了。

这家日本公司的员工都属于白领，你让他们不穿西服而改穿便服，日本人不会以为你是要让他们更舒服自由，反而认为你是要降低他们的地位。很多日本员工甚至出门时穿西服打领带，到了公司找厕所换成便装，下班时再换回来，就是为了让家里人觉得放心。

但着装的指令已经发出，不能变更。聪明的巴赫于是在第二天的邮件中，补充了一句话：如果您愿意，也可以把西服作为休闲装的一种来穿。

于是皆大欢喜，公司又恢复了黑色、蓝色、灰色蚂蚁的热闹场面，只是蚂蚁们看起来个个精神活泼。

(案例来源：《读者》2010年第19期)

一、组织文化的概念与构成

(一)组织文化的概念

组织文化，从广义上说，是指组织在社会实践过程中所创造的物质文化和精神文化的总和。从狭义上说，组织文化是指在一定的社会政治、经济、文化背景条件下，组织在社会实践过程中所创造并逐步形成的独具特色的价值观念、行为准则、作风和团体氛围的总和。它主要体现为组织在活动中所创造的精神文化。

(二)组织文化的构成

一般来说，组织文化的构成分为三个层次，即精神文化层、制度文化层和物质文化层，如图2-1所示。

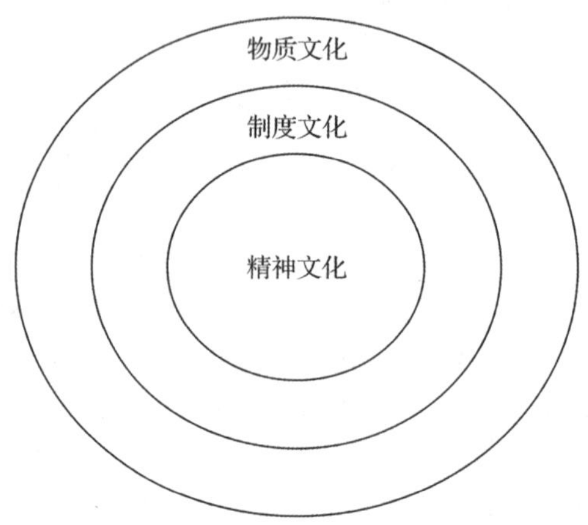

图 2-1 组织文化的三个层次

1. 精神文化层

精神文化层是组织文化的核心层。精神层组织文化，是组织在生产经营活动中，自觉形成并被认同和信守的组织理想、目标、价值观等意识形态的概括和总结，是组织文化的内核。它是组织精神、组织道德、组织哲学和组织价值观等的体现，表现出组织文化的精神形态。

组织精神是组织有意识地提倡、培养员工群体的优良精神风貌，是对组织现有的观念意识、传统习惯、行为方式中的积极因素进行总结、提炼得出来的，是组织文化发展到一定阶段的产物；组织道德是指组织内部调整人与人、单位与单位、个人与集体、个人与社会、企业与社会之间的行为准则；组织哲学是组织领导者为了实现组织目标而在整个组织的生产经营管理活动中的基本信念，是组织领导者对组织长远发展目标、生产经营方针、发展战略和策略的哲学思考；组织价值观是组织文化的核心部分，即使组织中成员不断更新，这些价值观也会得到延续和保持。

2. 制度文化层

制度文化层是组织文化的媒介层。这一层主要包括组织领导体制、组织机构和组织管理制度三个方面，涵盖了组织中的各项规章制度和生产方式，以及这些规章制度所遵循的各种理念，它是组织精神、组织价值观的折射。

组织领导体制的产生、发展、变化，是组织经营发展的必然结果，也是文化进步的产物；组织的结构，是组织文化的载体，包括正式组织结构和非正式组织结构；组织管理制度是组织在进行生产经营管理时所制定的、起规范保障作用的各项规定或条例。制度文化包括企业的各种规章制度以及这些规章制度所遵循的理念：人力资源理念、营销理念、生产理念等。

3. 物质文化层

物质文化层是组织文化的外显层，主要通过物质形态表现出来，是看得见、摸得着的组织文化，是组织文化最终的外在体现，由核心层所决定，表征了组织文化的各种个性特征。组织物质文化的构成包括：厂容、组织标识、厂歌、文化传播网络等。现在流行的形象识别系统(identity system)就是组织物质文化层的最好体现。

组织文化的物质层较为稳定，如风靡全球的可口可乐，它那独特的红白两色标识历经百年，基本上没有变更过。现在，世界各国的人们只要看见这个标识，就会立刻辨认出这就是可口可乐。

企业文化的精神层为企业文化的物质层和制度层提供思想基础，是企业文化的核心；制度层约束和规范精神层、物质层的建设；而企业文化的物质层为制度层和精神层提供物质基础，是企业文化的外在表现和载体。三者互相作用，共同形成企业文化的全部内容。

二、组织文化的功能

（一）导向功能

所谓导向功能就是企业文化对企业的领导者和职工起引导作用。企业文化的导向功能主要体现在以下两个方面：

1. 经营哲学和价值观念的指导

经营哲学决定了企业经营的思维方式和处理问题的法则，这些方式和法则指导经营者进行正确的决策，指导员工采用科学的方法从事生产经营活动。企业共同的价值观念决定了企业的价值取向，使员工对事物的评判形成共识，有着共同的价值目标，企业的领导和员工为着他们所认定的价值目标去行动。美国学者托马斯·彼得斯和小罗伯特·沃特曼在《寻求优势》一书中指出："我们研究的所有优秀公司都很清楚他们的主张是什么，并认真建立和形成了公司的价值准则。事实上，一个公司缺乏明确的价值准则或价值观念不正确，我们则怀疑它是否有可能获得经营上的成功。"

2. 企业目标的指引

企业目标代表着企业发展的方向，没有正确的目标就等于迷失了方向。完美的企业文化会从实际出发，以科学的态度去制定企业的发展目标，这种目标一定具有可行性和科学性。企业员工就是在这一目标的指导下从事生产经营活动的。

（二）约束功能

企业文化的约束功能主要通过完善管理制度和道德规范来实现。

1. 有效规章制度的约束

企业制度是企业文化的内容之一。企业制度是企业内部的法规，企业的领导者和企业职工必须遵守和执行，从而形成约束力。

2. 道德规范的约束

道德规范是从伦理关系的角度来约束企业领导者和职工的行为。如果人们违背了道德规范的要求，就会受到舆论的谴责，心理上会感到内疚。同仁堂药店"济世养生、精益求精、童叟无欺、一视同仁"的道德规范约束着全体员工必须严格按工艺规程操作，严格质量管理，严格执行纪律。

（三）凝聚功能

企业文化以人为本，尊重人的感情，从而在企业中造成了一种团结友爱、相互信任的和睦气氛，强化了团体意识，使企业职工之间形成强大的凝聚力和向心力。共同的价值观念形成了共同的目标和理想，职工把企业看成是一个命运共同体，把本职工作看成是实现共同目标的重要组成部分，整个企业步调一致，形成统一的整体。这时，“厂兴我荣，厂衰我耻”成为职工发自内心的真挚感情，“爱厂如家”就会变成他们的实际行动。

(四)激励功能

共同的价值观念使每个职工都感到自己存在和行为的价值，自我价值的实现是人的最高精神需求的一种满足，这种满足必将形成强大的激励。在以人为本的企业文化氛围中，领导与职工、职工与职工之间互相关心，互相支持。特别是领导对职工的关心，职工会感到受人尊重，自然会振奋精神，努力工作。另外，企业精神和企业形象对企业职工有着极大的鼓舞作用，特别是企业文化建设取得成功，在社会上产生影响时，企业职工会产生强烈的荣誉感和自豪感，他们会加倍努力，用自己的实际行动去维护企业的荣誉和形象。

(五)调适功能

调适就是调整和适应。企业各部门之间、职工之间，由于各种原因难免会产生一些矛盾，解决这些矛盾需要各自进行自我调节；企业与环境、与顾客、与企业、与国家、与社会之间都会存在不协调、不适应之处，这也需要进行调整和适应。企业哲学和企业道德规范使经营者和普通员工能科学地处理这些矛盾，自觉地约束自己。完美的企业形象就是进行这些调节的结果。调适功能实际上也是企业能动作用的一种表现。

【管理案例】

莫扎特一曲压“群魔”

朱利安尼曾被认为是有史以来最具“创意能力”的纽约市长。因为在任内，他完成了一桩令历任市长都头痛不已的“不可能的任务”：他只花了一年的时间就将纽约犯罪率最高的中央地铁站的发案率下降了33%。更让人敬佩的是，他仅仅用了一着，就出奇制胜。

面对案发率越来越高的纽约高密度人群聚集地——纽约中央地铁站，朱利安尼调整了全站的背景音乐系统，开始24小时不间断地播放莫扎特的典雅梵音。

结果，这些不绝于耳的莫扎特贵族音乐，彻底摧毁了地铁站原有的昏暗、混乱的“犯罪空气”。那些小偷堵不住耳朵，在莫扎特的音乐中就不由自主地觉得行窃的氛围不对了；那些吸毒贩毒的也堵不住耳朵，在莫扎特的音乐中似乎也觉得浑身不对劲儿；强悍斗狠的黑帮老大们更是觉得无趣，在莫扎特的音乐里聚众械斗，无论怎么叫喊冲杀也欢快不起来。久而久之，中央地铁站的闲杂人员变得越来越稀少，而朱利安尼呢，没有派一兵一卒，仅靠一个莫扎特就摆平了全纽约最头痛的“犯罪之渊”。

故事的哲理：

企业家出身的朱利安尼实际是运用了“情境管理”的理念。他营造了一个独特的文化氛围，在这个氛围中，人们不由自主地认同了一种价值观，使人们的行为发生了微妙的趋同性变化。

如何营造企业文化的氛围，也没有一定之规，关键是不知不觉中让员工受到目标文化价值观的“浸泡”，正所谓“润物细无声”。相反，越是生硬的形式，往往越像池塘中的蛙叫，令人心烦生厌。

（六）辐射功能

企业文化关系到企业的公众形象、公众态度、公众舆论和品牌美誉度。企业文化不仅在企业内部发挥作用，对企业员工产生影响，也能通过传播媒体、公共关系活动等各种渠道对社会产生影响，向社会辐射。企业文化的传播对树立企业在公众中的形象有很大帮助，优秀的企业文化对社会文化的发展有很大的影响。

【管理案例】

螃蟹文化

钓过螃蟹的人或许都知道，篓子中如果放了一堆螃蟹，不盖盖子，螃蟹也爬不出去。因为只要有一只往上爬，别的螃蟹就会纷纷攀附在它身上，结果是把它拽了下来，最后没有一只逃出去。这就是“螃蟹文化”。

三、组织文化的建设方法

（一）正面灌输法

这是指借助各种教育、宣传、组织学习、开会传达等形式，对组织文化的目标与内容进行正面灌输的方法。通过正面灌输的方法，教育组织全体成员树立正确的思想和价值观。

（二）规范法

这是指通过制定体现组织文化要求的一整套制度规范体系来促进与保证组织文化建设的途径与方式。如制定反映组织文化要求的组织制度、管理规范、员工的行为规范等。

（三）激励法

这是指运用各种激励手段，激发员工动机，以营造良好氛围，塑造组织精神的各种途径和方法。

（四）示范法

这是指通过组织领导人的率先垂范和先进人物的榜样作用，促进与影响组织文化建设的方式与方法。组织要充分发挥领导和模范人物的示范作用，引导和带动组织成员，培育组织精神，树立良好的组织风气。

（五）感染法

这是指通过各种人员交往，共同生活，形成互动，相互感染，以建设组织文化的途径与方式。

(六)暗示法

组织或管理者通过暗示的方式将意愿传递给员工,示意或诱导员工认同组织的价值观,并以实际行动为实现组织的目标而努力。

(七)实践法

这是指在生产与工作实践的过程中培育组织文化的途径与方式。这是长期积淀的过程。如通过各种生产经营实践,培养既敢于创新,又从实际出发的科学精神。

【管理案例】

美国有一家公司,规模虽然不大,但以极少炒员工鱿鱼而著称。有一天,资深车工杰瑞在切割台上工作了一会儿,就把切割刀前的防护挡板卸下放在一旁。没有防护挡板,虽然埋下了安全隐患,但收取加工零件会更方便、快捷一些,这样杰瑞就可以赶在中午休息之前完成三分之二的零件了。不巧的是,杰瑞的举动被无意间走进车间巡视的主管逮了个正着。主管大发雷霆,令他立即将防护挡板装上,又站在那里大声训斥了半天,并声称要将杰瑞一整天的工作作废。第二天一上班,杰瑞就被通知去见老板。老板说:"身为老员工,你应该比任何人都明白安全对于公司意味着什么。你今天少完成了零件,少实现了利润,公司可以换个人换个时间把它们补起来,可你一旦发生事故,失去健康乃至生命,那是公司永远都补偿不起的……"

离开公司那天,杰瑞流泪了。工作了几年时间,杰瑞有过风光,也有过不尽如人意的地方,但公司从没有人对他说不行。可这一次不同,杰瑞知道,这次碰到的是公司灵魂的东西。

点评:在管理实践中,管理者必须高度警觉那些看起来是个别的、轻微的,但触犯了公司核心价值的"小的过错",并坚持严格依法管理。"千里之堤,溃于蚁穴。"不及时修好第一扇被打碎玻璃的窗户,就可能会带来无法弥补的损失(即"破窗效应")。

【管理窗口】

欧美国家的文化

美国文化

美国是一个多民族的移民国家,这决定了美国民族文化的个人主义特点。

美国的企业文化以个人主义为核心,但这种个人主义不是一般概念上的自私,而是强调个人的独立性、能动性、个性和个人成就。在这种个人主义思想的支配下,美国的企业管理以个人的能动主义为基础,鼓励职工个人奋斗,实行个人负责、个人决策。因此,在美国企业中个人英雄主义比较突出,许多企业常常把企业的创业者或对企业做出巨大贡献的个人推崇为英雄。企业对职工的评价也是基于能力主义原则,加薪和提职也只看能力和工作业绩,不考虑年龄、资历和学历等因素。

以个人主义为特点的企业文化缺乏共同的价值观念，企业的价值目标和个人的价值目标是不一致的，企业以严密的组织结构、严格的规章制度来管理员工，以追求企业目标的实现。职工仅把企业看成是实现个人目标和自我价值的场所和手段。

美国的企业注重创新和发展。他们的观念是：新的、以前没有的东西就是有价值的。但美国的企业不是没有缺点，有时他们会忽视一些不重要的细节，导致很大的损失。

美国人办事时自信心很强，同时也高傲自大。在美国的企业工作，员工的自信心会得到培养。

欧洲文化

欧洲文化是受基督教影响的，基督教给欧洲提供了理想价值的道德楷模。基督教信仰上帝，认为上帝是仁慈的，上帝要求人与人之间应该互爱。受这一观念的影响，欧洲文化崇尚个人的价值观，强调个人高层次的需求。欧洲人还注重理性和科学，强调逻辑推理和理性的分析。

虽然欧洲企业文化的精神基础是相同的，但由于各个国家民族文化的不同，欧洲各个国家的企业文化也存在着差别。英国人由于文化背景的原因，世袭观念强，一直把地主贵族视为社会的上层，企业经营者处于较低的社会等级。因此，英国企业家的价值观念比较讲究社会地位和等级差异，不是用优异的管理业绩来证明自己的社会价值，而是千方百计地使自己加入上层社会，因此在企业经营中墨守成规，冒险精神差。

法国最突出的特点是民族主义，傲慢、势利和优越感，因此法国人的企业管理表现出封闭守旧的观念。

意大利崇尚自由，以自我为中心，所以在企业管理上显得组织纪律差，企业组织的结构化程度低。但由于意大利和绝大多数的企业属于中小企业，组织松散对企业生机影响并不突出。

德国人的官僚意识比较浓，组织纪律性强，而且勤奋刻苦。因此，德国的企业管理中，决策机构庞大，决策集体化，保证工人参与管理，往往要花较多的时间论证，但决策质量高。企业执行层划分严格，各部门负责人只有一个主管，不设副职。职工参与企业管理广泛而正规，许多法律都保障了职工参与企业管理的权力。职工参与企业管理主要是通过参加企业监事会和董事会来实现。按照《职工参与管理法》规定，2 万人以上的企业，监事会成员 20 名，劳资代表各占一半，劳方的10 名代表中，企业内推举 7 人，企业外推举 3 人；10 000～20 000 人的企业中，监事会成员 16 人，劳方代表 8 人，其中企业内推举 6 人，企业外推举 2 人；10 000 人以下的企业中，监事会成员中的劳资代表均各占一半。

【思政园地】

“我将无我，不负人民”

历史上关于“人是什么”的代表性观点，在马克思主义诞生之前，有人从人性善恶的角度去认识人，比如中国古代的孟子强调“人性善”，荀子强调“人性恶”；有人从人与一般动物生理特征上的区别来认识人，比如古希腊的柏拉图曾将人定义为双足而无羽毛的动物；有人根据某种特殊的社会属性来揭示人的本质，比如古希腊的亚里士多德指出“人是天生的政治动物”；有人试图通过归纳人类共有的某种抽象存在物来揭示人的本质，比如德国费尔巴哈强调理性、爱、意志力是人的类本质……这些认识从一般的或是抽象的人性论出发，都没能正确地揭示人的本质。

马克思说过，人只有为同时代人的完美、为他们的幸福而工作，自己才能达到完美。如果一个人只为自己劳动，他也许能够成为著名的学者、伟大的哲人、卓越的诗人，然而他永远不能成为完美的、真正伟大的人物。

2019 年 3 月，习近平在意大利进行国事访问时，意大利众议长菲科问他，当选中国国家主席时是什么心情。习近平回答，这么大一个国家，责任非常重、工作非常艰巨。我将无我，不负人民。我愿意做到一个“无我”的状态，为中国的发展奉献自己。

下文节选自一篇文章，让我们一起读懂习近平总书记的人民情怀。

深情，系于人民。从农村大队党支部书记到党的总书记，一路走来，习近平始终心怀家国、心系人民。在黄土地怀着“让乡亲们饱餐一顿肉”的朴素愿望，在正定大街摆桌子与百姓深入交流，在宁德沿着柴刀砍出的荆棘山路三进山村听民声……不论担任什么职务，不论身处什么地方，为民初心始终滚烫炽热。党的十八大以来，习近平总书记用脚步丈量祖国大地，用真心聆听人民心声，用实干履行庄严承诺：走遍集中连片特困地区，因为“乡亲们一天不脱贫，我就一天放不下心来”；冒雪看望受灾群众，叮嘱“乡亲们在生产生活上还有什么困难，可以提出来”；在疫情防控最危急的日子里，始终牵挂群众安危……总书记忧民、爱民的赤子之心，与人民心心相印、与人民同甘共苦、与人民团结奋斗的实践行动，生动诠释了新时代中国共产党人的初心使命，为广大党员、干部站稳群众立场、坚持群众路线树立了典范。

担当，不负人民。“我愿意做到一个‘无我’的状态，为中国的发展奉献自己。”为了人民的根本利益、党和国家的长治久安，习近平总书记以巨大的政治勇气和强烈的责任担当，带领人民攻坚克难、勇开新局。面对人民群众深恶痛绝的贪腐问题，以“得罪千百人，不负十四亿”的使命担当，深入推进全面从严治党；面对世纪疫情，始终坚持人民至上、生命至上，果断决策、科学部署，引领中国切实做到“为了保护人民生命安全，我们什么都可以豁得出来”；面对群众的“急难愁盼”问题，强调“人民群众什么方面感觉不幸福、不快乐、不满意，我们就在哪方面下功夫”……以身许党许国，为民不遗余力，这种无私无我的精神境界，激励着全党敢于担当、善于作为。

奋斗，造福人民。“我们的目标很宏伟，也很朴素，归根结底就是让全体中国人民都过上好日子”。在习近平总书记心中，让人民生活幸福是“国之大者”。从打赢脱贫攻坚战、全面建成小康社会到促进共同富裕、推动乡村振兴，从“厕所革命”到垃圾分类，从防治“小眼镜”到减轻学生作业负担和校外培训负担……“致广大而尽精微”，从大事难事到百姓的烟火小事，在总书记的关心推动下，民生工作取得扎实成效，人民的获得感、幸福感、安全感不断增强。“民之所忧，我必念之；民之所盼，我必行之。"为了人民幸福，勇往直前以赴之，夙兴夜寐以求之，殚精竭虑以成之，这就是中国共产党人的选择与追求。行程万里的征途，辉映着千家万户的灯火，天地间激荡着无比坚定的深情告白："我将无我，不负人民。"

（资料来源：辛识平."我将无我，不负人民"：读懂习近平总书记的人民情怀[EB/OL].[2022年04月14日]。https://baijiahao.baidu.com/s?id=1730090238259828912&wfr=spider&for=pc.）

本章小结

管理理论不是从一开始就有的，它是人类在一次次的管理实践探索中产生了管理思想，并在管理思想中不断地总结、归纳为管理理论。本章主要内容有二：一是主要介绍了管理理论的形成与发展，包括古典管理理论、行为科学理论及现代管理理论，同时也介绍了几种当代管理理论的新发展，如学习型组织理论等；二是介绍了组织文化的构成与建设问题。

一、基础知识练习

（一）单选题

1. 科学管理理论的代表人物是（　　）。
A.法约尔　　B.泰罗　　C.梅奥　　D.韦伯
2. 一般管理理论的代表人物是（　　）。
A.泰罗　　B.梅奥　　C.法约尔　　D.韦伯
3. 被称为"科学管理之父"的是（　　）。
A.韦伯　　B.法约尔　　C.梅奥　　D.泰罗
4. 科学管理理论研究的中心问题是（　　）。
A.提高劳动生产率　　B.提高劳动积极性　　C.激励　　D.协调
5. 最早提出管理职能的人是（　　）。
A.泰罗　　B.法约尔　　C.韦伯　　D.梅奥
6. 人际关系学说的创始人是（　　）。
A.泰罗　　B.梅奥　　C.法约尔　　D.韦伯
7. 标准化管理最早是由（　　）提出的。
A.泰罗　　B.法约尔　　C.韦伯　　D.梅奥
8. 下列哪项不属于波特的五力模型中的五种作用力量？（　　）
A.行业现有的竞争状况　　B.供应商的议价能力
C.客户的议价能力　　D.产品的技术创新能力

9. 以下哪项不是霍桑试验的主要结论？(　　)

A.职工是“经济人”。“经济人”是人际关系学说对人性的基本假设。这种假设认为人仅有经济和物质方面的需要，没有社会及心理方面的需要。

B.生产率的提高和降低主要取决于职工的“士气”，而士气则取决于家庭和社会生活，以及企业中人与人的关系。

C.企业中存在着“非正式群体”，非正式群体对生产率的提高有很大的影响。

D.新型领导力在于提高员工的满意度。

10. 韦伯认为，最理想的权利形态是(　　)。

A.超凡的权力　　B.世袭的权力　　C.传统的权力　　D.理性和法定的权力

(二)判断题

1. 福利试验结果表明，只有不断提高福利水平，才能提高工作效率。(　　)

2. 非正式组织只对正式组织起着妨碍、破坏作用。(　　)

3. 权变理论学派认为，在管理中要根据企业所处的内外条件随机应变，没有什么一成不变、普遍适用的“最好的”管理理论和方法。(　　)

4. 霍桑试验表明，企业中存在着“非正式组织”。非正式组织通过不成文的规范左右着成员的感情倾向和行为。(　　)

5. 霍桑试验表明，企业中的职工不仅仅是“社会人”，而主要是“经济人”。(　　)

(三)简答题

1. 简述泰罗的科学管理理论的主要内容。

2. 简述梅奥的人际关系学说的主要内容。

3. 法约尔一般管理理论中所提到的企业活动六种类别及管理的五种职能分别是什么？

4. 现代管理理论包括哪些主要学派？

5. 简述泰罗提出的例外原则。

二、能力素质训练

(一)思维拓展

1. 中国古代政治家管仲有一句名言“仓廪实而知礼仪，衣食足而知荣辱”。请分析这句话中所包含的管理思想。

2. 美国管理学者彼得·德鲁克说过：“如果你理解管理理论，但不具备运用管理技术和管理工具的能力，你还不是一个有效的管理者；反过来，如果你具备管理技术和管理能力，而不掌握管理理论，那么充其量你只是一个技术员。”你是怎样理解这句话的？

(二)案例讨论

苦练标准化的“真功夫”

要说有什么行业是永远的朝阳产业，那恐怕非餐饮业莫属。即使中国经济出现大幅波动的2008年，餐饮业仍然连续18年实现两位数的高速增长，产值达1.5万亿人民币。

但这又是个让中国人既自豪又无奈的行业。虽然中国美食享誉全球，但在自己家门口，几十年来，肯德基、麦当劳、必胜客等国外餐饮巨头大块切割着中国市场的蛋糕，而中国本土餐饮企业却普遍缺乏规模，经营零散。

曾经给中国做过详尽产业规划的孙中山先生有一个说法：中国的东西，西方什么都能很快学了去，唯独餐饮学不走。为什么？因为中餐非常依赖厨师的手艺，很难实现标准化、规模化生产。不过这样一个更接近艺术的行业生产方式，也给中国餐饮业上规模、做品牌出了个大难题！

近十几年来，却有一个"保守"的餐饮公司，从没做过加盟店——甚至厨具都由自己生产，物流也是自己来包——完全靠自己的直营店一步步从"根据地"东莞走出来，先在广州扩张，随后南北并进，成为中式快餐连锁第一品牌。这个公司就是"真功夫餐饮管理有限公司"(以下简称"真功夫")。而其"保守"，就是为了解决中餐外国人学不去但中国人也推不"广"的标准化难题。

截至2014年3月，真功夫门店数量达570家，遍布全国40个城市，在中国市场上成为和肯德基、麦当劳鼎足而立的"快餐三巨头"。即使在经济不景气的氛围下，2009年计划新增100～150家店。在中国企业"复兴"泰罗制，实现规范化管理的过程中，"真功夫"这样的中式快餐是推进难度最大的。但"真功夫"企业负责人心中有数。

以米饭对抗汉堡的"真功夫"，外在表现给消费者的一面，就是浓缩在品牌宣传中的那句"营养还是蒸的好"，以蒸饭、蒸汤、甜品等为主打快餐服务顾客，同时以"功夫龙"的统一品牌形象示人。

而内在的，则是一系列中餐标准化的努力。"真功夫"餐饮店里有一大特色，就是没有厨师。没有厨师的中餐馆怎么运作？这与企业负责人的一个经验之谈有关："中餐要实现标准化，关键不在流程，而在设备。"企业负责人表示：设备对中式快餐企业非常重要。如果只是把某个烹调的工艺制作步骤详细归纳出来，培养更多的厨师，这只是中餐标准化的最基础做法(这已是当年泰勒解析熟练工人操作流程的范本了)。如果厨师离开了，餐厅仍然一时难以补充上人手，而且员工可以把这些流程工艺带到别的地方去。因而"设备"便至为关键：①它不易被模仿；②可以提高效率。企业负责人说："'真功夫'有了这个设备(电脑程控蒸汽柜)，任何员工经过培训很快就可以操作。另外，做快餐的效率可以大大提高，其实做快餐，更关键的是效率的提高。"

设备的标准化，是"真功夫"对中式快餐扩张瓶颈做的关键性突破。"真功夫"的迅速崛起，让"洋快餐们"颇感意外，很快被列入"黑名单"——麦当劳、肯德基与物业公司签订合约时，往往会在合约里同时要求后者不得将其周边物业签给"真功夫"。中式快餐标准化带给这些洋快餐巨头的冲击，可见一斑。

但是再好的设备也是由人来操作的，企业做大做强的关键是对人力资源的开发。"真功夫"标准化管理的"内功"，不只在中餐设备的研发上，还包括后勤生产的标准化以及员工操作标准化方面。快餐管理的每一领域，"真功夫"都做了大量的标准化积累。

这样,对厨师手艺严重依赖的“前店后厨”式传统中餐,被企业负责人通过设备、后勤、员工管理三个方面的标准化,改造成了类似工业化大生产的新生产方式。

企业负责人也承认曾经遇到的发展瓶颈。他说:当我们1995年开第三家餐厅时,发现管控力弱了很多,甚至有时我自己还要亲自去顶岗位。所以,不通过标准化的管理来增强对分店的掌控力,根本无法实现进一步的扩张。随后,从1995年至1997年,企业负责人没再开新店。其间主要解决的,就是中式快餐标准化管理问题。

在随后的扩张里,企业负责人还在进一步完善新的标准化管理细节,例如:后勤生产的标准化,以采购、加工、配送三大中心组建成“真功夫”的后勤中心,保证选料、加工、配送等各道工序的标准化。

此外,企业负责人还更新了员工的招聘标准,以前招聘的管理是比较宽松的,现在从性格特征、出来工作的原因等,都要通过一个数字模型对应聘者进行“测量”,真正挑选出适合做快餐业、适合“真功夫”的员工。

为了落实标准化管理,“真功夫”这个企业本身就成了一所学校。“真功夫”企业大学的师资力量包括中山大学、中欧国际工商学院的教授,也包括“真功夫”内部管理人员。大学教授讲营销、财务之类的公共课程,内部管理人员讲具体的业务课程。

(资料来源:王福胜.管理学基础[M],上海交通大学出版社,2010.有改动)

思考:

(1)你认为“真功夫”的成功关键是什么?

(2)你如何看待目前“科学管理”、“标准化”的管理理论在中国企业中的实践?

【案例讨论】

1846年的咖啡店

有一次,台湾一家公司的总经理余先生路过比利时,就在布鲁塞尔一家咖啡馆喝咖啡。咖啡送来后,余先生就随手泡起来。

柜台边的老板走过来:“先生,咖啡不是这样喝的。”

“应该怎样喝呢?”

“我泡给你看。”

咖啡泡好后,余先生问:“可以喝了吗?”“不,先生你自己重泡一次。”老板怕余先生担心,又说了一句:“Free(免费)!”余先生泡完咖啡后,老板示意可以喝了。

当余先生端起咖啡正要喝的时候,老板连忙说:“慢一点,慢一点,喝咖啡要先用舌尖搅拌,让咖啡的香味慢慢从鼻孔里散发出来,然后慢慢咽下去,Wonderful Coffee!”

老板又问:“先生,你是从东方来的吧?”

“From China.”

“什么时候走?”

“明天早上第一班飞机飞伦敦。”

"啊,那以后来的机会一定很少,再来一杯(Free)!"

喝完咖啡,老板送余先生到门口。"先生,进来的时候看过门上的数字吗?"

"没有。"

"好,我们一起到门外看看吧。"

余先生回头一看——1846。中国还在清朝时代,他们家族就开了这个咖啡馆。

"你注意到墙上了吗?"

"余先生注意墙上贴了很多照片,菲利浦亲王在这儿喝过咖啡,荷兰女王在这儿喝过咖啡,大英帝国伊丽莎白女王二世在这儿喝过咖啡。

余先生这才知道这个咖啡馆开在布鲁塞尔皇宫旁边,是王宫贵族的后裔开的。

思考:

结合本案例,对于"许多许多的历史才可能培养一点点传统,许多许多的传统才可以培养一点点文化"这句话,你是如何理解的?

(三)管理游戏

石头剪刀布

实训目标:

(1)培养个人判断力、情绪管理能力;

(2)培养团队合作意识。

实训内容与方法:

(1)每队 4 个人,两人相向站着,另外两人相向蹲着,一个站着和一个蹲着的人是一方。

(2)站着的两个人进行"石头剪刀布",由石头剪刀布胜者一方蹲着的人去刮输的对方中蹲着的人的鼻子。

(3)输方轮换位置,即站着的人蹲下,蹲着的人站起来,继续开始下一局。

游戏点评:

(1)如何看待责任?

(2)当别人失败的时候,有没有抱怨?

(3)两个人有没有同心协力对付外面的压力?

(四)无领导小组讨论

扳道工救小孩

题目背景:

一辆火车飞驰而来,不远处的火车道上有 9 个小孩在玩耍,这时候提醒他们离开已经来不及了。在火车和 9 个小孩之间,有一个道岔和一个扳道工,扳道工只要将火车行进路线扳到另一条岔开的废路上,这 9 个小孩就可以得救,然而另一个悲剧却无法避免,因为有 1 个小孩在废弃的道路上玩耍。扳道工面临抉择。

要求:假如你就是这个扳道工,如何抉择?

说明：

首先，你有5分钟的时间阅读题目和进行独立思考(最好能拟出提纲，以备讨论)。

接下来，每个人有1分钟的时间阐述自己的观点。

其次，请你们用15分钟时间就这一问题进行讨论，并在结束时拿出一个一致性的意见，即得出一个你们共同认为最好的解决方案。

最后，派出一个代表来用2分钟的时间汇报你们小组的意见，并阐述你们做出这种选择的原因。

如果到了规定的时间你们没有得出一个统一的意见，那么你们每一个人的分数都要相应地减去一部分。

(五)辩论赛

嫁给房子还是嫁给爱情

关于人性假设

著名管理心理学家薛恩于1965年在《组织心理学》一书中，提出了四种人性假设理论。

(1)“经济人”假设。即认为人性是懒惰的，工作都只是为了获取经济报酬，满足自己的私利。因此，管理上主张用金钱等经济因素去刺激人们的积极性，用强制性的严厉惩罚去处理消极怠工者，即把奖惩措施建立在“胡萝卜＋大棒政策”的基础上。

(2)“社会人”假设。即认为人们的社会性需要是最重要的，人际关系、职工的士气、群体心理等对积极性有重要影响。因而在管理上要实行“参与管理”，要重视满足职工的社会性需要，关心职工，协调好人际关系，实行集体奖励制度等。

(3)“自我实现人”假设。即认为人是自主的、勤奋的。自我实现的需要是人的最高层次的需要，只要能满足这一需要，个体积极性就会充分调动起来。所谓自我实现，是指人的潜能得到充分发挥，只有人的潜能得以表现和发展，人才会有最大的满足。因此，管理上应创造良好的环境与工作条件，以促进职工的自我实现，即潜能的发挥，强调通过工作本身的因素，即运用内在激励因素调动职工的积极性。

(4)“复杂人”假设。即认为一个现实的人，其心理与行为是很复杂的，人是有个体差异的。人不但有各种不同的需要和潜能，而且就个人而言，其需要与潜能也随年龄的增长、知识能力的提高、角色与人际关系的变化而发生改变。不能把人视为某种单纯的人，实际上存在的是一种具体的“复杂人”。依据这一理论，便提出了管理上的“超Y理论”，即权变理论。它认为，不存在一种一成不变、普遍适用的管理模式，应该依据组织的现实情况，采取相应的管理措施。

海底捞　“家文化”遭遇现实“劫”

“海底捞”，这个以“变态”式服务著称的企业，眼下员工的“幸福感”正出现危机。近日，海底捞一离职员工因未获得预想中的奖励而敲诈公司 50 万元，目前此事已经交由警方处理，该员工也被警方控制。正所谓一叶知秋，一直以来着力打造“家文化”的海底捞开始陷入舆论旋涡。

海底捞公关经理陶依婷在接受《中国经营报》记者采访时显得很惊讶：“这只是个案，不知媒体会如此强烈地关注。但我们并不回避海底捞在发展过程中会遇到各种各样的问题，毕竟目前海底捞员工已经有 2 万多人，相比之前几千人的规模更难管控。”

如今随着海底捞名声越来越响，规模越来越大，很多事情已经超出了海底捞的预想。不可否认，海底捞发生“敲诈事件”是历史的必然。随着海底捞扩张加速，管理难以跟上发展步伐，这也许就是海底捞创始人张勇目前面临的两难问题。

员工生怨非一日之寒

“关于遭遇员工敲诈的事情，我们不愿透露太多，目前已经交由警方处理。”陶依婷就敲诈事件回应记者称，整件事情就如此前媒体报道的一样，该离职的海底捞员工因自己的建议被公司采纳后，并没有得到奖励，于是利用手上掌握的人事信息上演了敲诈案。

其实，哪家企业都可能会发生员工因种种不满而导致劳动纠纷的问题。尤其是对于目前遍布全国 29 个城市共有 109 家门店，而且在新加坡有 2 家，美国洛杉矶、韩国首尔各一家门店的海底捞而言，在年关时发生劳动纠纷并不算意外。

曾在海底捞供职的金百万品牌总监裴成辉告诉记者，他任职海底捞时，就有员工抱怨过企业的各种问题，而且还不是个别员工。在他看来，海底捞是典型的劳动密集型企业，目前有员工 2 万多人。流程和管理上的漏洞造成员工没有得到满足和尊重，这也不可避免。“此次海底捞被爆出敲诈事件只是由于新媒体时代消息传播速度加快所致，此前虽有此类事件但并没有引发关注。”

多年以来，海底捞极其注重员工的管理、培养与选拔。张勇选新人的标准最重要的一条就是出身农村，学历不高(有的甚至是文盲)，肯吃苦，迫切要求改变现状。

“或许由于从业人员素质参差不齐，而且大多数员工来自社会底层，对物质和精神要求都比较高，导致管理难度相当大，尤其是在劳动强度大的海底捞，基层员工劳累度可想而知，心中不满在所难免。”营销专家李志起认为。

在李志起看来，敲诈事件最根本的还是与海底捞的晋升机制有关，员工得不到好的晋升空间，所以才会采用极端的方式。对此，陶依婷也并不否认海底捞内部存在这样的问题。

海底捞的员工分为 6 个等级，优秀、标兵、劳模等，按照绩效考核的方式，员工半年参加一次晋升考核，如通过考核，公司还会给被提拔的员工发放奖金。在裴成辉看来，其实这也是一种再简单不过的考核晋升机制。优秀的服务员工最高也只能升到店长，对于一个门店拥有 150～200 名员工的海底捞而言，能晋升上去的员工都是干活非常卖力和辛苦的，才会有机会。

其实，海底捞着力塑造的员工归属感已经成为其前进路上的一个障碍，因为这将促使其背上沉重的包袱，员工离职或架构调整等稍微有点风吹草动就会人心惶惶。

高速扩张遭遇人才瓶颈

依靠强大的服务能力，海底捞坐上了中国第一火锅的位置。据海底捞一位内部人士透露，现在海底捞新开门店很多，人员的管理确实比以前要难。

“餐饮业的从业人员招聘本来就不容易，店开多了，招人也很困难。”陶依婷坦承，公司大了，不可能是之前几千个人那样的管理方式，任何一个企业大了之后都会存在经营管理方面的问题，遇到问题，海底捞也不会回避。据其透露，海底捞内部有投诉渠道，员工有对公司不满意的地方，相关的负责人会直接跟员工沟通。

2014 年海底捞一口气开了 17 家门店，在迅猛扩张的势头之外，其背后的隐患已现。一位海底捞的离职员工告诉记者，此前每年开店速度控制在 5～8 家门店，现在几乎是之前的 3 倍。在业界看来，在餐饮这个不适合大规模扩张的行业，海底捞走上大规模扩张之路，必然会导致种种弊病。

“门店的扩张速度过快，除了硬件的资金要求更高之外，就是人才的复制。”中国烹饪协会副会长冯恩媛表示，举例说，一年开店 17 家，就要培养出 17 个合格的店长，而且店长还要独当一面，对员工的选拔培训机制也是一种挑战。

陶依婷坦承同样遇到招聘难问题，尤其是每年年后的时间段里。而对于如何解决海底捞人才缺乏的问题，陶依婷暂未透露。事实上，在海底捞的发展过程中，人员的缺乏特别是优秀干部的缺乏，始终是制约其扩张速度的障碍之一。

一家门店的岗位从采购、服务人员等都需要培养的过程。李志起认为，餐饮企业开店速度不宜太快，太快了会导致自身的知识体系、培养机制不健全，从而导致服务和口碑下降。

其实，海底捞这样的重资产企业，门店的租金肯定越来越高，投入也将越来越大，一个门店的投入几百万元，对其现金流的压力自然而然会加大，尤其是在开店过快的时间段。

海底捞以现在的品牌影响力必须放缓扩张速度，以时间换空间，争取有更多时间去完善内部人员培养和精细化运营工作，这需要靠时间沉淀。“餐饮行业食品安全也是悬在其头上的一把利剑，对其采购和品控的要求越来越高。”李志起表示，海底捞更需要放缓脚步来解决一些实际问题。

强悍文化现冲突

“这是我见过的拥有最强悍文化的企业，没有之一。员工签合同前都会进行系统的培训，不允许员工上网、打牌，就像家人一样就怕孩子走上歪路。所以，海底捞打造的家文化对受教育程度不高的员工来说是最有凝聚力的，这也是其他企业学不会的。”裴成辉表示。

但不可否认，海底捞与现在“80 后”、“90 后”年轻人的个性化需求有直接的冲突。一位海底捞离职员工透露，海底捞的员工每天非常累，因为客流量大，海底捞的员工几乎每天都要小跑着干活，一般员工在试用期三个月内大多数因为感觉劳动强度太大而放弃。

据裴成辉介绍，在海底捞工作的员工很多来自一个家庭，甚至出现过一家9个人都在海底捞上班的故事。这或许就是此前媒体报道的新进员工与之前的管理层有裙带关系，从而导致企业内部勾心斗角、拉帮结派的主因吧。

裴成辉透露，海底捞一直实行的是师徒制的培养，而海底捞的管控制度并不多，主要还是依靠其打造的家文化管控。但眼下海底捞有几万名员工，不可能把每个员工都照顾得面面俱到。

李志起表示，家文化和制度管理是硬币的两面，既要有刚性的约束，又要有情感的沟通，管理层必须把这两者平衡好。其实，门店数量少的时候不会遇到这样的问题，但上百家门店要让公司高层关注到员工的各种需求不太可能，这是劳动力密集型企业发展过程中集中体现的问题。

不过，陶依婷告诉记者，海底捞并不太在意公众对其有何说法。“我们只是尽力做好自己的事情，让消费者满意。”而一直以来，海底捞也在努力使自己不像一个正常的公司，很多人读不懂海底捞就是因为其不按常理出牌，这也是为了让自身保持持续创新能力。

而当一个企业有条条框框后，就会阻碍创新，这或许是目前张勇最大的焦虑，即在管理制度和创新间如何寻求平衡。此前张勇曾对外明言：“海底捞的管理创新很简单，因为我们的员工受教育不多，只要把他们当人对待就行了。”但如今张勇却与其宣称的创新背道而驰。

“管控流程在扼杀海底捞的创造性。”在一位曾在海底捞任过职的人士看来，企业发展过快会遇到一些瓶颈。张勇的焦虑还是大企业的焦虑，就是必须让企业更加可控，如供应链环节，安全问题不可控将遭遇大祸。

显然，时下的海底捞并不是张勇心目中的海底捞，而越发庞大的海底捞若无法解决这些困扰，也将不再如昔。

（资料来源：《中国经营报》总2097期，作者：黄荣，发表时间：2015年2月9日）

第三章 计 划

【学习目标】

1. 理解计划的内涵、工作原理；
2. 了解计划的程序，掌握制订计划的几种技术方法；
3. 理解决策的内涵，了解决策的相关理论；
4. 掌握决策的定性、定量方法。

【本章关键词】

计划；决策；滚动计划法；风险型决策；不确定型决策；头脑风暴法

【管理名言】

凡事预则立，不预则废。

【导入案例】

10公里的旅程

心理学家做了一个十分有趣的试验：组织三组人，让他们分别向10公里以外的三个村子进发。

第一组的人既不知道村庄的名字，也不知道路程有多远，只告诉他们跟着向导走就行了。刚走出两三公里，就开始有人叫苦；走到一半的时候，有人几乎愤怒了，他们抱怨为什么要走这么远，何时才能走到头，有人甚至坐在路边不愿前进，越往后走，他们的情绪也就越低落。

第二组的人知道村庄的名字和路程，但路边没有里程碑，只能凭经验来估计行程的时间和距离。走到一半的时候，大多数人想知道已经走了多远，比较有经验的人说："大概走了一半的路程。"于是，大家又簇拥着继续向前走。当走到全程的3/4的时候，人们情绪开始低落，觉得疲惫不堪，而路程似乎还很长。此时有人说："快到了！"大家重新振作起来，从而加快了行进步伐。

第三组的人不仅知道村庄的名字、路程，而且公路旁每一公里处就有一块里程碑，人们边走边看里程碑，每缩短一公里大家便有一小阵的欢乐，行进中他们用歌声和笑声来消除疲劳，情绪一直很高涨，所以很快就到达了终点。

心理学家得出了这样的结论：当人们的行动有了明确目标的时候，并能把自己的行动与目标不断地加以对照，进而清楚地知道自己的行进速度和与目标之间的距离时，人们行动的动机就会得到维持和加强，就能够自觉地克服一切困难，努力实现目标。

点评：德川家康说得好："人的一生就好比挑着重担走远路，不能急。"走长路的秘诀其实就是一步一个脚印，有条不紊地前行。如果您在追求理想的道路上，布满荆棘、充满坎坷，那么不妨将理想分割成小段的目标，这样做就能够预防半途而废。

第一节 计划概述

一、计划的概念

（一）计划的含义

计划有狭义和广义之分。狭义的计划是指管理者事先对未来应采取的行动所做的谋划与安排。广义的计划是指人们编制、执行计划，以及检查计划执行情况等一系列计划管理工作，简称为计划工作。确切地说，计划工作包括分析预测未来的情况与条件，确定目标，决定行动方针与行动方案，并依据计划去配置各种资源，进而执行任务，最终实现既定目标的整个管理过程。计划工作是一项既广泛又复杂的管理工作，它涉及组织的每一项活动，需要深入细致的分析研究和非常高的技术技能。

制订计划即在时间和空间两个维度上进一步分解任务和目标；执行计划包括实现任务和目标的方式、进度规定；检查计划是对行为结果的检查与控制等。

管理大师孔茨曾形象地把计划工作比喻成一座桥梁，指出计划可以把我们所处的此岸和我们要去的彼岸连接起来，以克服这一天堑。

（二）计划的内容——5W1H

西方管理学家用"5W1H"来概括计划工作的任务。

（1）目标——明确做什么（what）：明确计划工作的具体任务、要求，明确每一个时期的中心任务和工作重点。

（2）意义——回答为什么（why）：明确计划工作的宗旨、目的、战略、策略，并论证可行性。

（3）时间——何时才做（when）：规定计划中各项工作任务的开始和执行的进度，以便进行有效的控制和对各种资源（如人力、物力、财力、技术等）进行及时的调整、平衡。

（4）地点——在哪里做（where）：规定计划实施地点或场所，了解计划实施的环境条件和限制，以便合理安排计划实施的空间组织和布局。

（5）人员——谁去做（who）：计划任务要明确由哪个主管部门负责。对计划执行过程中的各个阶段，明确由哪个部门负主要责任，哪些部门协助；各个阶段交接时由哪些部门和哪些人员参加鉴定和审核等。

（6）方式与手段——如何去做（how）：制定完成计划任务的措施，以及相应的政策、规则，对各种资源分配方案、各种派生计划进行综合平衡等。

实际上，一个完整的计划还应包括控制标准和考核指标的制定，也就是告诉实施计划的部门或人员，做成什么样，达到什么要求才算完成了任务。

二、计划的特征与意义

（一）计划的特征

计划工作的特征可以概括为五个主要方面：目的性、首位性、普遍性、效率性和创新性。

1. 目的性

计划工作是为实现组织目标服务的，组织是通过精心安排的合作实现目标而得以生存的。计划作为管理的一项基本活动，应有助于实现组织的目标，从时间上和空间上对决策作进一步的展开和细化。

各种计划及其所有支持性计划，都是旨在促使组织的总目标和各个时期目标的实现。在为集体里一起工作的每个人设计环境，使每个人有效地完成任务时，管理人员最主要的任务，就是努力使每个人理解集体的总目标和一定时期的目标。如果要使集体的努力有成效，组织成员一定要明白组织期望他们完成的是什么。这种计划工作的职能在所有管理职能中是最基本的。

【管理案例】

向员工传达目标要清楚

当富士康还是一个全球员工不超过 15 000 人的中型企业的时候，有一次总裁到下属的企业巡视，正好看到工人们正在擦拭冲压好的电脑机箱，每个机箱都擦了 3 次。于是，总裁就问现场的工人为什么要擦 3 次，工人回答说："我也不知道为什么要擦 3 次，上边这么规定的，我们就这么做了。"总裁当时没说什么，回去之后，他把负责生产的总经理叫到办公室，问他为什么每个机箱都要擦 3 次。生产总经理说："擦 3 次是为了更好地把机箱冲压时造成的油污擦掉。"总裁说道："那你为什么不告诉工人们擦 3 次的目的，而只告诉他们需要擦 3 次呢？"

当天晚上开月会的时候，总裁要求生产总经理当着 2 000 多人的面站着开会，并让他第二天在工厂门口罚站，作为他没有明确告知员工工作目标，而是生硬地规定员工执行的惩罚。

点评：在没有被明确告知工作目标的前提下，工人错误地认为其工作目标就是擦拭 3 遍机箱。这样，他们就会对真正的工作目标——擦拭油污失去了判断和应变的能力。由此可见向员工明确传达工作目标的重要性。

2. 首位性

计划工作处于管理职能的首位。把计划工作摆在首位，不仅因为从管理过程的角度来看，计划工作先于其他管理职能，而且因为在某些场合，计划工作是付诸实施的唯一管理职能。计划工作的结果可能得出一个决策，即无须进行随后的组织工作、领导工作及控制工作等。计划工作具有首位性的原因，还在于计划工作影响和贯穿于组织工作、人员配备、领导工作和控制工作中。图 3-1 概略地描述了这种相互关系。

计划工作对组织工作的影响是，可能需要在局部或整体上改变一个组织的结构，设立新

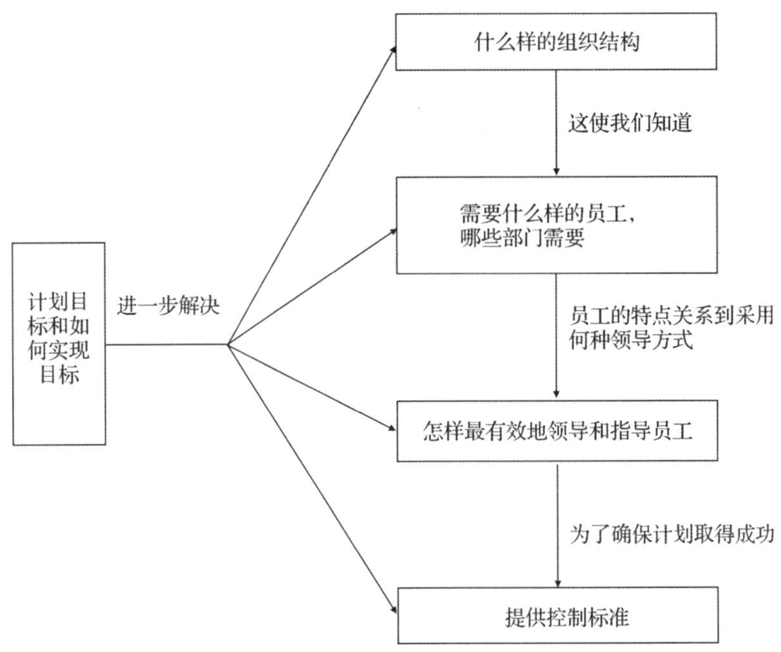

图 3-1 计划是管理的首要职能

的职能部门或改变原有的职权关系。

计划工作对人员配备的影响可能是需要委任新的部门主管，调整和充实关键部门的人员以及培训员工等，而组织结构和员工构成的变化，必然会影响到领导方式和激励方式。

计划工作和控制工作尤其是分不开的——它们是管理的孪生子。未经计划的活动是无法控制的，因为控制就是纠正脱离计划的偏差，以保持活动的既定方向。没有计划指导的控制是毫无意义的，计划是为控制工作提供标准的。此外，控制职能的有效行使，往往需要根据情况的变化拟订新的计划或修改原有计划，而新的计划或修改过的计划又被作为连续进行的控制工作的基础。计划工作与控制工作的这种连续不断的关系，通常被称为计划—控制—计划循环。

3. 普遍性

组织中所有的管理人员都要做计划工作。通常计划工作的特点和范围会因各级主管人员职权的不同而不同，但开展好这项工作却是各级主管人员的一个共同职能，管理人员都要有一定程度的自主权，并承担制订计划的责任。

所有管理人员，从总经理到第一线的基层主管都要制订计划。有意思的是，人们发现基层主管在工作中取得成绩的主要因素，就是他们有从事计划工作的能力。

4. 效率性

计划工作的任务，不仅是要确保实现目标，而且是要从众多方案中选择最优的资源配置方案，以求得合理利用资源和提高效率。用通俗的语言来表达，就是既要“做正确的事”，又要“正确地做事”。显然，计划工作的任务同经济学所追求的目标是一致的。计划工作的效率，是以实现企业的总目标所得到的利益，扣除为制订和执行计划所需要的费用和其他预计不到的损失之后的总额来测定的。

5. 创新性

计划工作总是针对需要解决的新问题和可能发生的新变化、新机会而做出决定，因而它是一个创造性的管理过程，是对管理活动的设计，如对新产品或新项目的设计、战略目标的创新等。

(二)计划的意义

1. 为组织成员指明方向，协调组织活动

良好的计划可以通过明确组织目标和开发组织各个层次的计划体系，将组织内成员的力量凝聚成一股朝着同一目标方向的合力，从而减少内耗，降低成本，提高效率。

计划在于促使目标的实现，计划给管理者和非管理者指明了方向，使行动对准既定的目标。计划工作使得各部门能协调他们的活动，互相合作，结成团队，最终实现目标。这样主管人员可以从日常事务中解放出来，而将主要精力放在对未来不确定因素的研究上。

2. 预测变化，减少冲击

计划是面向未来的，而在未来，无论是组织生存的环境还是组织自身，都具有一定的不确定性和变化性。而计划工作可以让组织通过周密细致的预测，预见变化，考虑变化的冲击，制定适当的对策。计划工作可以减小不确定性，使管理者能够预见到行动的结果，从而尽可能地变“意料之外的变化”为“意料之内的变化”，用深思熟虑的决策来代替草率的判断，从而面对变化也能变被动为主动，变不利为有利，减少变化带来的冲击。

3. 减少重叠和浪费性的活动

组织在实现目标的过程中，各种活动会出现前后协调不一、联系脱节等现象，同样，在多项活动并行的过程中也往往会出现不协调现象。良好的计划能通过设计好的协调一致、有条不紊的工作流程来避免上述现象的发生，从而减少重复和浪费性的活动。计划工作可以使组织的经营活动的费用降至最低限度，从而实现对各种生产要素的合理分配，使人力、物力、财力紧密结合，取得更好的经济效益。

4. 有利于进行控制

计划和控制是一个事物的两个方面。组织在实现目标的过程中离不开控制，而计划则是控制的基础。控制即纠偏。在计划中我们设立目标，在控制环节，我们将实际的绩效与目标进行比较，发现可能发生的重大偏差，采取必要的校正行为。没有计划，就没有控制。控制中几乎所有的标准来自计划。

此外，计划还可通过对各种方案进行详细的技术分析来选择最佳的活动方案，从而能够大大减少由于仓促决策而造成的损失。计划工作还有助于在最短的时间内完成工作，减少迟滞和等待，促使各项工作均衡稳定地进行。

计划工作对组织的经营管理工作起着直接的指导作用。

三、计划的类型和层次

依照不同的标准，可将计划分为不同的类型，各种类型的计划不是彼此割裂的，而是由分别适用于不同条件下的计划组成一个计划体系。

(一)计划的类型

最普遍的方法，是根据计划的时间跨度、广度、明确性和所涉及内容对计划进行分类。

详见表 3-1。

表 3-1 计划的类型

分类标准	时间跨度	广度	明确性	涉及内容
类 型	长期计划	战略计划	指导性计划	综合计划
	中期计划	战术计划	具体计划	专业计划
	短期计划	作业计划		项目计划

1. 长期计划、中期计划和短期计划

计划可以按照时间的长短分成长期、中期和短期计划。一般是将 1 年及其以内的计划称为短期计划,1 年以上到 5 年以内的计划称为中期计划,5 年以上(含 5 年)的计划称为长期计划。但是对一些环境条件变化很快、本身节奏很快的组织活动,也可能 1 年计划就是长期计划,季度计划就是中期计划,而月度计划就是短期计划。

这三种计划中,长期计划描述了组织在较长时期的发展目标和方针,规定了组织的各个部门在较长时间内从事某种活动应达到的目标和要求,绘制了组织长期发展的蓝图,是组织长期发展的纲领性文件。

中期计划是根据长期计划制订的,它比长期计划要详细具体,是考虑了组织内部与外部的条件与环境变化情况后制订的可执行计划。

短期计划则比中期计划更加详细具体,它是指导组织具体活动的行动计划,具体规定组织各部门在近期,特别是最近的时段中,应该从事何种活动及相应的要求,从而为组织成员近期内的行动提供依据。它一般是中期计划的分解与落实。

在管理实践中,长期计划、中期计划和短期计划必须有机地衔接起来,长期计划要对中、短期计划具有指导作用,而中、短期计划的实施要有助于长期计划的实现。

2. 战略计划、战术计划和作业计划

计划可以按照所涉及的组织活动范围分成战略计划、战术计划和作业计划。

在这三种计划中,战略计划是对组织全部活动所做的战略安排,为组织设立总体目标,需要通盘考虑各种确定性与不确定性条件,谨慎制订,以指导组织全面的活动。

战术计划一般是一种局部性的、阶段性的计划,它多用于指导组织内部某些部门的共同行动,以完成某些具体的任务,实现某些具体的阶段性目标。

作业计划则是部门或个人的具体行动计划。作业计划通常具有个体性、可重复性和较大的刚性,一般情况下是必须执行的命令性计划。

战略计划、战术计划和作业计划强调的是组织纵向层次的指导和衔接。具体来说,战略计划往往由高层管理人员负责,战术计划和作业计划往往由中层、基层管理人员甚至是具体作业人员负责。战略计划对战术计划、作业计划具有指导作用,而战术计划和作业计划的实施要确保战略计划的实施。

作业计划趋向于覆盖较短的时间间隔,如月度计划、周计划、日计划就属于作业计划;战略计划趋向于较长的时间间隔,通常为 5 年甚至更长时间,且覆盖较广的领域。就确立目标而言,两者完全不同。设定目标是战略计划的一个重要任务,而作业计划是在目标已确定的条件下制订的,它只是提供实现目标的方法。

3. 指导性计划和具体计划

计划按明确性程度可划分为指导性计划和具体计划。指导性计划只规定一些重大方针,而不局限于明确的特定目标或特定的活动方案上。这种计划可为组织指明方向,统一认识,但并不提供实际的操作指南。具体计划则恰恰相反,要求必须具有明确的可衡量目标以及一套可操作的行动方案。具体计划不存在模棱两可,没有容易引起误解的问题。

指导性计划具有内在的灵活性,而具体计划便于及时、有效地完成特定的程序、方案和各类活动目标。组织通常根据面临的环境的不确定性和预见性程度的不同,选择制订这两种不同类型的计划。

4. 综合计划、专业计划和项目计划

计划也可以按照其所涉及的活动内容分成综合计划、专业计划与项目计划。其中综合计划一般会涉及组织内部的许多部门和许多方面的活动,是一种总体性的计划。专业计划则是涉及组织内部某个方面的计划,例如企业的生产计划、销售计划、财务计划等,它是一种单方面的职能性计划。项目计划通常是组织针对某个特定课题所制订的计划,例如某种新产品的开发计划、某项工程的建设计划、某项具体组织活动的计划等,它是针对某项具体任务的事务性计划。

(二)计划的层次体系

从抽象到具体,可以将计划分为宗旨、使命、目标、战略、政策、程序、规章、规划和预算,形成计划的层次体系。

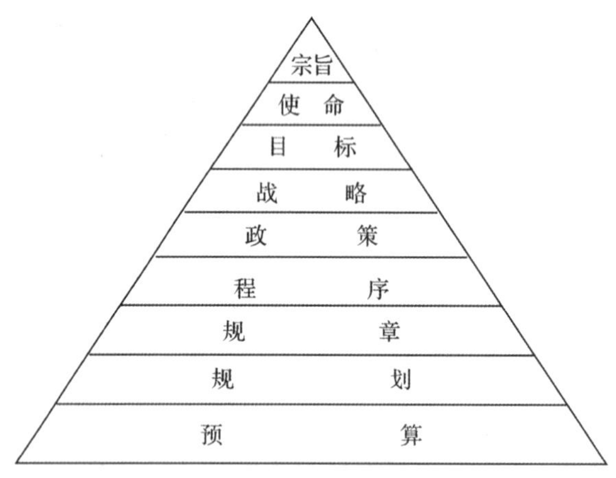

图 3-2 计划的层次体系

1. 组织的宗旨

一个组织的宗旨可以被看作是一个组织的最基本的目标,也即一个组织得以存在的基本理由。一个组织的宗旨无非有两类:要么是寻求贡献于组织以外的自然、社会;要么是寻求贡献于组织内部成员的生存和发展。这两类宗旨是彼此相连、相辅相成的。组织是为其宗旨而存在的。

2. 组织的使命

确立了组织的宗旨以后，为了实现它，组织就可以为自己选择一项使命。这项使命的内容就是组织选择的服务领域或事业。这里应该强调的是，使命只是组织实现宗旨的手段，而不是组织存在的理由。组织为了实现自己的宗旨，可以选择这种事业，也可以选择那种事业。

3. 组织的目标

组织的使命说明了组织要从事的事业，而组织的目标则更加具体地说明了组织从事这项事业的预期结果。组织的目标包括了组织在一定时期内的目标以及组织各个部门的具体目标。对一家工商企业来说，在一定时期内的目标通常表现在两个方面，即企业对社会做出的贡献和自身价值的实现。在通常情况下，人们可以把组织目标进一步细化，从而得出多方面的目标，形成一个互相联系的目标体系。美国学者对 80 家美国最大的公司的一次研究结果表明，每家公司设立的目标的数量从 1 到 18 个不等，平均是 5 个或 6 个。

4. 组织的战略

战略一词来自军事用语，引用到管理学中来，是指为实现组织的目标而选择的发展方向、行动方针以及各类资源分配方案的总纲，它仍然含有对抗的含义。所以组织在制定战略时不可能是“闭门造车”，而是要仔细研究其他相关组织，特别是竞争对手的情况，以取得优势地位、获得竞争胜利为目标制定出自身的战略。当然，战略还不是具体说明企业如何去实现目标，它的重点是要指明方向和资源配置的优先次序。

5. 组织的政策

政策是管理者决策时考虑问题的指南，政策的制定是为了规定组织行为的指导方针。政策可以以书面文字形式发布，也可能存在于管理人员管理行为的“暗示”之中，但无论是哪种形式，政策都对管理人员的工作起到重要作用。

6. 组织的程序

程序也是一种计划，它规定了某些经常发生的问题的解决方法和步骤。程序直接指导行动本身，而不是对行动的思考。程序是一种经过优化的计划，是通过大量经验事实的总结而形成的规范化的日常工作过程和方法，并以此来提高工作的效果和效率。程序往往还能较好地体现政策的内容。

7. 组织的规章

规章是一种最简单的计划，它规定了某种情况下采取或不能采取某种具体行动。规章和程序的最大区别在于前者是一种没有回旋余地的规定，不允许有斟酌的自由，不再需要进行任何决策，而后者却正好相反。人们常把规章和程序相混淆，因为两者都是直接指导行动本身，都要抑制思考，限制自由处理的权利；但规章只是对具体情况下的单个行动的规定，而不涉及程序所包含的时间序列，甚至可以说程序实际上就是多个规章按照一定的时间序列的组合。

8. 组织的规划

组织规划的作用是根据组织总目标或各部门目标来确定组织分阶段目标或组织各部门的分阶段目标，其重点在于划分总目标实现的进度。组织的规划不仅仅包含组织的分阶段目标，其内容还包括实现该目标所需的政策、程序、规则、任务委派、所采取的步骤、涉及的资源等。组织的规划是一份综合性的但也是粗线条的、纲要性的计划。

9. 组织的预算

预算是一种“数字化”的计划，把预期的结果用数字化的方式表示出来就形成了预算。一般来说，财务预算是组织最重要的预算，因为组织的各项经营活动几乎都可以用数字化、货币化的方式在财务预算表上体现出来。预算作为一种计划，勾勒出未来一段时期的现金流量、费用、收入、资本支出等的具体安排。预算还是一种主要的控制手段，是计划和控制工作的联结点——计划的数字化产生预算，而预算又将作为控制的衡量基准。

四、计划的工作原理

(一)限定因素原理

限定因素是指妨碍目标得以实现的因素。在其他因素不变的情况下，抓住这些因素，就能实现期望的目标。而所谓的限定因素原理是指在计划工作中，越是能够了解和找到对达到目标起限制性和决定性作用的因素，就越是能准确地、客观地选择可行的方案。

限定因素原理是决策的精髓。决策的关键就是解决抉择方案所提出的问题，即尽可能地找出和解决限定性的或策略性的因素。

【管理思考】

木桶原理(短板原理)：一只木桶由许多块木板组成，如果组成木桶的这些木板长短不一，那么这个木桶的最大容量不取决于长的木板，而取决于最短的那块木板。

问题：该原理对决策者有什么启示？

(二)许诺原理

关于合理的计划期限的确定问题体现在许诺原理上。许诺原理是指任何一项计划都是对完成某项工作所做出的许诺，许诺越大，所需的时间越长，因而实现目标的可能性就越小。

计划工作期限的长短需要根据所承担任务的多少而定，一般来说，承担的任务越多，计划工作的期限就越长，反之就会越短。工业上常用的投资回收率就是该原理的具体应用。

(三)灵活性原理

灵活性原理是指计划工作中体现的灵活性越大，未来意外事件引起的损失的危险性就越小。因此，制订计划时要有灵活性，即留有余地。对于主管人员来说，灵活性原理是计划工作中最主要的原理。在承担的任务重、目标期限长的情况下，灵活性便显示出它的作用。当然，灵活性只是在一定程度上是可能的。在国外，现在也多强调实行所谓的“弹性计划”，即能适应变化的计划。

(四)改变航道原理

改变航道原理是指计划工作为将来承诺得越多，主管人员定期地检查现状和预期前景以及为保证所要达到的目标而重新制订计划就越重要。

计划制订出来后，计划工作者就要管理计划，督促计划的实施，必要时可根据当时的实际情况作必要的检查和修订。

改变航道原理与灵活性原理不同，灵活性原理是使计划本身具有适应性，而改变航道原理是使计划执行过程具有应变能力。为此，计划工作者应经常地检查计划，重新制订计划，以达到预期的目标。

【管理思考】

俗话说“计划赶不上变化”，那你认为做计划还有用吗？

第二节 编制计划的程序与方法

一、编制计划的程序

任何计划工作的程序都大体相似，一般都经历如下几个步骤。

（一）分析环境

计划工作的第一步，就是进行调查研究，对客观（特别是资源）环境、国家政策、市场需求、行业竞争、企业经营实力等方面，进行综合分析。对未来形势的变化、预示的机会和挑战进行初步估计；了解自身的能力，有何优势和不足；有哪些不确定因素，预测其发生的可能性及对本组织的影响程度。常用的环境分析工具有 SWOT 工具、五力模型等。

1. SWOT 工具

S(strengths)是优势，W(weaknesses)是劣势，O(opportunities)是机会，T(threats)是威胁。按照企业竞争战略的完整概念，战略应是一个企业“能够做的”（即组织的强项和弱项）和“可能做的”（即环境的机会和威胁）之间的有机组合。

从整体上看，SWOT 可以分为两部分：第一部分为 SW，着眼于组织自身的实力及其竞争对手的比较；第二部分为 OT，将注意力放在外部环境的变化及对组织可能的影响上。利用这种方法可以找出对自己有利的、值得发扬的因素，以及对自己不利的、要避开的东西，发现存在的问题，找出解决办法，并明确以后的发展方向。

2. 五力模型

考察企业所处行业的竞争环境，可以应用迈克尔·波特的五力模型。在迈克尔·波特看来，有五种力量会影响到企业的竞争力。这五种竞争力量是：①新加入者的威胁，这是指潜在的竞争对手进入本行业的可能性；②替代品的接近程度，替代品是指具有相同或相近功能的产品或服务，它们在使用上可以相互替代；③购买者的议价能力，这是指顾客在交易中讨价还价的能力；④供应商的议价能力，这是指企业的供应商向企业提供产品或原材料时讨价还价的能力；⑤现有企业的竞争，即企业所处的行业同行企业之间的正面竞争。系统地考察这五种竞争力，就可以正确地评估所在产业的竞争结构。见图 3-3。

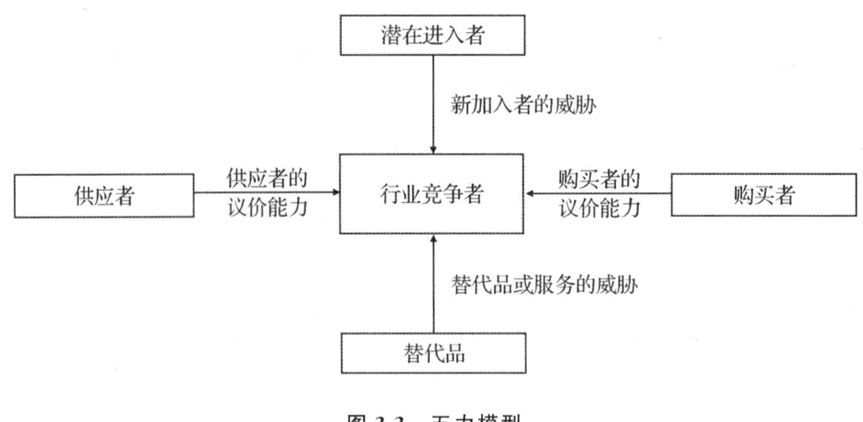

图 3-3 五力模型

(二)明确目标

即确定组织在一定时期(如一年、三年)工作活动的目标。一个组织没有目标,就没有方向,就失去其存在的意义;有了明确的目标,就容易使组织成员产生前进的动力。

【管理故事】

能实现的目标才是好目标

美国管理学家做过这样一个实验:将一只老鼠放进一个四壁可以升降的铁盒子里,然后施以微弱电击,这时老鼠会拼命地跳出来。管理学家随后将盒子四壁升高,然后再施以微弱电击,这时老鼠无论怎样也跳不出来。在历经一番激烈挣扎后,老鼠终于精疲力竭了。这时,管理学家又将盒子四壁降至比第一次还低的高度,然后再施以微弱电击。可这次无论怎样电击,老鼠就是不跳了。管理学家解释说,这是因为老鼠伤透了心。

点评:积极的热情需要积极的回应。聪明的领导者总是将目标定在员工只要用力一跳就能企及的高度,否则看似"严格要求",实际上员工的表现只会比原来更差。员工一旦成为"盒子里的老鼠",想再激发他们的热情就太难了。

(三)确定前提条件

有道是"万事俱备,只欠东风"。这里的"东风"(实际是东南风)是火攻(停在大江西北的)曹营船只的前提条件。假定其他因素正常或不变,而攻克某一因素就可实现预期目标,这一因素即是关键,或者说是哲学中说的"主要矛盾",抓住这一主要矛盾,一切问题就迎刃而解了。

(四)拟订备选方案

一个计划往往有几个可供选择的方案。拟订方案时应先进行轮廓设想,然后对各种方案深入分析,进行可行性研究。

（五）评价备选方案

备选的几个方案，各有不同的利弊。有的方案利润大，但投资多、回收慢；有的方案利润小，但风险也小；有的方案从长远看，收益会大；有的方案对当前有好处。总之，对各种方案利弊、得失要进行细致分析比较。

（六）选择方案

这一阶段是所谓的“拍板”，通过权衡利弊，选择一个较满意的方案。任何一个方案都不是十全十美的，在选择中应是“两利相形（对照）取其重，两弊相形择其轻”。

（七）制订主要计划

制订主要计划就是将所选择的计划用文字形式正式表达出来，作为管理文件。计划要清楚地确定和描述 5W1H 的内容，另外还要有资金保障与物资配备。

（八）制订派生计划

基本计划还需要派生计划的支持。派生计划即分计划或子计划，是各个部门或是一个组织的中层、基层的工作计划。编制派生计划，一般采取上下结合的方法。先由领导自上而下地下达控制数字，然后由基层组织自下而上地逐级编报计划草案，经过计划部门反复协商、平衡，最后由单位领导正式确定计划并下达给各级组织。

（九）编制预算

把计划转化为预算，使之数字化。预算实质是资源的分配计划。有了具体的预算，就为日后的管理提供了标准，便于监督、考核、控制。

二、编制计划的方法

（一）滚动计划方法

滚动计划法是根据近期计划的执行情况和客观环境的变化，定期发现问题，调整和修订面向未来的中、长期计划的一种长期、中期、短期计划相结合的，由近及远的灵活性计划编制、调整与修订方法。图 3-4 以 5 年计划滚动为例概括了滚动计划的编制过程。

如图 3-4 所示，如果从 2001 年开始，我们采用滚动计划法编制未来 5 年的计划，应按如下步骤操作：2001 年编制 2002 年详细计划和 2003—2006 年粗略计划；2002 年在检查当年计划完成的基础上，对 2003 年计划做出调整和细化，同时修订 2004—2006 年计划，增订 2007 年计划；2003 年在检查当年计划完成的基础上，对 2004 年计划进行调整和细化，同时修订 2005—2007 年计划，增订 2008 年计划；随后，在 2004 年、2005 年和 2006 年进行同样的滚动安排。由此可见，滚动计划法采用了“近细远粗”（即近期计划微观化，远期计划宏观化）、“分段编制”的原则，对一定时期的计划做出安排，然后按时间顺序依次滚动到下一个计划周期，不仅具有一定的灵活性，而且可以适时地调整计划，预见未来的发展，从而提高了计划的可行性。

滚动计划法的应用条件是组织体制、目标和活动内容相对稳定，每一计划周期的活动具

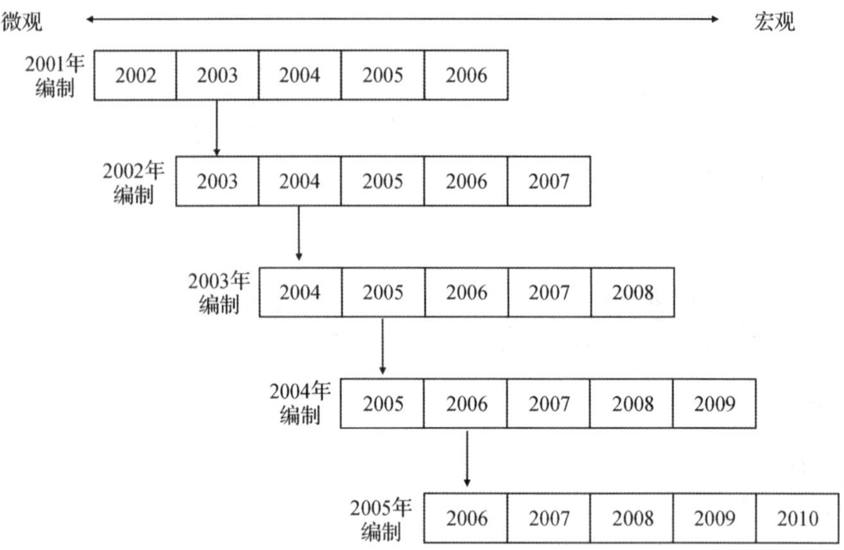

图 3-4 滚动计划方法示意图

有可比性；另外，用于制订计划的数据统计必须完整，组织的计划管理制度必须健全。有了这些前提，滚动计划工作才能够顺利地开展。

（二）甘特图法

甘特图(Gantt chart)又叫横道图、条状图。它是在第一次世界大战时期发明的，以提出者亨利·L. 甘特先生的名字命名。

甘特图内在思想简单，即以图示的方式通过活动列表和时间刻度形象地表示出任何特定项目的活动顺序与持续时间。甘特图是一张线条图，横轴表示时间，纵轴表示活动(项目)，用线条表示在整个期间内计划和实际的活动完成情况(如图 3-5)。它直观地表明任务计划在什么时候进行，及实际进展与计划要求的对比。管理者由此可便利地弄清一项任务(项目)还剩下哪些工作要做，并可评估工作进度。

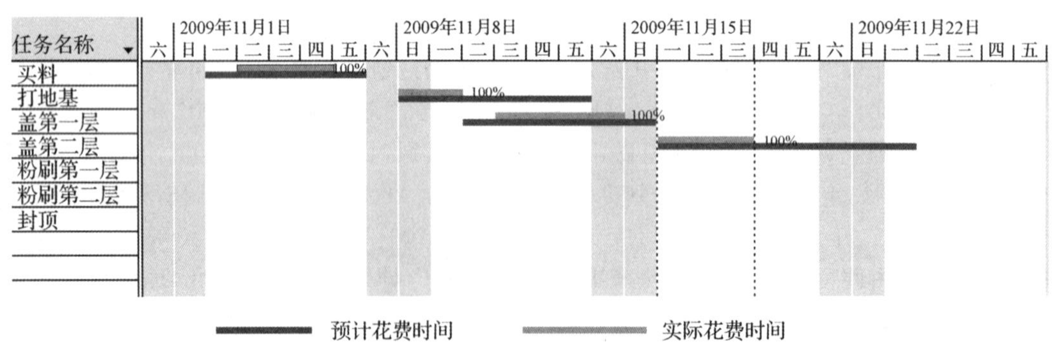

图 3-5 某工程项目甘特图

甘特图绘制步骤如下：

(1)明确项目牵涉到的各项活动、项目。内容包括项目名称(包括顺序)、开始时间、工期、任务类型(依赖/决定性)和依赖于哪一项任务。

(2)创建甘特图草图。将所有的项目按照开始时间、工期标注到甘特图上。

(3)确定项目活动依赖关系及时序进度。使用草图，按照项目的类型将项目联系起来，并安排项目进度。

(4)计算单项活动任务的工时量。

(5)确定活动任务的执行人员，适时按需调整工时。

(6)计算整个项目时间。

(三)网络计划技术

网络计划技术，是指用于工程项目的计划与控制的一项管理技术。它是20世纪50年代末发展起来的，依其起源有关键路线法与计划评审法之分。

1956年，美国杜邦公司在制订企业不同业务部门的系统规划时，形成了第一套网络计划。这种计划借助于网络表示各项工作与所需要的时间，以及各项工作的相互关系。通过网络分析研究工程费用与工期的相互关系，并找出在编制计划及执行计划过程中的关键路线。这种方法被称为关键路线法。

1958年美国海军武器部在制订研制“北极星”导弹计划时，同样应用了网络分析方法与网络计划，但它更注重于对各项工作安排的评价和审查。这种计划被称为计划评审法。

鉴于这两种方法的差别，关键路线法主要应用于以往在类似工程中已取得一定经验的承包工程，计划评审法更多地应用于研究与开发项目。

第三节　决　策

【管理案例】

好决策要有可行性

有一群老鼠吃尽了猫的苦头，他们召开全体大会，号召大家贡献智慧，商量对付猫的万全之策，争取一劳永逸地解决事关大家生死存亡的大问题。

众老鼠冥思苦想。有的提议培养猫吃鱼吃鸡的新习惯，有的建议加紧研制毒猫药，有的说……

最后，还是一个老奸巨猾的老老鼠出的主意让大家佩服得五体投地，连呼高明。那就是给猫的脖子上挂上个铃铛，只要猫一动，就有响声，大家就可事先得到警报，躲藏起来。

这一决议终于被投票通过，但决策的执行者却始终产生不出来。高额奖励、颁发荣誉证书等办法一个又一个地提出来，但无论什么高招，好像都无法将这一决策执行下去。至今，老鼠们还在自己的各种媒体上争论不休，也经常举行会议……

点评：决策不在于多么英明，而在于能否实行。

一、决策的内涵

(一)决策的定义

决策有广义和狭义之分。狭义地说,进行决策是在几种方案中做出选择;广义地说,决策还包括在做出决策选择之前必须进行的一切活动。这个广义上的观点基本把握住了决策的含义。我们认为,决策是指管理者为实现组织的目标,运用科学的理论和方法从若干个可行方案中选择或优化方案,并加以实施的活动总称。

(二)决策的特征

从广义的决策的定义中,我们可以分析出决策具有以下特征:

1. 有明确而具体的决策目标

决策就是选择方案,如果决策的目标是模糊的,甚至是模棱两可的,那就无法以目标为标准评价方案,更无从选择方案了。

2. 以了解和掌握信息为基础

一个合理的决策以充分了解和掌握各种信息为前提,即通过组织外部环境和组织内部条件的调查分析,根据实际需要和可能选择切实可行的方案。千万不要在问题不明、条件不清、要求模糊的状态下,急急忙忙做出选择。要坚决反对"情况不明决心大,心中没数办法多"的错误做法。

3. 有两个以上备选方案

决策的本质是选择,因此必须有可供选择的方案,否则决策可能就是错误的。人们总结出这样两条规则:第一,在没有不同意见前,不要做出决策;第二,如果看来只有一种行事方法,那么这种方法可能就是错误的。

4. 对控制的方案进行综合分析和评估

实现目标的每个可行方案,都会对目标的实现产生某种积极作用和影响,也会产生消极作用和影响,因此必须对每个可行方案进行综合的分析和评价,即进行可行性研究。可行性研究是决策的重要环节。决策方案不但必须在技术上可行,而且应当考虑社会、政治、道德等各方面的因素,还要使决策结果的副作用缩小到可以允许的范围。通过可行性分析,确定每种方案的经济效果和可能带来的潜在问题,以便比较各个可行方案的优劣。

5. 追求"满意"方案,而非最优方案

人们做任何事情,都不可能做到完美无缺。对于决策者来说,同样不能以最理想的方案作为目标,而只能以足够好的达到组织目标的方案作为准则,即在若干备选方案中选择一个合理的方案。决策时只有在提出来的若干可行方案中进行比较和优选,才能得到合理方案。决策的可行方案是在人们现有的认识能力制约下提出来的。由于组织水平以及对决策人员能力训练方式的不同,可行方案的多寡和质量都是不同的。由于人们对客观事物的认识是一个不断深化的过程,明天的认识比今天的认识往往深刻得多,因此对于任何目标,都很难提出全部的可行方案,也就很难断定最优方案就在现有方案中。决策者只能得到一个适宜或满意的方案,而不可能得到最优方案。

二、决策的类型

(一)按决策的主体构成分类,可以分为个人决策和集体决策

个人决策是指决策者个人在对问题进行分析研究后,所做出的决策。个人决策易受决策者个人的经验、知识水平、决策能力、思想观念、欲望、意志等因素的影响,具有明显的个人色彩。

集体决策是由多人组成的集体共同对问题进行研究,然后确定目标和行动方案。集体决策有利于集思广益,提高方案的有效性;但也会花费更多的时间和费用,容易产生“从众现象”,并且可能导致责任不清等问题。

【管理案例】

群体决策是明智的

20世纪40年代,心理学家法兰奇和一家服装厂人事经理一起做了一项研究,讨论如何解决工人对他们工作内容改变而产生的抵触情绪。

工厂中,很多员工由于不满意对他们工作管理方面的更改,开始罢工,工厂的产量大幅度降低,更有一些员工对车间和其他同事进行语言攻击。

法兰奇决定采用三种方法来考察不同的管理方式带来的工作绩效的改变。

他们告诉第一组员工工作上需要修改的地方,以及管理层想要的结果,但是并没有让员工参与决策的过程;从第二组员工中选出几名代表与管理者会面共同参与决策,讨论制度更改将要面临的问题;第三组员工全员参与决策讨论,员工积极给管理者提出建议,并且帮忙制订有效的新的管理计划。

结果发现,三种方法的效果截然不同。没有参与决策讨论的组员产量下降速度变快,立刻下降了20%,9%的员工辞职,并且员工们表现出对管理者和同伴更多的敌意和攻击行为;第二组用了两周时间恢复了制度改变前正常的生产水平,员工的态度非常合作,没有人辞职;第三组员工仅仅用了两天时间就恢复到了更改前的产量水平,且产量持续上升,甚至达到比以前的平均水平还高14%。

(二)按决策层次性分类,可以分为战略决策、战术决策和业务决策

战略决策是组织高层对组织的整体发展即大政方针做出的决定;战术决策是组织中层即各部门围绕总体目标确定本部门、本单位的具体目标和行动方案的过程;业务决策是组织基层主管人员为实现某一具体目标而选定方案的过程。

(三)按决策过程信息的完备程度分类,可以分为确定型决策、风险型决策和不确定型决策。

确定型决策是指信息完备,而且各变量不随时间的变化而变化的决策;风险型决策是指不能肯定将来的事态,但可以知道各种可能情况发生的概率,根据概率所进行的决策。不确定型决策是指不但不能确定将来的状态,而且也不知道各种可能状态的概率,最终的决策结

果受决策者个性特征影响的决策。

(四)按决策问题的性质分类,可以分为程序化决策和非程序化决策

程序化决策是指按照原来已经规定的程序、处理方法和标准进行的决策;非程序化决策是指对不经常发生的业务工作和管理工作所做的决策。程序化决策涉及的是例行问题,而非程序化决策涉及的是例外问题。

三、决策的过程与理论

(一)决策的过程

按照"四阶段法",决策过程可以看作是:①发现问题;②拟订各种可行的备选方案;③对备选方案进行评价和选择;④审查和实施方案。如图 3-6 所示。

1. 发现问题

决策是为了解决现实中提出的问题。所谓问题,是现实与标准之间的差距。标准是什么?它可以是过去的绩效、预先设置的目标,或是其他组织中类似单位的绩效。

通过调查、收集和整理有关信息,发现差距,识别问题,是决策的起点。没有问题就不需要决策;问题不明确,难以做出正确的决策;问题判断错了,那么决策不可能正确。所以说,决策的正确与否首先取决于对问题判断的准确程度。

但是,问题的识别和判断却往往带有主观色彩,它依赖于管理人员的知识、经验、洞察力、分析判断能力等主观条件。同一现象,在某些管理人员看来是"问题",而在另一些管理人员看来则可能是"事物的正常状态"。即使都认为是问题的两个管理人员,对于造成问题的起因的判断也可能是不一样的。譬如,企业销售额比上月下降了 5%,有人认为是季节性波动,有人则认为是产品缺乏竞争力。

因而,要想提高识别问题的准确性,就必须进行科学的调查研究,排除可能的偶然性和主观因素的影响,把握客观事实。

2. 拟订各种可行的备选方案

如果只有一个方案,就没有选择的余地,也就无所谓决策。因此需要尽可能地多列几个方案,方案与方案之间要保持相互独立,不要互相包含。

同时,拟出的方案必须是可行的。方案的可行性取决于实施方案时所必须具备的条件,所需的资源,有没有预防性的对策、紧急应付的措施等。

3. 对备选方案进行评价和选择

方案拟订后,选择哪一个呢?这就需要对每一个方案进行分析、评价。客观讲,应选择那些能最大限度实现所有目标且最经济的方案,即"最优"方案。当"最优"方案很难找到或者根本不存在时,只好退而求其次——寻找"满意"方案。

在评价方案时,应尽可能多地使用明确的、定量的目标,增加方案的客观性,以减少依赖人们主观判断造成的失误。在评价时,就要根据企业所要实现的目标的相对重要性进行排序,依据最重要的标准进行选择。

4. 审查和实施方案

选定的方案若得不到恰当的实施,仍可能是失败的。

方案实施前,要保证实施的完备条件和充足的资源、相应的职权。同时,实施过程也是

一个不断反馈的过程。特别是当环境的变化需要重新进行下一次决策时，这一步又成为下一轮决策的起点。

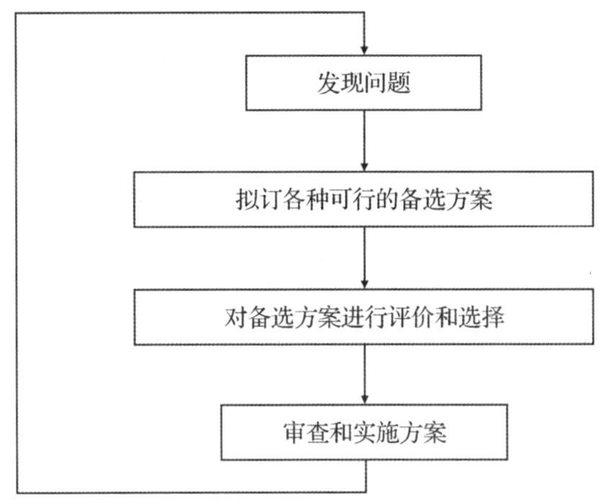

图 3-6 决策的“四阶段法”

（二）决策理论

1. 古典决策理论

古典决策理论是基于“经济人”假设提出来的，主要盛行于 20 世纪 50 年代以前。古典经济学家们给“经济人”赋予一种完全的理性，这种“经济人”总能够在面临的备选方案中做出抉择，对选择所需了解的信息全部掌握，在一个明确的环境中进行“最佳的选择”，进行决策的目的在于为组织获取最大的经济利益。

古典决策理论忽视了非经济因素在决策中的作用，从而逐渐被更为全面的行为决策理论所代替。

2. 行为决策理论

行为决策理论的发展始于 20 世纪 50 年代，代表人物是赫伯特・A. 西蒙，他在《管理行为》一书中提出了震撼经济学领域的“有限理性标准”和“满意原则”。

西蒙认为，现实生活中很少具备完全理性的假设前提，人的理性介于完全理性与非理性之间，即“人是有限理性的”，原因在于：

（1）人的知识是有限的。人不可能掌握全部的信息，很难做到对复杂多变的现实情况具有完全的了解和对未来发展具有准确的预测。因而常常要在缺乏完全了解的情况下，一定程度地根据主观判断进行决策，且决策时也很难考虑到所有可能的措施。

（2）人的能力是有限的。人的技术能力、结算能力、想象力、创造力、洞察力等方面的能力差异限制了人们判断选择时的准确性、完善性。

（3）人在影响其决策的价值观上是受限制的。人的价值取向与多元目标并非始终如一。

（4）决策环境具有高度不确定性和极度复杂性。在不明确的环境下难以做到理性的选择。

因而，现实生活中的个人或企业的决策，都是在有限理性的条件下进行的，而有限的理性导致个人或企业寻求符合要求的或令人满意的措施，即“满意解”。比如，在一个草垛里散落着一些缝衣针，如果寻找的是“最优解”，就是要把所有的针都找到，逐一比较找出最尖锐的一根；如果寻找的是“满意解”，那么只要找到的针尖锐得能够缝制要缝的衣服，那就满足了要求，不用再找下去了。

西蒙认为，绝大多数的人类决策都属于寻找和选择“满意解”的过程。西蒙的行为决策理论能够为决策者提供决策工作的基本思路和方法，具有重要的实践意义。

3. 当代决策理论

古典决策理论和行为决策理论之后，决策理论有了进一步的发展，即产生了当代决策理论。当代决策理论的核心内容是：决策贯穿于整个管理过程，决策程序就是整个管理过程。

组织是由作为决策者的个人及其下属、同事组成的系统。整个决策过程从研究组织的内外环境开始，进而确定组织目标，设计可达到该目标的各种可行方案，比较和评估这些方案，进而进行方案选择，最后实施决策方案，并进行追踪检查和控制，以确保预定目标的实现。这种决策理论对决策的过程、决策的原则、程序化决策和非程序化决策、组织机构的建立同决策过程的联系等做了精辟的论述。

对当今的决策者来说，在决策过程中应广泛采用现代化的手段和规范化的程序，以系统理论、运筹学和电子计算机为工具，并辅以行为科学的有关理论。这就是说，当代决策理论把古典决策理论和行为决策理论有机地结合起来，它所概括的一套科学行为准则和工作程序，既注重科学的理论、方法和手段的应用，又重视人的积极作用。

【管理故事】

离你最近的那一个

巴黎一家杂志曾刊登了这样一个有趣的竞答题目：“如果有一天罗浮宫突然起了大火，而当时的条件只允许从宫内众多艺术珍品中抢救出一件，请问：你会选择哪一件？”

这件事引起法国人民的极大兴趣，杂志社收到了数以万计的不同答案，最后，奖金的得主竟是一个年仅十岁的小孩。他的答案很简单：选择离门最近的那一件。

这是一个令人拍案叫绝的答案。虽然罗浮宫内的藏品每一件都是举世无双的瑰宝，但与其浪费时间在选择上，不如抓紧时间抢救一件算一件。

在经营企业的道路上，最佳的选择也往往不是最绚丽最诱人的那一个，而是你所能把握的——离你最近的那一个。

四、决策的方法

（一）定性方法

定性决策法又称主观决策法，是指在决策中主要依靠决策者或有关专家的智慧来进行决策的方法。定性决策方法有很多种，这里主要介绍常用的几种方法：头脑风暴法、德尔菲法、名义小组技术、波士顿矩阵法和政策指导矩阵法。

1. 头脑风暴法

头脑风暴法，又称为智力激励法，由现代创造学奠基人美国奥斯本提出，是一种通过小型会议的组织形式，诱发集体智慧，相互启发灵感，最终产生创造性思维的程序化方法。它把一个组的全体成员都组织在一起，“面对面”地使每个成员都毫无顾忌地发表自己的观点，使每个人都能提出大量新想法和新思路。

头脑风暴的实施步骤：

(1)准备阶段。事先对所议问题进行一定的研究，弄清问题的实质，找到问题的关键，设定解决问题所要达到的目标。同时选定参加会议人员，一般以 5～10 人为宜，人数不宜太多。然后将会议事宜提前通知与会人员，让大家事先做好准备。

(2)热身阶段。这个阶段的目的是创造一种自由、宽松、祥和的氛围，使大家得以放松，进入一种无拘无束的状态。先由有趣的话题或问题开始，让大家的思维处于轻松和活跃的境界，随后轻松导入会议议题。

(3)明确问题。主持人扼要地介绍有待解决的问题。介绍时须简洁明确，不可过分周全，以免过多的信息限制人的思维，干扰思维创新的想象力。

(4)重新表述问题。经过一段讨论后，大家对问题已经有了一定的理解，对问题的表述能够具有新角度、新思维。

(5)畅谈阶段。畅谈是头脑风暴法的创意阶段。引导大家自由发言，自由想象，自由发挥，使彼此相互启发，相互补充，然后将会议发言记录进行整理。为了使大家能够畅所欲言，需要制定规则：第一，不要私下交谈，以免分散注意力；第二，不妨碍他人发言，不去评论他人发言，每人只谈自己的想法；第三，发表见解时要简单明了，一次发言只谈一种见解。

(6)筛选阶段。会议结束后的一两天内，向与会者了解大家会后的新想法和新思路，以此补充会议记录。然后将大家的想法整理成若干方案进行筛选。经过多次反复比较和优中择优，最后确定 1～3 个最佳方案。这些最佳方案往往是多种创意的优势组合，是大家的集体智慧综合作用的结果。

头脑风暴法实施过程中有四条基本原则：一是勿评优劣；二是大胆创新；三是畅所欲言；四是集思广益。头脑风暴法的正确运用，可以有效地发挥集体的智慧，这可能比一个人的设想更富有创意。

2. 德尔菲法

这是由兰德公司提出的，用来听取有关专家对某一问题或机会的意见的决策方法。德尔菲法采用“背靠背”的通信方式征询专家小组成员的预测意见，经过几轮征询，使专家小组的预测意见趋于集中，最后做出符合市场未来发展趋势的预测结论。

德尔菲法的具体实施步骤如下：

(1)组成专家小组。按照课题所需要的知识范围确定专家，一般 10～20 人较好。

(2)向所有专家提出所要预测的问题及有关要求，并附上有关这个问题的所有背景材料，同时请专家提出还需要什么材料。然后，由专家做书面答复。

(3)将各位专家第一次的判断意见汇总，列成图表，进行对比，再分发给各位专家，让专家比较自己同他人的不同意见，修改自己的意见和判断。将所有专家的修改意见收集起来汇总，再次分发给各位专家，以便做第二次修改。逐轮收集意见并为专家反馈信息是德尔菲法的主要环节。这一过程重复进行，直到每一个专家不再改变自己的意见为止。

(4)对专家的意见进行综合处理。德尔菲法的优点主要是可以避免会议讨论时产生的因害怕权威随声附和，或固执己见，或因顾虑情面不愿与他人意见冲突等弊病；主要缺点是过程比较复杂，花费时间较长。此外，在选择合适的专家方面也较困难，征询意见的时间较长，对于需要快速判断的预测难以使用等。尽管如此，本方法因简便可靠，仍不失为一种常用的定性预测方法。

3. 名义小组技术

名义小组技术是指在决策过程中对群体成员的讨论或人际沟通加以限制，但群体成员是独立思考的。像召开传统会议一样，群体成员都出席会议，但群体成员首先进行个体决策。

在问题提出之后，采取名义小组技术方法有以下几个具体步骤：

(1)成员集合成一个群体，但在进行任何讨论之前，每个成员独立地写下他对问题的看法；

(2)每个成员提交并说明自己的想法；

(3)群体进行讨论，评价每个想法；

(4)每一个群体成员独立地把各种想法排出次序，最后的决策是综合排序最高的想法。

名义小组技术的主要优点在于，召集群体成员正式开会但不限制每个人的独立思考，不像互动群体那样限制个体的思维，而传统的会议方式往往做不到这一点。

4. 经营业务组合分析法

经营业务组合分析法是由波士顿咨询集团(Boston consulting group，BCG)在 20 世纪 70 年代初开发的，因此又称为波士顿矩阵法(BCG 矩阵)。

BCG 矩阵(见图 3-7)将组织的每一个战略事业单位(SBUs)标在一种二维的矩阵图上，从而区分出四种业务组合。

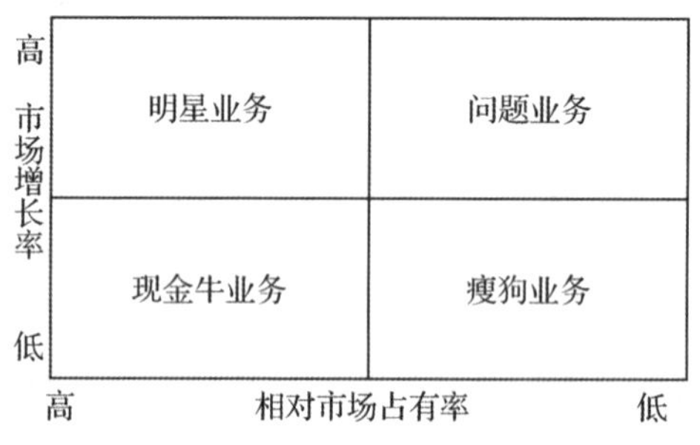

图 3-7 BCG 矩阵

(1)问题业务的特征是业务增长率较高，而目前的市场占有率较低。处在这个领域中的往往是一个公司的新业务，为发展问题业务，公司必须建立工厂，增加设备和人员，只有那些符合企业发展长远目标、企业具有资源优势的业务才应投入大量资金，使其转变为明星业务。如果认为投入后也不能转变为明星业务，则适合采用收缩战略。

(2)明星业务的市场占有率和业务增长率都较高，代表着最高的利润增长率和最佳的投资机会，因而所需要的和所产生的现金都很多。明星业务要发展成为现金牛业务适合采用增长战略。

(3)现金牛业务的市场占有率较高，而业务增长率较低。较高的市场占有率给企业带来大量现金流，而较低的业务增长率意味着仅需较少的投资。现金牛业务适合采用稳定战略。

(4)瘦狗业务的市场占有率和业务增长率都较低。这个领域中的产品常常是微利甚至是亏损的，适合采用收缩战略，目的在于清算业务，以便把资源转移到更有利的领域。

BCG 矩阵的精髓在于把战略规划和资本预算紧密结合起来，把一个复杂的企业行为用两个重要的衡量指标分为四种类型，用四个相对简单的策略来应对复杂的战略问题。该矩阵帮助多种经营的公司确定哪些产品宜于投资，宜于操纵哪些产品以获取利润，宜于从业务组合中剔除哪些产品，从而使业务组合取得最佳经营成效。

5. 政策指导矩阵法

政策指导矩阵法是由荷兰皇家壳牌集团开发的一个业务组合计划工具，更直接细化业务组合，从市场前景和相对竞争能力两个角度来分析企业各个经营单位的现状和特征。如图 3-8 所示。

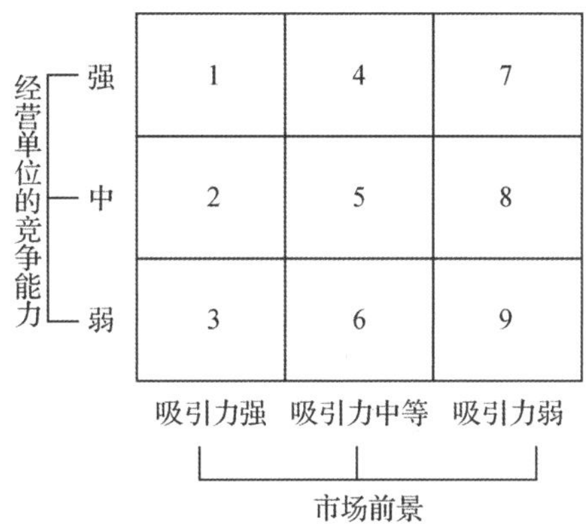

图 3-8 政策指导矩阵法

处于区域 1 和 4 的经营单位竞争能力较强，市场前景也比较好。应优先发展这些经营单位，确保它们获取足够的资源，以维持自身的有利市场地位。

处于区域 2 的经营单位虽然市场前景较好，但竞争能力不够强。应分配给这些经营单位更多的资源以提高其竞争能力。

处于区域 3 的经营单位市场前景虽好，但竞争能力弱。要根据不同的情况来区别对待这些经营单位：最有前途的应得到迅速发展，其余的则需逐步淘汰。

处于区域 5 的经营单位一般在市场上有 2～4 个强有力的竞争对手。应分配给这些经营单位足够的资源以便它们随着市场的发展而发展。

处于区域 6 和 8 的经营单位市场吸引力不强且竞争能力较弱，或虽有一定的竞争能力但市场吸引力较弱。应缓慢放弃这些经营单位，以便把收回的资金投入到盈利能力更强的经营单位。

处于区域 7 的经营单位竞争能力较强但市场前景不容乐观。这些经营单位本身不应得到发展，但可利用它们的较强竞争能力为其他快速发展的经营单位提供资金支持。

处于区域 9 的经营单位市场前景黯淡且竞争能力较弱。应尽快放弃这些经营单位，把资金抽出来并转移到更有利的经营单位。

（二）定量方法

定量决策法又称硬方法，是指建立在数学模型的基础上，运用统计学、运筹学和电子计算机技术来对决策对象进行计算和量化研究以解决决策问题的方法。主要有确定型决策方法、风险型决策方法和非确定型决策方法三种。

1. 确定型决策方法

决策条件已经明确，一个方案只有一个结果的决策属于确定型决策。确定型决策常用的方法是盈亏平衡点分析法（又称量本利分析法）。

盈亏平衡点分析法是根据产量（或销量）、成本、利润三者之间的相互关系，综合分析、预测利润、控制成本的一种数学分析方法。盈亏平衡点分析法的重点是计算出组织的盈亏平衡点，又称保本点、盈亏临界点等。

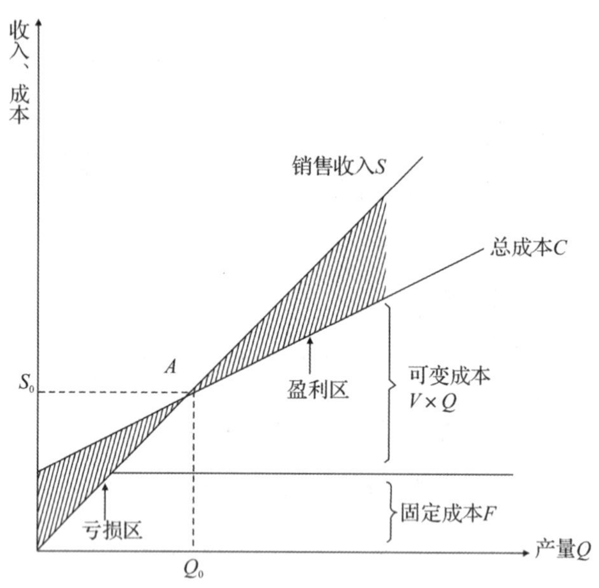

图 3-9 盈亏平衡点分析基本模型

如图 3-9 所示，随着产量的增加，总成本与销售额随之增加，当达到平衡点 A 时，总成本等于销售额，此时不盈也不亏，对应此点的产量 Q_0 即为平衡点产量，销售额 S_0 即为平衡点销售额。同时，以 A 点为分界，形成亏损与盈利两个区域。此模型中的总成本是由固定成本和变动成本构成的。

图中：A 为盈亏平衡点，Q_0 为盈亏平衡点的产量或销量，C 为总成本，F 为总固定成本，V 为单位可变成本，P 为产品价格，Z 为利润。

基本原理是：

利润＝收入－成本

＝价格×销量（或产量）－（固定成本＋可变成本）

＝价格×销量（或产量）－（固定成本＋单位可变成本×销量或产量）

＝（价格－单位可变成本）×销量（或产量）－固定成本

用字母代替即：

$$Z=(P-V)\times Q_0-F$$

盈亏平衡点用来分析企业的产量或销售量达到什么样的程度才能保证企业不亏损，即利润等于零；以此为界限，销售收入高于此点，企业盈利，反之则亏损。企业必须最大限度地缩小盈亏平衡点的销售量，以实现利润的最大化。

$$Z=(P-V)\times Q_0-F$$

求 $Z=0$ 时，

$$Q_0=\frac{F}{P-V}$$

Q_0为保本产量或销量。当产量或销量大于保本产量或销量时，企业盈利，反之亏损。

说明：企业并不是达到盈亏平衡点的时候就停止生产，那样企业无利可图。只要产品单价高于单位变动成本，企业还是应该继续生产。

根据以上公式，我们还可以推导出目标利润产量公式。当要获得一定的目标利润时，企业的产量或销量计算公式为：

$$Q=\frac{F+Z}{P-V}$$

式中，Z 为预期的目标利润额，Q 为实现目标利润 Z 时的产量或销量。

盈亏平衡法通常应用于：确定企业保本产量；预测一定产量下的企业利润水平；确定实现目标利润的产量；确定实现目标的措施；分析和判断企业经营安全状况等。

【例 3-1】 某企业生产一种产品，其总固定成本为 200 万元，单位产品变动成本为 10 元，产品售价为 15 元，问：企业达到盈亏平衡点的产量为多少？

解：根据盈亏平衡点产量计算公式，可得盈亏平衡点产量为：

$$Q_0=\frac{F}{P-V}$$

$$=\frac{2\ 000\ 000}{15-10}$$

$$=400\ 000(\text{件})$$

即当生产量达到 400 000 件时，处于盈亏平衡点上。

2. 风险型决策

常用的风险型决策方法是决策树法。决策树法就是借助于树形分析图，根据各种自然状态出现的概率及方案预期损益，计算比较各方案的期望值，从而选择最优方案的方法。

其决策的步骤是：

第一步，绘制决策树。实际上这是拟订各种决策方案的过程，也是对未来可能发生的各种状况进行周密思考和预测的过程。

第二步，计算期望值。根据图中有关数据，计算不同备选方案的期望值并将期望值填写在相应的方案枝末端的机会点上方，表示该方案的经济效果。

第三步，剪枝决策。比较各方案的期望收益值，从中选择收益值最大的作为最佳方案，其余的方案枝一律剪掉，最终剩下一条贯穿始终的方案枝，即决策方案。

【例 3-2】 某公司计划未来 3 年生产某产品，需要确定产品批量。根据预测估计，这种产品的市场状况的概率是：畅销为 0.2，一般为 0.5，滞销为 0.3。现提出大、中、小三种批量的生产方案，求经济效益最大的方案。有关数据如表 3-2 所示。

表 3-2 某企业的有关资料 单位:万元

项目	畅销(0.2)	一般(0.5)	滞销(0.3)
大批量	40	30	-10
中批量	30	20	8
小批量	20	18	14

运用决策树分析法的基本步骤：

第一步,绘制决策树。首先从左端决策点(用“□”表示)出发,按备选方案引出相应的方案枝(用“—”表示),每条方案枝上注明所代表的方案;然后,每条方案枝到达一个方案的结点(用“○”表示),再由各方案结点引出各个状态枝(也称概率枝,用“—”表示),并在每个状态枝上注明状态内容及其概率;最后,在状态枝末端(用“△”表示)注明不同状态下的损益值。决策树完成后,再在下面注明时间长度,如图 3-10。

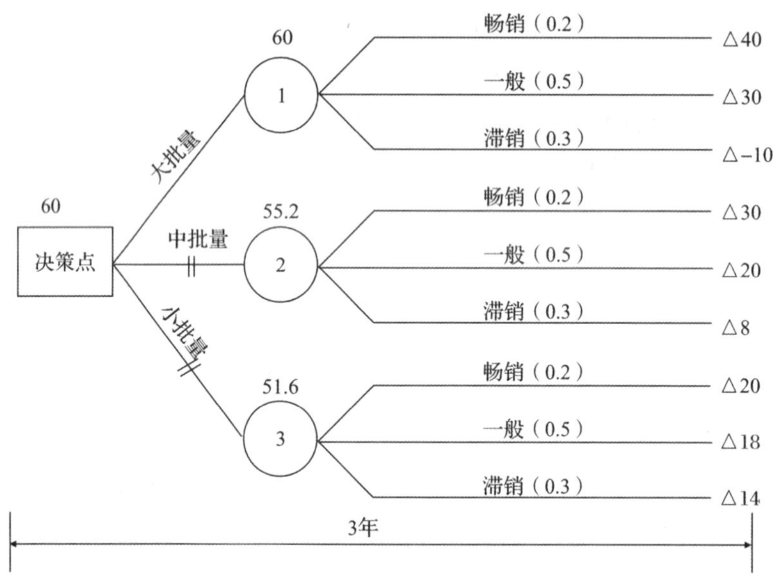

图 3-10 决策树

第二步,计算期望值。根据决策树资料,计算如下：

大批量生产期望值=[40×0.2+30×0.5+(-10)×0.3]×3=60(万元)

中批量生产期望值=(30×0.2+20×0.5+8×0.3)×3=55.2(万元)

小批量生产期望值=(20×0.2+18×0.5+14×0.3)×3=51.6(万元)

第三步,剪枝决策。将各方案的期望值标在各个方案的结点上;然后比较各方案的期望值,从中选择期望值最大的作为最佳方案,并把最佳方案的期望值写在决策点方框的上边。同时剪去(用“//”表示)其他方案枝。此例中,大批量生产期望值最大,所以选择该方案。

3. 不确定型决策

常用的不确定型决策方法有乐观法、悲观法、平均法和最小后悔值法。

(1)乐观法(大中取大法)。该方法是建立在决策者对未来形势的估计非常乐观的基础之上的,即认为极有可能出现最好的自然状态,于是争取好中取好。

【例 3-3】 某公司计划生产一种新产品。该产品在市场上的销售情况有三种可能:销路好、销路一般和销路差。对每种情况出现的概率均无法预测。现有三种方案:A 方案是自己动手改造原有设备;B 方案是全部更新,购进新设备;C 方案是购进关键设备,其余自己制造。该产品计划生产 5 年。据测算,各个方案在各种自然状态下的预期损益见表 3-3。

表 3-3　各方案在不同情况下的损益表　　单位:万元

项目	销路好	销路一般	销路差
A 方案	180	120	−40
B 方案	240	100	−80
C 方案	100	70	16

在例 3-3 中,A 方案的最大损益值为 180 万元,B 方案的最大损益值为 240 万元,C 方案的最大损益值为 100 万元。经过比较,B 方案的最大损益值最大,所以选择 B 方案。

(2)悲观法(小中取大法)。这种方法是建立在决策者对未来形势的估计非常悲观的基础上的,故从最坏的结果中选最好的。

在例 3-3 中,A 方案的最小损益值为−40 万元,B 方案的最小损益值为−80 万元,C 方案的最小损益值为 16 万元。经过比较,C 方案的最小损益值最大,所以选择 C 方案。

(3)最小后悔值法(大中取小法)。这种方法的基本思想是如何使选定决策方案后可能出现的后悔值达到最小,即蒙受的损失最小。各种自然状态下的最大收益值与实际采用方案的收益值之间的差额,叫做后悔值。这种决策方法的步骤是:先从各种自然状态下找出最大收益值;再用该最大收益值减去各个方案的收益值,求得后悔值;然后,从各个方案后悔值中找出最大后悔值,选择最大后悔值为最小的方案为决策方案。

在例 3-3 中,在销路好的自然状态下,B 方案的收益最大,为 240 万元。在将来发生的自然状态是销路好的情况下,如果管理者恰好选择了这一方案,他就不会后悔,即后悔值为 0。如果他选择的不是 B 方案,而是其他方案,他就会后悔(后悔没有选择 B 方案)。比如,他选择的是 C 方案,该方案在销路好时带来的收益是 100 万元,比选择 B 方案少了 140 万元的收益,即后悔值为 140 万元。各个方案后悔值的计算结果见表 3-4。

表 3-4　各方案在不同情况下的后悔值　　单位:万元

项目	销路好	销路一般	销路差
A 方案	60	0	56
B 方案	0	20	96
C 方案	140	50	0

由表 3-4 中看出,A 方案的最大后悔值为 60 万元,B 方案的最大后悔值为 96 万元,C 方

案的最大后悔值为 140 万元，经过比较，A 方案的最大后悔值最小，所以选择 A 方案。

(4)平均法(等概率法)。这种决策方法是将未来不明的自然状态出现的可能完全等同地加以看待，因此，设各种自然状态出现的概率都相同，从而将其转化为风险型决策。

上述四种方法，在实际中往往是同时运用，并将用四种方法选中次数最多的方案作为决策方案。

【思政园地】

展开新蓝图　奋进新征程

——“十四五”规划纲要勾勒经济社会发展脉络

“十四五”时期是我国全面建成小康社会、实现第一个百年奋斗目标之后，乘势而上开启全面建设社会主义现代化国家新征程、向第二个百年奋斗目标进军的第一个五年。日前，《中华人民共和国国民经济和社会发展第十四个五年规划和 2035 年远景目标纲要》(以下简称“十四五”规划纲要)正式公布。“十四五”规划纲要立足新发展阶段，贯彻新发展理念，构建新发展格局，为深入推动高质量发展擘画宏伟蓝图。

1. 五年规划首次不设 GDP 增速具体值，但仍需努力使经济增速与潜在经济增长率保持一致

GDP 是衡量一国经济发展水平的核心指标，也历来是五年规划中最具综合性、最受关注的指标。“十四五”规划纲要将 GDP 作为主要指标予以保留，同时将指标值设定为年均增长“保持在合理区间、各年度视情提出”，这种表述方式在五年规划史上还是首次。“以定性表述为主，隐含定量表述，这是从推进现代化建设的全局和整体出发，充分把握‘十四五’发展趋势和内外部环境，经过慎重论证、反复比选、深入研究作出的一次调整。”国家发展改革委副主任胡祖才说。我国已转向高质量发展阶段，不能简单以 GDP 增速论英雄，更不能为了经济增长不顾质量效益和生态环境后果。但另一方面，实现现代化也需要合理的增长。“十四五”规划纲要的处理方式有效兼顾了这两方面需求。

“‘十四五’规划纲要中其他主要指标，比如失业率、能耗强度、碳排放强度等和 GDP 是相关联的。这些指标给出了具体数字，隐含了我们要努力使经济增速与潜在经济增长率保持一致。”胡祖才说，“十四五”期间，GDP 增速保持在一定速度是有把握的。不设定一个具体的量化增速目标，有利于更积极、主动、从容地应对各类风险挑战，增强发展的灵活性，为应对不确定性留出空间，也有利于引导各方面把工作重点放在提高发展质量和效益上。

2. 民生福祉类指标占比在历次五年规划中最高，充分体现以人民为中心的发展思想

锚定 2035 年远景目标，聚焦“十四五”阶段性任务，紧紧围绕“六个新”目标要求，“十四五”规划纲要设置经济发展、创新驱动、民生福祉、绿色生态、安全保障 5 大类 20 个主要指标。这其中，民生福祉类指标有 7 个，占比超过 1/3，是历次五年规划中最高的。在其他主要指标整体‘瘦身’的同时，民生指标不降反升，是对民生期盼的回应,也是实现高质量发展的应有之义。

(1)看就业。“十四五”时期,我国继续实施就业优先战略,扩大就业容量,提升就业质量,城镇调查失业率控制在5.5%以内。

(2)看收入。我国将着力提高低收入群体收入,扩大中等收入群体;居民收入增长和经济增长要基本同步,完善创新要素参与分配机制,多渠道增加财产性收入。

(3)看教育。我国将持续改善教育基础薄弱县、人口流入地和农村地区办学条件,新建改扩建中小学校4000所以上;新建改扩建2万所幼儿园,增加普惠性幼儿园学位400万个以上,努力解决“入园难”“入园贵”问题,学前教育毛入园率提高到90%以上;支持100所中西部本科高校建设,高等教育毛入学率提高到60%。

(4)看医疗。“十四五”时期,我国将继续完善公立医疗机构为主体的医疗服务体系,每千人口拥有执业(助理)医师数提高到3.2人、注册护士数提高到3.8人。推动基本医疗保险省级统筹,落实异地就医结算,积极推进药品和耗材集中带量采购使用改革,切实减轻群众看病负担。

(5)看社保。我国已建成世界上规模最大的社会保障体系,“十四五”期间要进一步健全多层次社会保障体系,基本养老保险参保率提高到95%,实现基本养老保险全国统筹,推进失业和工伤保险省级统筹,实现社会保险法定人群全覆盖,做到“应保尽保”。

(6)看养老育幼。“十四五”时期,积极应对人口老龄化上升为国家战略。我国将大力发展普惠型养老服务,多措并举扩大养老机构床位供给,护理型床位占比提高到55%。发展普惠托育服务体系,将每千人口拥有3岁以下婴幼儿托位数由目前的1.8个提高到4.5个。

这些指标覆盖了就业、收入、教育、医疗、养老、托育等各民生领域,充分体现了把改善民生福祉放在更加突出重要位置。“十四五”规划纲要注重贯彻新发展理念,充分体现以人民为中心的发展思想,注重使人民群众更有获得感幸福感安全感。

3. 首次设置基础研究经费投入占比指标,充分发挥全面深化改革的关键作用

在“十四五”规划纲要中,坚持创新驱动发展被置于具体任务的第一位。“全社会研发经费投入年均增长7%以上、力争投入强度高于‘十三五’时期实际”是全文中率先亮相的指标,“基础研究经费投入占研发经费投入比重提高到8%以上”则是五年规划中首次设置的指标。

“‘十四五’规划纲要首次设置‘基础研究经费投入占研发经费投入比重’这个指标,并用专门章节阐释,可见基础研究被放到了更加重要的位置。打好关键核心技术攻坚战,提高创新链整体效能,“十四五”时期,我国还将加快构建以国家实验室为引领的战略科技力量。聚焦量子信息、光子与微纳电子、网络通信、人工智能、生物医药、现代能源系统等重大创新领域组建一批国家实验室。瞄准人工智能、量子信息、集成电路、生命健康、脑科学、生物育种、空天科技、深地深海等前沿领域,实施一批具有前瞻性、战略性的国家重大科技项目。

当前和今后一个时期,我国发展仍然处于重要战略机遇期,但机遇和挑战都有新的发展变化。要实现“十四五”发展目标,还需要以深化供给侧结构性改革为主线,围绕实现高水平自立自强、畅通经济循环、扩大内需、实行高水平对外开放、推动全面绿色转型来深化改革。

(资料来源:陆娅楠,李心萍.展开新蓝图 奋进新征程:“十四五”规划纲要勾勒经济社会发展脉络[EB/OL].[2021年3月25日]. https://baijiahao.baidu.com/s?id=1695160520017680157&wfr=spider&for=pc.)

本章小结

古语说“凡事预则立,不预则废”,可见计划在工作中的重要性。计划职能是管理的首要职能。本章主要内容有四:一是计划概述,包括计划的概念、特征、意义、类型及计划的工作原理等;二是介绍了编制计划的程序与方法;三是决策,包括决策的内涵、类型、过程与理论;四是决策的方法。其中,决策的定量方法是本章的一大重点与难点。

一、基础知识练习

(一)单选题

1. 管理的首要职能是(　　)。

A.人员配备　　B.组织　　C.计划　　D.指导与控制

2. 外部环境中最直接、最明显影响企业经营的是(　　)。

A.行业　　B.政策　　C.市场　　D.经济

3.(　　)面对未来可能呈现的多种状态,决策者虽无法事先确定究竟呈现何种状态,但可判断各种状态出现的概率。

A.确定型决策法　　B.风险型决策法　　C.非确定型决策法　　D.追踪决策法

4. 按计划时间跨度可把计划分为(　　)三种。

A.综合计划、局部计划、项目计划　　B.长期计划、中期计划、短期计划

C.战略计划、战术计划　　D.指令性计划、指导性计划

5. 产业环境的分析方法是(　　)。

A.SWOT 分析法　　B.五力模型法　　C.价值链分析法　　D.环境因素分析法

6. 按原已规定的程序、处理方法和标准进行的决策是(　　)。

A.非程序化决策　　B.既定决策　　C.程序化决策　　D.规范决策

7. 每种备选方案只有一种确定结果的决策,即决策事件未来的自然状态明确,只要比较各方案的结果即能选出最优方案的决策是(　　)。

A.不确定型决策　B.风险型决策　C.明确化决策　D.确定型决策

8. 邀请专家、内行，针对组织内某一个问题或某一个议题，让大家开动脑筋，畅所欲言地发表个人意见，充分发挥个人和集体的创造性，经过互相启发，产生连锁反应，集思广益，而后进行决策的方法是(　　)。

A.德尔菲法　B.头脑风暴法　C.个人决策法　D.集体决策法

9. 决策事件未来的各种自然状态完全未知，各种状态出现的概率也无法估计，只能凭决策者主观经验做出的决策是(　　)。

A.不确定型决策　B.确定型决策　C.风险型决策　D.主观型决策

10. 盈亏平衡点分析法是一种用于(　　)的方法。

A.确定型决策　B.不确定型决策　C.风险型决策　D.定性决策

(二)判断题

1. 越是下层的目标越抽象，越是上层的目标越具体。(　　)

2. 决策遵循的是最优原则，而不是满意原则。(　　)

3. 如果未来的一切情况都是肯定的，就没有必要做计划工作。(　　)

4. 企业的目标一旦确定，不管企业内、外条件发生什么变化，都不应调整或修改。(　　)

5. 由于人们很难获得最优决策，只能接受满意决策，而满意决策完全取决于决策者的主观判断，所以结果往往是“走一步，看一步，摸着石头过河”。(　　)

(三)简答题

1. 计划的意义有哪些?

2. 怎么理解计划是整个管理工作当中的首要职能?

3. 计划的类型有哪些?

4. 决策的程序有哪些?

5. 如何理解计划的工作原理?

(四)计算题

某厂正在就生产一种新产品进行论证与决策。这种产品如上马，预测其总固定成本为40万元，单位变动成本为20元，产品销售价格为30元。为决策需要，经理要你预测几个数据：

(1)该厂的盈亏平衡点产量应为多少?

(2)如果要实现利润4万元，其产量应该是多少?

二、能力素质训练

(一)案例分析

进行个人的SWOT案例分析

SWOT分析对个人职业生涯的分析是一种有用的工具。进行个人SWOT分析，包括严格地审视你个人的长处和短处，然后评估你感兴趣的各种职业生涯道路的机会和威胁。

步骤1：评估你个人的长处和短处。我们所有的人都具有某种特殊的技能、才能和能力，我们都喜欢做某些事，不喜欢做另一些事。例如，有些人不喜欢整天坐在桌子旁，另一些人在与生人打交道时感到紧张。列出你喜欢的活动和你擅长的事情，然后识别你不喜欢的事情和你不擅长的方面。重要的是认识到你的短处，从而你能够要么试图改正它，要么在你的职业生涯中避开它。列出你个人的长处和短处，并标出那些你认为特别重要的特质。

步骤2：识别职业生涯的机会和威胁。我们知道，不同的产业面临不同的外部机会和威胁，重要的是识别这些外部因素，因为你选择的职位和未来的职业生涯将会受到这些机会和威胁的重要影响。一个处于衰退产业中的公司是很少可能提供职业生涯成长机会的。此外，身处前景光明的产业中，你的工作前景也将是光明的。列出2～3个你感兴趣的产业，批判性地提出这些产业所面临的机会和威胁。

步骤3：描绘未来5年职业生涯目标，进行你的SWOT评估。列出4～5个在未来5年中你要实现的目标，这些目标可能包括在你毕业后找到一份称心的工作，你打算管理多少个下属，或者你希望你的工资水平达到多高等。记住，理想的情况是，你应当使你的优势与所在产业的机会相吻合。

步骤4：描绘未来5年职业生涯的行动计划。现在到了使你的计划具体化的时候了，写出实现你的职业生涯目标的具体行动计划，确切地描述你在什么时候应该做什么。例如，你的SWOT分析可能表明了，为了实现你期望的职业生涯目标，你需要选修更多的管理课程或者会计学的课程等。你的职业生涯的行动计划应当表明，你什么时候选修这些课程。你的职业生涯的具体行动计划将为你未来的决定提供指南，正如组织的计划为管理者的决策提供指南一样。

（资料来源：[美]斯蒂芬·P. 罗宾斯.管理学(第七版)[M].孙健敏，李原译.中国人民大学出版社，1997:210-211.）

10分钟提高效率

美国某钢铁公司总裁舒瓦普向一位效率专家利请教如何更好地执行计划的方法。利声称可以给舒瓦普一样东西，在10分钟内能把他公司业绩提高50%。接着，利递给舒瓦普一张白纸，说："请在这张纸上写下你明天要做的6件最重要的事。"舒瓦普用了约5分钟时间写完。利接着说："现在用数字标明每件事情对于你和公司的重要性次序。"舒瓦普又花了约5分钟做完。利说："好了，现在这张纸就是我要给你的。明天早上第一件事是把纸条拿出来，做第一项最重要的。不看其他的，只做第一项，直到完成为止。然后用同样办法对待第2项、第3项……直到下班为止。即使只做完一件事，那也不要紧，因为你总在做最重要的事。你可以试着每天这样做，直到你相信这个方法有价值时，请按你认为的价值给我寄支票。"

一个月后，舒瓦普给利寄去一张2.5万美元的支票，并在他的员工中普及这种方法。5年后，当年这个不为人知的小钢铁公司成为世界最大的钢铁公司之一。

问题：

1. 效率专家利的方法的关键在哪里？

2. 效率专家利认为“即使只做完一件事，那也不要紧，因为你总在做最重要的事”。你认为制订计划光是做最重要的事够吗？

3. 效率专家利执行计划的方法使这个不为人知的小钢铁公司成为世界最大的钢铁公司之一。为什么计划能有这么大的作用？

(二)管理游戏

降还是不降？

实训目标：

1. 外部环境对计划的影响；

2. 决策理论与方法的综合运用。

实训内容和方法：

市场经营的规则是：所有公司的利润率都维持在 9%；如果有三家以下的公司采取降价策略，降价的公司由于薄利多销，利润率可达 12%，而没有采取降价策略的公司利润率则为 6%；如果有三家和三家以上的公司同时降价，则所有公司的利润都只有 6%。

将学员分成 5～6 人一组，每个组将分别代表一家公司在市场经营。小组经过五分钟讨论之后，需要做出最终的决策：降还是不降？并将决定写在纸条上，交给老师，老师公布结果。

游戏点评：

今天的经营环境常常被描述为快速变化和不可预测的。

1. 如果的确是这样，那么，计划对于组织而言，是不是一种时间的浪费，或是一种自欺欺人？

2. 你如何评价计划的价值？

(三)无领导小组讨论

荒岛逃生记

题目背景：

私人飞机坠落在荒岛上，只有 6 人存活。这时逃生工具只有一个只能容纳一人的橡皮气球吊篮，没有水和食物。

要求：小组权衡利弊，寻找最优的求生方案。考察的是分类和计划能力。

角色分配：

1. 孕妇：怀胎八月；

2. 发明家：正在研究新能源(可再生、无污染)汽车；

3. 医学家：经年研究爱滋病的治疗方案，已取得突破性进展；

4. 宇航员：即将远征火星，寻找适合人类居住的新星球；

5. 生态学家：负责热带雨林抢救工作组；

6. 流浪汉。

时间管理——四象限法则

诚如管理大师彼得·德鲁克的管理名言：时间是很特殊的资源，不管需要多少，时间就是不会增加的。卓有成效的管理者懂得：要使用好自己的时间，首先必须要知道自己的时间实际上是怎样花掉的。

究竟什么占据了人们的时间？这是一个经常令人困惑的问题。著名管理学家科维提出了一个时间管理的理论，把工作按照重要和紧急两个不同的维度进行了划分，基本上可以分为四个“象限”：既紧急又重要、重要但不紧急、紧急但不重要、既不紧急也不重要。这就是关于时间管理的“四象限法则”。

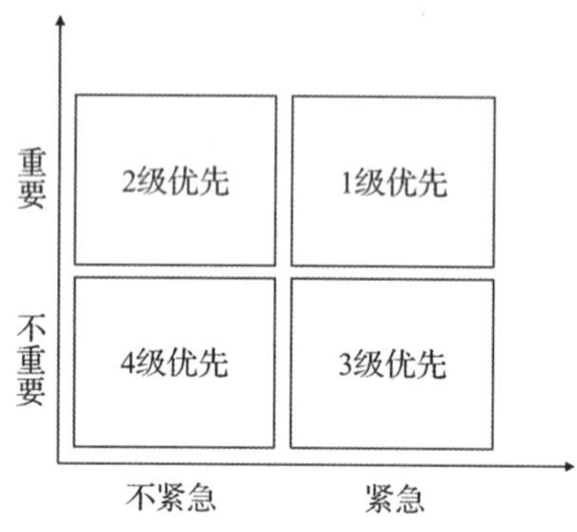

图 3-11 时间管理的“四象限法则”

第一象限

这个象限包含的是一些紧急而重要的事情，这一类的事情具有时间的紧迫性和影响的重要性，无法回避也不能拖延，必须首先处理优先解决。它表现为重大项目的谈判、重要的会议工作等。

第二象限

第二象限不同于第一象限，这一象限的事件不具有时间上的紧迫性，但是，它具有重大的影响，对于个人或者企业的存在和发展以及周围环境的建立维护，都具有重大的意义。

未雨绸缪是对第二象限事件管理的形象描述。生活工作中好多重要的工作，都需要在事件出现之前做好准备，这就是制订计划的原因。

制订计划的目的是把那些重要而不紧急的事情，按部就班地高效完成。因此要学会怎么样制订计划，怎么样做准备。计划、准备、学习、培训等事情都是重要的预防或者是重要的储备工作。

第三象限

第三象限包含的事件是那些紧急但不重要的事情，这些事情很紧急但并不重要，因此这一象限的事件具有很大的欺骗性。很多人认识上有误区，认为紧急的事情都显得重要，实际上，像无谓的电话、附和别人期望的事、打麻将三缺一等事件都并不重要。这些不重要的事件往往因为它紧急，就会占据人们很多宝贵时间。

第四象限

第四象限的事件大多是些琐碎的杂事，没有时间的紧迫性，没有任何的重要性，这种事件与时间的结合纯粹是扼杀时间，浪费生命。发呆、上网、闲聊、游逛，这是饱食终日无所事事的人的生活方式。

总之，对于时间“四象限”法要科学把握，把精力主要放在重要但不紧急的事务的处理上，合理巧妙地安排时间、规划时间，有限的时间就会创造出更大的效益。

MRP、MRPⅡ和ERP

MRP，即物料需求计划(material requirement planning，简称MRP)，是出于建立库存物料管理系统的需要，根据生产进度计划确定物料需求量，按产品结构、物料供应等对最终存量做出计算，从而制订物料计划，以保证综合性的物料供应与生产计划协调。MRP的实现不仅大大地减少了库存，保证了物料的及时配送，而且为资源的计划管理提供了科学的管理手段。

随后，在初期MRP的基础上，引入了资源计划与保障，拓展了物料计划的保障功能，形成了具有监督与反馈功能的生产库存计划体系。

MRPⅡ，即制造资源计划(manufacturing resource planning，简称MRPⅡ)。MRPⅡ在拓展的MRP基础上进一步发展，它将生产、采购、销售和财务等管理环节密切结合，形成了一个集成化的综合计划管理系统。作为一个比较完整的生产经营计划体系，它做到了数据共享、动态应变和物流、资金与信息流的统一。因其效益显著而被当成标准管理工具在当今世界制造业普遍采用。

MRPⅡ的进一步发展，构成了新的“企业资源计划”(ERP)模式。

企业资源计划，即ERP(enterprise resource planning)，由美国Gartner Group公司于1990年提出。企业资源计划是MRPⅡ(企业制造资源计划)下一代的制造业系统和资源计划软件。除了MRP Ⅱ已有的生产资源计划、制造、财务、销售、采购等功能外，还有质量管理，实验室管理，业务流程管理，产品数据管理，存货、分销与运输管理，人力资源管理和定期报告系统。目前在我国，ERP所代表的含义已经被扩大，企业的各类软件已经统统被纳入ERP的范畴。

管理人物：甘特

亨利·劳伦斯·甘特(Henry Laurence Gantt，1861—1919)，人际关系理论的先驱者之一，科学管理运动的先驱者之一，是甘特图(Gantt Chart)即生产计划进度图的发明者。

甘特出生于马里兰州的一个农民家庭，南北战争使美国防止了分裂，却导致甘特的家庭贫穷。幼年的艰辛，使甘特明白了勤勉、俭朴、自省、奋斗的意义所在。1880年，当他在霍普金斯大学以优异成绩毕业时，他明白，大学的学习所得还远远不够。于是,他一边在自己原来的母校麦克多纳预备学校任教,一边在史蒂文斯技术学院继续学习。1884年,他成为一名机械工程师。在麦克多纳从事自然科学和机械技术教学的经历,对他日后的职业生涯有着重大影响。1887年,甘特来到米德维尔钢铁厂任助理工程师,在这里,他结识了泰罗,并在后来和泰罗一起去了西蒙德公司和伯利恒公司。此后,甘特与泰罗密切合作,共同研究科学管理问题,直到离开伯利恒为止。1902年以后,甘特离开了泰罗,独立开业当咨询工程师,并先后在哥伦比亚、哈佛、耶鲁等大学任教。第一次世界大战期间,甘特放弃了赚钱快的企业咨询,为政府和军队充当顾问,对造船厂、兵工厂的管理进行了深入的研究。因为甘特在战争期间的贡献,他获得了美国联邦政府的服务优异奖章。

第四章　组　织

【学习目标】

1. 理解组织工作的原则和组织设计的内容。
2. 理解组织结构的各种类型。
3. 掌握组织结构设计的部门化、层级化、集权和分权。
4. 掌握组织的运行。

【本章关键词】

组织；组织结构；管理幅度；管理层次；职权；组织制度；授权；团队

【导入案例】

一头雾水的老王

老王原来是一家汽车销售分销公司的中层领导，后来他承包了公司下属的一家分销机构——腾达公司。在头几年，主要采取原公司的管理模式与方法。

当公司规模尚小时，一切都运转顺利。在公司销售量增加、规模扩大时，公司并购了一家汽车出租公司，不久又兼并了另一家汽车代理处。规模的扩张增加了老王的工作量，也花费了他大量的时间和精力。但公司的运行仍是按照以前的那套方法，组织结构也没有变化。结果有些事情不能得到很好的解决，有些会议通过的决议也没有得到执行，许多重要的项目被推迟。老王意识到必须在短时间内重新建立起精简高效的组织机构。对于组织的一些概念他也听说过。可是，应该怎样设置部门？管理幅度与层次是怎么回事？有哪些可供选择的组织形式？老王还是一头雾水。

第一节 组织工作

组织是管理的基本职能之一。企业组织结构是企业组织的“骨骼系统”,健全的组织结构可以使组织的人、财、物和信息等要素之间实现有机结合,对于实现组织目标、协调组织内部关系、提高组织应变能力和竞争能力都具有重要意义。

一、组织的含义与构成要素

(一)组织的含义

组织是由两个人以上的群体组成的有机体,是一个为了共同目标,内部成员形成一定的关系结构和共同规范力量的协调系统。这个概念包括以下几方面的含义:

1. 组织有一个共同的目标

目标是组织存在的前提和基础,任何一个组织都有一个共同的目标,它是组织内成员协作的必要前提。组织之所以存在,只能是因为它有一个共同的目标,否则就会失去其存在的理由。

2. 组织是实现目标的工具

组织目标是否能够实现,要看组织内各要素之间的协调与配合程度。分工协作是由组织目标限定的,一个组织能否达到目标,其中很重要的一个方面就是要看组织结构是否合理有效。

3. 组织包括不同层次的分工协作

组织内部必须有分工,而在分工之后,就要赋予各个部门及每个人相应的权力,以便实现目标。组织为达到目标和提高效率,就必须进行分工协作,把组织上下左右联系起来,形成一个有机的整体。

【管理故事】

小刚明天就要参加小学毕业典礼了,怎么也得精神点把这一美好时光留在记忆之中,于是他高高兴兴地上街买了条裤子,可惜裤子长了两寸。吃晚饭的时候,趁奶奶、妈妈和嫂子都在场,小刚把裤子长两寸的问题说了一下,饭桌上大家都没有反应。饭后大家都去忙自己的事情了,这件事情就没有再被提起。妈妈睡得比较晚,临睡前想起儿子明天要穿的裤子还长两寸,于是就悄悄地一个人把裤子剪好缝好叠好放回原处。半夜里,狂风大作,窗户“哐”的一声关上把嫂子惊醒,她猛然想起小刚的裤子长两寸,于是披衣起床将裤子处理好才又安然入睡。奶奶一大早醒来给小孙子做早饭,趁水未开的时候也想起孙子的裤子长两寸,马上剪掉两寸。最后小刚只好穿着短四寸的裤子去参加毕业典礼了。

点评:一个团队仅有良好的愿望和热情是不够的,还要积极组织并依靠明确的规则来分工协作,这样才能把大家的力量形成合力。管理一个项目如此,管理一个部门也是如此。

(二)组织的构成要素

国内学者对组织要素的分析也有多种看法。有人认为组织要素包括人员、职位、职责、职权、关系和信息六种要素;也有人认为组织要素包括目标、协同、人员、职位、职责、关系、信息七种要素。综合各种观点,我们认为组织要素包括以下几个方面:

1. 组织精神

组织精神是统率组织内部人员的思想和行为的共同价值观、理想和信念,是组织内部诸要素中的核心要素。它是 20 世纪 80 年代研究现代组织的中心议题,是现代组织生存的基础、发展的动力、行为的准则和成功的关键。从这个意义上讲,它是现代化组织的"精髓"与"灵魂"。

2. 战略目标

战略目标是决定组织活动的性质和根本方向的总目标。战略目标是组织的前提要素,决定着组织的成败,没有目标就没有组织。战略目标的确定既取决于组织内部的人、财、物和技术等优势,也取决于国家政策、市场需求以及同行业竞争等外部环境因素。

3. 组织结构

组织结构是把组织活动过程中有效的、合理的配合关系相对固定下来所形成的一种框架模式。作为一项较为具体的组织要素,组织结构的建立过程就是狭义上的组织工作的全部内容,包括层次、部门、职权与职责的设计,相互关系的确立与协调等。

4. 规章制度

规章制度是指导组织和组织活动的行为规范及行为准则。它是组织能够有效发挥其正常功能的重要保证。

5. 物质、技术、设备、信息

物质、技术、设备、信息是任何组织进行合理活动的基本要素,其来源取决于组织外部环境要素。

6. 人员

人员是组织的基础,包括组织的领导者和职工,它是组织诸要素中根本性的、决定性的要素。组织内没有人不行,其他要素都是由人来提供、设计和创造的。人员素质的高低决定着组织效能和效益的高低。高素质的人员既可以来自组织内部的培训与开发,也可以从组织外部输入。

二、组织工作

(一)组织工作的含义

组织工作是指为了实现组织的共同目标而确定组织内各要素及其相互关系的活动过程,也就是设计一种组织结构,并使之运转的过程。只有使组织中的每个人了解自己在组织工作中应有的地位和他们之间的相互关系,才能有效地发挥他们在组织中的作用,保证组织目标的顺利实现。

(二)组织工作的原则

【管理案例】

"吃"经理还是"吃"清洁工

由于"食人族"的生活习性令人毛骨悚然,因此一直以来他们也被各公司拒绝录用,然而为了生存,食人一族决定痛改前非,不再以"人"为进食对象。

起先,人们还是怀着忐忑的心情,但是经过一段时间的接触,食人一族确实没有任何能够引起人们怀疑的地方,大家这才放心了。

平静是短暂的,因为一个月后,大家发现纸篓里堆满了废弃的办公用品,卫生间也变得脏兮兮——打扫卫生的阿姨不见了!

事情败露后,"食人族"族长非常生气地对"部下"骂道:"我让你不要'吃'清洁阿姨,你偏不听,我们'吃'掉了14个部门经理都没有人发现!现在我们只能另谋出路了吧……"

点评:企业臃肿的现象屡禁不绝。有笑言:"人群中十有八九是经理。"企业不能为了好听、好看就设置一个职位,要考虑这个职位能起什么作用,能起多大作用。而像惠普这样的跨国公司,一旦裁员,经常是管理层被裁比例最大,这很值得中国企业深思。

1. 任务目标原则

任何一个组织,都有其特定的任务和目标,组织设计者的根本目的是保证组织的任务和目标的实现,组织设计者的每一项工作都应以是否对实现目标有利为衡量标准。

2. 分工与协作原则

分工就是按照提高专业化程度和工作效率的要求,把组织的任务和目标进行合理的分解,明确规定每个层次、每个部门乃至每个人的工作内容、工作范围,以及完成工作的手段、方式和方法。协作就是要明确部门与部门之间、部门内人与人之间的协调关系与配合方法,找出容易发生矛盾之处,加以协调,并使协调中的各种关系逐步规范化和程序化,有具体可行的协调配合方法。分工与协作是相辅相成的,只有分工没有协作,分工就失去了意义,而没有分工就谈不上协作。

3. 统一指挥原则

统一指挥原则可以表述为:组织的各级机构以及个人必须服从一个上级的命令和指挥,只有这样才能保证命令和指挥的统一,避免多头领导与多头指挥造成管理中的混乱现象。一般来说,统一指挥原则对管理组织的建立有如下要求:

(1)确定管理层次时,使上下级的职责之间从最高层到最底层形成一条连续不间断的等级链,明确上下级的职责、权力和联系方式。

(2)任何一级组织只能有一个正职,实行首长负责制。

(3)下级组织只能接受一个上级组织的命令和指挥,防止出现多头领导的现象。

(4)下级只能向直接上级请示工作,不能越级请示工作,但可以越级反映情况。

(5)上级不能越级指挥下级,以维护下级组织的领导权威,但可以越级检查工作。

(6)职能部门一般只能作为同级直线领导的参谋,无权对下级直线领导者发号施令。

4. 有效管理幅度原则

有效管理幅度是指一名主管人员直接有效地管理下属的人数。由于管理者的时间和精力是有限的,其管理能力也因个人的知识、经验、年龄和个性等的不同而有所差异,因而任何管理者的管理幅度都有一定的限度,超过这个限度,就不能做到具体、高效以及正确的领导。因而,有效管理幅度原则要求一个领导者要有适当的管理幅度,管理幅度过大或过小皆不宜。

一个管理者的管理幅度以多大为宜,至今尚无定论。有人认为高层领导者的有效管理幅度为 4～8 人,中层为 8～15 人,基层为 15 人以上。当然,管理幅度的确定除了要考虑领导者本身的情况外,还要综合考虑职务的性质、工作本身的性质和下属人员的素质等因素。

5. 责权利对等原则

责权利对等原则要求在进行组织结构设计时,既要明确规定每一管理层次和各个管理部门的职责范围,又要赋予其完成职责所必需的管理权限,做到职责与职权协调一致。同时,根据所负责任、承担风险及付出劳动的多少,给予相匹配的收益,实现有责、有权、有利。

6. 集权与分权相结合原则

集权与分权相结合原则要求根据组织的实际需要,决定集权与分权的程度。所谓集权就是组织的决定权大部分集中在最高层,所谓分权就是组织的决定权根据职务上的需要分到各阶层。集权与分权是相对的,没有绝对的集权,也没有绝对的分权,只是程度的不同而已。一个组织是采用集权还是实行分权受到多种因素的影响,如工作性质与重要程度、组织历史与经营规模、管理者的数量与控制能力和组织外部环境的变化情况等。一个组织集权到什么程度,应以不妨碍基层人员积极性的发挥为限;分权到什么程度,应以上级不失去对下级的有效控制为限。另外,集权与分权不是一成不变的,应根据不同的情况和需要加以调整。

7. 弹性结构原则

所谓弹性结构是指一个组织的部门结构、人员职责和工作职位都是可以变动的,以适应组织内、外部环境的变化。根据这一原则,首先应使部门结构富有弹性。组织可以根据外界环境的变化和生产经营活动的需要及时地扩充或收缩某些职能部门,各部门在管理上有较多的自主权和灵活性。弹性结构原则还要求组织内职位的设置也应富有弹性,如按任务和目标需要设立岗位和职位,不按人设岗,干部定期更换,报酬应与贡献相联系等。

8. 精干高效原则

无论何种组织结构形式,都必须将精干高效原则放在重要位置。所谓精干高效原则就是:在服从由组织目标所决定的业务活动需要的前提下,力求减少管理层次,精简管理机构和人员,充分发挥组织成员的积极性,提高管理效率,更好地实现组织目标。

【管理案例】

三个和尚没水喝

俗话说:“一个和尚挑水喝,两个和尚抬水喝,三个和尚没水喝。”请从组织的原理分析一下是什么原因造成了“三个和尚没水喝”。

第二节 组织设计

组织结构是组织的“框架”,而“框架”的合理完善与否很大程度上决定了组织目标能否顺利实现。因此,组织结构设计是组织工作的一项重要内容。

一、组织结构类型

(一)组织结构设计的影响因素和程序

组织结构是指职权与职责的关系、工作以及员工分组,是为了协调组织中不同成员的活动而形成的一个框架机制,是表明组织各部门排列顺序、空间位置、聚散状态、联系方式以及各要素之间相互关系的一种模式。

组织结构的产生是组织参与社会活动的客观需要,组织结构作为帮助管理者实现目标的手段经历了从无到有、从低级到高级、从简单到复杂的发展历程。

1. 影响组织结构设计的因素

(1)行业特点。每个企业都从属于一定的行业,行业的不同使组织的管理方式和管理重点有所差别,导致组织结构不同。

(2)组织环境。组织作为一个开放的系统与社会有着密切的联系。组织的每一个构成部门都有其相应的外界环境,都以各自特有的方式适应着环境。稳定环境下的组织结构与不稳定环境下的组织结构存在着差别。

(3)组织规模。组织规模的大小对组织结构影响较大。一般来讲,大型组织的管理层次与部门比中小型组织多一些,中小型组织结构较为简单。

(4)技术。组织结构的特征与生产技术类型之间存在着一定的对应关系。随着技术复杂性的增加,组织结构的层次随之增加,管理幅度变窄,同时参谋职位也减少了,组织趋于高耸型;当技术复杂性进一步增加时,管理幅度先是增加,随后减少。

(5)组织战略。组织战略可分为整体战略、事业层战略、职能层战略三个层次,各层次的战略均在不同程度上影响着组织结构的构成与特征。实施稳定战略的组织,其组织结构可能会表现得较为集权,管理幅度较大;采用防守型战略的组织,其组织结构常常表现为高耸型,职权相对比较集中,管理幅度比较小,倾向于按照职能来进行组织。

(6)组织的生命周期。组织的规模不是永远不变的,组织的生命周期通常可以用四个阶段来描述,即诞生阶段、青年阶段、壮年阶段、成熟阶段。在组织的不同生命周期阶段,组织将面临大量的组织结构问题。例如,在组织发展的过渡时期,组织规模变大,分权化程度高,专业化程度加深,参谋职位增多,空间位置分散,对协调的要求更高,控制难度加大。

(7)人员素质。如果组织内部管理与被管理双方人员素质较高、专业水平较高、工作积极主动、相互配合,则组织机构的设置可以简化、精干。

2. 组织结构设计的程序

组织结构设计的程序是:(1)根据组织的宗旨、目标和主客观环境,确定组织结构设计的基本思路与原则。(2)根据企业目标设置各项经营、管理职能,明确关键职能,并把公司总的管理职能分解为具体管理业务和工作等。(3)选择总体结构模式,设计与建立组织结构的基本框架。(4)要设计纵向与横向组织机构之间的联系与协调方式、信息沟通模式和控制手段,并建立完善的制度规范体系。至此,组织结构设计的主体过程已完成。(5)为组织结构运行配备相应的管理人员和工作人员,并进行培训。(6)反馈与修正。在组织运行过程中,加强跟踪控制,适时进行修正,使其不断完善。

(二)组织结构类型

【管理案例】

巴恩斯医院

10月的某一天,产科护士长黛安娜给巴恩斯医院的院长戴维斯博士打来电话,要求立即做出一项新的人事安排。从黛安娜急切的声音中,院长感觉到一定发生了什么事,因此要她立即到办公室来。5分钟后,黛安娜递给了院长一封辞职信。

"戴维斯博士,我再也干不下去了,"她开始申述:"我在产科当护士长已经四个月了,我简直干不下去了。我怎么能干得了这工作呢?我有两个上司,每个人都有不同的要求,都要求优先处理。要知道,我只是一个凡人。我已经尽最大的努力适应这种工作,但看来这是不可能的。让我来举个例子吧。请相信我,这是一件平平常常的事。像这样的事情,每天都在发生。"

"昨天早上7:45,我来到办公室就发现桌上留了张纸条,是杰克逊(医院的主任护士)给我的。她告诉我,她上午10点钟需要一份床位利用情况报告,供她下午在向董事会作汇报时用。我知道,这样一份报告至少要花一个半小时才能写出来。30分钟以后,乔伊斯(黛安娜的直接主管,基层护士监督员)走进来质问我为什么我的两位护士不在班上。我告诉她雷诺兹医生(外科主任)从我这要走了她们两位,说是急诊外科手术正缺人手,需要借用一下。我告诉她,我也反对过,但雷诺兹坚持说只能这么办。你猜,乔伊斯说什么?她叫我立即让这些护士回到产科部。她还说,一个小时以后,她会回来检查我是否把这事办好了!我跟你说,这样的事情每天都发生好几次的。一家医院就只能这样运作吗?"

分析:

1. 这家医院的组织结构是怎样的?
2. 有人越权行事了吗?
3. 从这个案例中,发现了什么问题?

设置组织结构,需要选择适当的组织结构形式。因不同的组织有不同的特点,不可能用统一的固定模式,但各组织在进行组织结构设计时,可以把已有的组织结构模式作为参考。常见的组织结构的基本类型有直线制、职能制、直线职能制、事业部制和矩阵制等。下面以企业为例介绍几种基本的组织结构形式。

1. 直线制

直线制是最为简单的组织形式。直线制是指组织没有职能机构,从最高管理层到最基层，实行直线垂直领导。如图 4-1 所示。

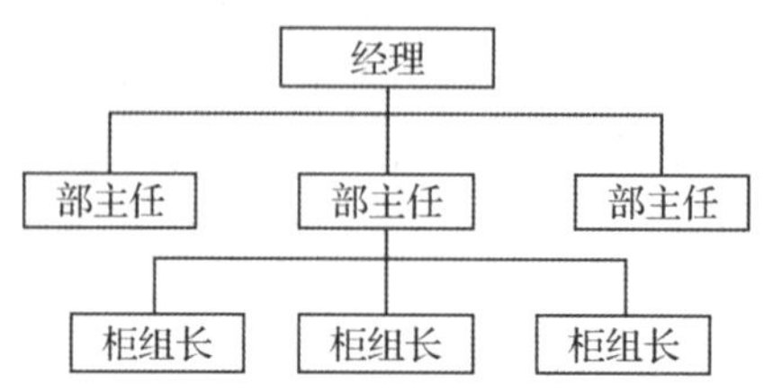

图 4-1 直线制组织结构示意图

优点：沟通迅速；指挥统一；责任明确。

缺点：管理者负担过重；难以胜任复杂职能。

适用：小型组织。

2. 职能制

职能制类型组织中权力和责任流动的方向是由职能决定的，而与实际的运行部门无关。确定企业的每一项职能，指派一位专家主管，无论何处只要该职能发生，此人将直接参与控制。因此他的权力超越了该职能部门的直线制管理者，后者负责纪律以及其他一些与员工有关的事项，如图 4-2 所示。

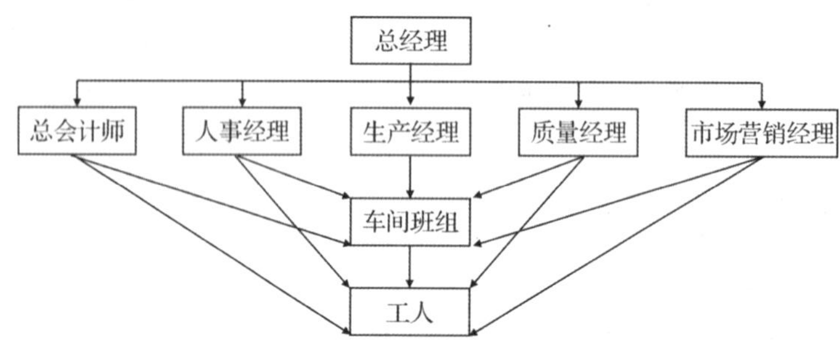

图 4-2 职能制组织结构示意图

此类型的组织模式将导致工人听命于不止一个上级的事实，与统一指挥这一概念相矛盾。在实践中，纯粹职能制的组织模式并不常见，但是不管怎么说都有必要对其优缺点加以评价。

优点：有利于专业管理职能的充分发挥。

缺点：破坏统一指挥原则。

适用：这种原始意义上的职能制无现实意义。

3. 直线职能制

直线职能制又称直线参谋制，它吸取了直线制和职能制的长处，避免了它们的短处。它把直线指挥的统一化思想和职能分工的专业化思想相结合，在组织中设置两套系统：一套是直线指挥系统，一套是职能管理系统。在各级领导者之下设置相应的职能部门分别从事专业管理。这种组织形式以直线指挥系统为主体，同时利用职能部门的参谋作用，但职能部门在各自范围内所制订的计划、方案及下达的有关指示，必须经相应层次的领导批准方可下达，职能部门对下级部门无权直线指挥，只起业务指导作用，如图 4-3 所示。

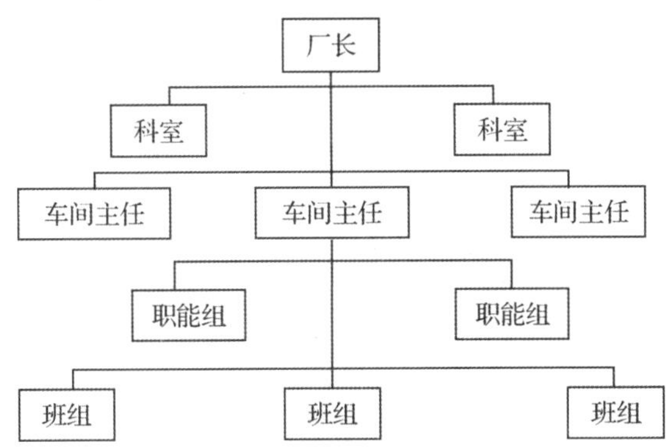

图 4-3 直线职能制组织结构示意图

优点:直线职能制既保证了企业的统一指挥,又有利于用专业化管理提高管理效率,因此,在世界范围内,这种组织形式得到了普遍的、长期的采用。在我国,绝大多数企业至今仍然主要实行这种组织形式。

缺点:过于集权,下级缺乏必要的自主权;各职能部门之间的横向联系不紧密,易于脱节或难以协调;企业内部信息传递路线较长,反馈较慢,难以适应环境变化;指挥部门与职能部门之间容易产生矛盾。

适用:这种组织形式较为普遍,我国大部分公司甚至机关、学校以及医院等,都采用直线职能制结构。

4. 事业部制

事业部制也叫联邦分权化,是一种分权制的组织形式。它在公司总部下增设一层半独立经营的"事业部",事业部部长负责其全面工作,并设相应的职能部门。事业部制最早是美国通用汽车公司总裁斯隆(A. P. Jr. Sloan)于 1924 年提出的。它是一种高度(层)集权下的分权管理体制。它适用于规模庞大、品种繁多和技术复杂的大型企业,是国外较大的联合公司所采用的一种组织形式。近几年我国一些大型企业集团或公司,如"美的"、"海信"等也引进了这种组织结构形式,如图 4-4 和图 4-5 所示。

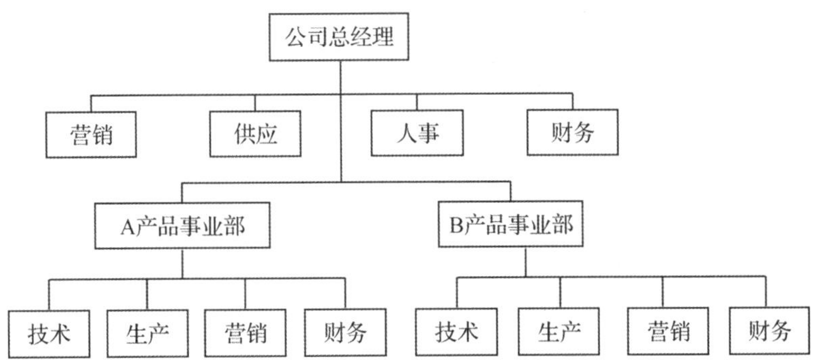

图 4-4 事业部制(产品部门化)组织结构示意图

事业部制是分级管理、分级核算、自负盈亏的一种形式,即一个公司按地区或按产品类别分成若干个事业部,从产品的设计、原材料采购、成本核算、产品制造,一直到产品销售,均

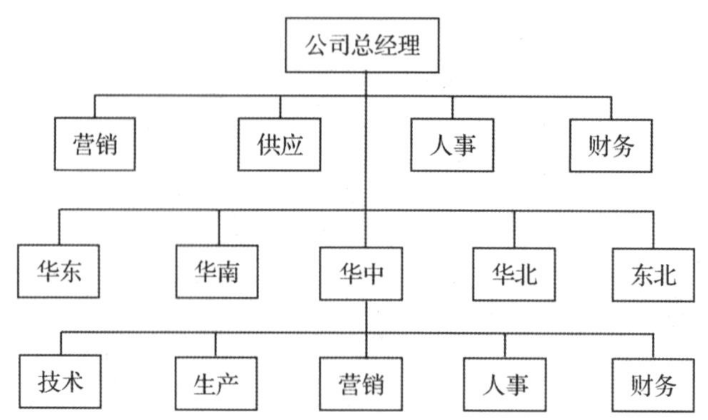

图 4-5 事业部制(区域部门化)组织结构示意图

由事业部及所属工厂负责,实行单独核算、独立经营,公司总部只保留人事决策、预算控制和监督权,并通过利润等指标对事业部进行控制。也有的事业部只负责指挥和组织生产,不负责采购和销售,实行生产和供销分立,但这种事业部正逐渐被产品事业部所取代。还有的事业部则按区域来划分。

优点:有利于发挥事业部的积极性、主动性,更好地适应市场;公司高层集中思考战略问题;有利于培养综合管理人员。

缺点:存在分权带来的不足,即指挥不灵、机构重叠,对管理者要求较高。

适用:面对多个不同市场或多个不同产品的大规模组织。

【管理窗口】

管理名人:斯隆

斯隆是美国的高级经理人员,曾长期担任美国通用汽车公司的总经理和董事长。他是事业部管理体制的首创人之一。他在1921—1922年就提出了一种叫"集中政策控制下的分散经营"的组织结构模式,这是事业部制的雏形。他把通用汽车公司按产品划分为21个事业部,分属4个副总经理领导。有关全公司的大政方针,如财务控制、重要领导人员的任免、长期计划、重要研究项目的决定等,由公司总部掌握,其他具体的业务则完全由各事业部负责。斯隆认为,这种管理体制贯彻了"政策决定与行政管理分开"这一基本原则,因而能使集权与分权得到较好的平衡。通用汽车公司经过斯隆的改革和整顿以后,迅速发展成为世界上最大的汽车公司,斯隆因此被称为第二个"二十世纪最杰出的企业家"。斯隆在1963年出版的《我在通用汽车公司的年代》一书中介绍了他在通用汽车公司的工作经验。

5. 矩阵制

初看起来,矩阵制组织仿佛具有职能制组织的所有特征,只是职能制组织的各种职能被孤立起来,由各种专家执行。然而,这种组织形式事实上是直线制组织和职能制组织的混合体,如图4-6所示。

每一种职能都是职能经理管辖下的由专家组成的特别小组来完成工作任务。每个专家

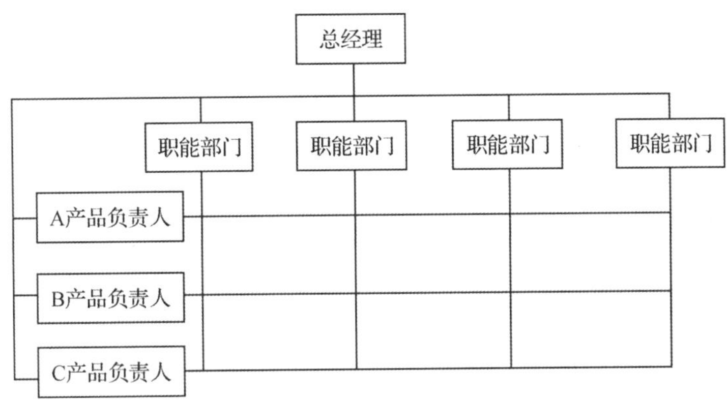

图 4-6　矩阵制组织结构示意图

同时又都是直线制经理管辖之下的工作部门中的一员。实际上，每个员工都听命于两个权威，即他的专家经理和他的运行经理。前者负责小组的技术表现，而后者负责员工事务的其他方面，比如纪律、福利等。无论何时何地只要需要他们的专业技术，专家小组就要为运行部门提供服务。

优点：纵横结合，有利于配合；人员组合富有弹性。

缺点：破坏命令统一原则。

适用：突击性、临时性任务。

【管理案例】

不同组合带来的不同效果——斯隆大改组，通用大起飞

世界级的大企业大都把自然团队或重组团队与跨职能团队结合起来。把这些不同类型的团队结合起来，既能最大限度地产生授权感，又能增加绩效。

美国通用汽车公司是世界上最大的汽车公司，总部坐落在素有美国“汽车城”之称的第五大城市底特律。

通用汽车公司是由比利·杜兰特创立的。此人有远见，有魄力，胆识过人，对通用汽车的创立起了很大的作用。然而，杜兰特在管理方式上过于集权，他完全掌握公司的领导权，事无巨细，大包大揽。因此，哪怕是杜兰特犯了错误，明辨是非的人也没有办法阻止错误的发生，通用汽车也因此多次陷入困境。而且，由于杜兰特强调集权，致使公司的各个部门都陷入了失控的局面。当杜兰特离开通用时，公司已经危机四伏，大有江河日下之势。

然而，却有一位天才级的人物使通用汽车公司起死回生，走上腾飞之路。此人就是美国闻名的斯隆。斯隆在 1923 年就任通用汽车公司总经理，1924 年任总裁，直到 1956 年退休。他很早就与杜兰特共事，历经通用的风雨沧桑，因此，对通用的弊病了如指掌。

斯隆认为，大公司应在集中管理与分散经营之间找到平衡点，充分发挥两者的优点，克服两者的缺点，如此才能建立较为完善的组织管理体制，取得最佳的经营

业绩。因此，掌管通用之后，斯隆进行了大改组。他提出了“分散经营，协调控制”的思想，力图以此建立通用新的组织体制。根据这一全新的思想，斯隆拟定出改组通用组织机构的具体计划，并提出事业部制的新概念。

斯隆把公司要解决的任务分为两大类，即决策任务和执行任务。在斯隆的改组计划中，公司的董事会担任决策任务，设立了两个委员会——财务委员会和执行委员会。这一点与杜兰特时代是相似的。执行委员会继续保持对公司各项业务和经营活动的全面控制；而财务委员会也行使过去的权力，即对公司的财务及财务工作人员的总控制权。同时，斯隆建立了设有直接指挥部门的组织结构，以适应行政管理的需要。在新的组织结构中，设有总公司(公司总经理处)、各事业部、各工厂三级。总公司由总执行经理负责领导，下辖四个事业总部——汽车、零件、配件、杂品。各事业总部由总部执行经理监管。

斯隆成功了。凭借这套管理体制，通用汽车公司在以后的岁月中，渡过了许多难关，取得了惊人的发展。斯隆建立的这套管理体制一直是通用的组织构架，因为它成功地将分散经营与协调控制结合起来，既取得了经营的主动性，又提高了效率。虽然通用也曾有过多次的组织调整，但都是在斯隆模式的框架内进行的，只不过有时分散经营多一些(如经济高涨时期)，有时集中管理多一些(如经济低落时期)。

斯隆的改组使通用走上了腾飞之路。1923 年，通用的产品在其国内市场占有率仅为 12%，然而到 1956 年，通用在国内市场占有率跃升为 53%，1977 年又上升为 56%。1977 年，它成为美国最大的工业公司，虽然以后在全部工业公司中的排名有所下降，但自 1928 年以来，一直是位于美国乃至全球第一的汽车公司。

二、组织结构设计

组织设计包括组织结构设计(如部门设计、层次设计、职权设计)、人员设计、制度设计等内容。我们主要介绍的是组织结构设计、人员设计。组织设计的目的是建立有助于实现管理目标的组织，使组织成员有归属感，工作能力得到最大限度发挥，使组织高效率地持续发展。

(一)部门设计

1. 部门的含义

部门是指组织中管理者按照专业化分工的要求，为完成规定的任务而有权管辖的一个特殊领域。

部门在不同的组织中有不同的称呼。企业组织中称分公司、部和处；军队中称师、团、营、连；政府机构中则称部、局、处、科等。部门划分的目的，在于确定组织中各项任务的分配与责任的归属，以求分工合理、职责分明，有效地达到组织的目标。

2. 部门的类型

部门划分就是将工作和人员组编成可以管理的工作单元，其根本目的在于分工。因此，决定部门划分的基础是职能。以企业为例，按职能专业化原则，通常可以把部门分为三类：

(1)生产经营部门，指直接从事生产经营活动，对组织目标(如销售额、利润)实现负有直接贡献责任的部门，如生产车间、班组、营业部组等。

(2)职能参谋部门，指不直接从事生产经营活动，而与生产经营活动有直接联系，并为领导决策和业务服务的各种管理职能机构，如人事部、财务部等。

(3)后勤行政部门，指不直接从事生产经营活动，且与生产经营活动没有直接关系的机构，但它是保证企业生产经营任务顺利完成所不可缺少的，如总务部、后勤部、保安部等。

3. 部门设计的方法

部门按不同标准有以下划分方法：

(1)按人数划分。它完全按照人数的多少来划分部门，是最原始、最简单的一种划分方法。其做法是抽出一定数量的人在管理者的指挥下执行一定的任务。它把人员的数量作为分组的唯一依据，而不考虑工作内容、特点及工作地点等因素。其优点是简便易行，但是不符合专业化原则，不适应现代社会高度专业化的需要，有逐渐被淘汰的趋势，一般仅适用于组织结构的基层。

(2)按时间划分。它采用轮班制进行生产和经营，以保证连续生产或延长营业时间。这是在正常的工作日不能满足工作需要时所采用的一种划分部门的方法，也是一种古老的划分方法。其优点是可以提高劳动效率并满足社会服务的需要；其缺点是不便于管理，会增加人工成本。它通常也适用于组织的基层。

(3)按职能划分。它是最普遍采用、最基本的方法。它遵循专业化的原则，以工作或任务的性质为基础划分部门。按这些工作或任务在组织中的重要程度，分为主要职能部门和从属派生部门。主要职能部门处于组织的首要一级，在主要职能部门内再划分次要职能部门。一般来说，企业的主要职能部门是生产、工程、质量、销售和财务等。在生产、工程、质量、销售和财务部门中再划分从属派生部门，如生产部门分为生产计划、工业工程、生产工艺、采购、加工、综合生产等分部门。其优点是：遵循专业化原则，充分发挥专业职能，使管理者的注意力集中在组织的基本业务上，有利于目标实现，简化训练工作，加强上层控制手段。其缺点是：容易导致“隧道视野”现象，职能部门的专业人员各自为政，就如同过隧道一样，除了自身领域外，其余什么都看不见，部门之间的相互协调比较困难；管理者从事单一职能工作，不利于培养综合管理人才。

(4)按产品划分。即按组织向社会提供的产品来划分部门。这种方法是把生产或经营某种产品(或商品)所必需的活动组织在一起而形成部门，是随着科学技术的发展，为了适应新产品的生产而产生的。国外企业中出现的“事业部”或“集团企业”即属于这种按产品划分的部门。其优点是：有利于取得专用设备效益；有利于发挥个人的技能和专业知识；有利于部门管理者把注意力集中在产品上，促进产品的增长和发展，培养综合管理者。其缺点是：需要更多的综合管理人才；产品部门独立性强、整体性差，增加了主管部门协调、控制的困难；易造成机构重叠、职能重复、管理成本增加。它主要适用于多品种经营的大型组织，是业务部门划分的常用方法。

(5)按地区划分。它是把某个地区或范围的业务工作集中起来委派给一个主管人员并组成部门，其目的是调动地方、区域的积极性，谋求地方化经营的某种经济效果。地理位置分散、缺乏通信联络并非是按地区划分部门的唯一理由，只有当各地区的政治、经济、文化等因素影响到管理时，按地区划分部门才能充分发挥其优势。其优点是：有利于改善地区的协调，取得地区经营的经济效益；有利于培养管理人才。其缺点是：需要更多具有全面管理能力的人才;增加了主管部门控制的困难;地区部门之间往往不易协调等。它适用于地理分布较为分散的组织。

(6)按服务对象划分。它是按组织服务的对象类型来划分部门。它把组织服务对象的类型作为划分部门的依据,使某一部门专门满足某一类型顾客的特殊需要。其优点是:各部门能更好地研究和满足不同顾客的特殊需要,并能向顾客提供最完善的服务,提高组织效益。其缺点是:不利于各部门之间的协调;服务对象专业化过细可能导致人员和设备利用率低。

(7)按生产经营过程和设备划分。它是按照生产或经营的业务流程或工艺过程,分阶段、分环节地组成部门,或按照看管和使用的设备来划分部门。其优点是:实行专业化,提高效益;充分发挥设备的效率,使设备的维修保管、材料供应和人力运用等更加方便。其缺点是:不利于各阶段、各环节和各种设备间的协调;管理者从事单一领域的工作,不利于培养综合管理者。

(8)按其他因素划分。在一些组织中,也常按市场营销渠道、字母等来划分部门。

需要指出的是,划分部门本身并不是目的,它是为促使组织目标的实现而对业务工作进行安排的一种手段。换句话说,划分部门的目的是要按照某种方式划分业务,以起到更好地实现组织目标的作用。为了达到这一目的,在现实的管理活动中,常常用混合的方法划分部门,即在同一组织层次或同一组织内采用两种或两种以上的方法划分部门。这种混合划分部门的目的是更有效地实现组织的目标。

4. 部门设计的原则

部门划分应遵循分工原理。分工原理表明,一个组织机构越是能反映为达到组织目标所必需的任务或工作,并有助于它们的协调,所确定的职务越是适合于承担这些职务的人的能力和动机,它就越是一个有效能和有效率的机构。具体原则如下:

(1)力求最少

组织结构是由管理层次、部门结合而成的。组织结构要求精简,部门必须力求最少,但这是以有效地实现目标为前提的。建立机构的目的不是供人欣赏,而是有效地实现目标。

(2)组织结构应具有弹性

组织中的部门应随业务的需要而增减。在一定时期划分的部门,其增设或撤销应随组织目标任务的变化而定。必要时,可设立临时部门或工作组来解决临时出现的问题。

(3)确保目标的实现

必要的职能均应确保目标的实现。在企业组织中,其主要职能是生产、销售和财务等,此类职能都必须有相应的部门。当某一职能与两个以上的部门有关系时,应明确规定每一部门的责任。

(4)指派平衡

各职能部门的业务工作指派应达到平衡、适度,避免忙闲不均、工作量分摊不匀。

(5)执行部门与检查部门分设

把业务完成部门与检查部门分开设置,使考核、检查业务部门的人员不隶属于受其检查评价的部门,这样就避免检查人员的"偏心",真正发挥检查部门的作用。

总之,部门划分解决了因管理幅度的限制而约束组织规模扩大的问题,同时把业务工作安排到各个部门中去,有利于组织目标的实现。由于业务工作的划分不可避免地会带来部门间不协调的问题，因此，在划分部门时，必须考虑这种不协调所带来的消极后果。

（二）层次设计

管理层次是指组织内部从最高一层管理组织到最低一层管理组织之间的各个等级层次，即组织中等级链的环节。层次设计是组织结构设计的内容之一，解决的是组织结构的纵向设计问题。

1. 层次的产生

当生产力十分低下、社会分工极其简单的时候，基本的生产单位是个体。计划、组织、实施、执行直至成果的享受，可能都是一个人，所谓的管理者就是劳动者自己。随着生产进一步发展，人们的活动也复杂起来，劳动的方式逐渐由个体向群体发展，一项工作往往需要几个成员在一起做，并有分工协作。这就出现了人与人之间的关系问题，出现了管理者与被管理者。一开始，管理者与被管理者的关系极简单，管理者能领导较多的人，尚能有效地实现目标。但随着生产的发展，科技的进步以及经济的增长，组织规模越来越大，管理者与被管理者的关系复杂化。为处理这些错综复杂的关系，管理者需要花费大量的时间与精力，而且对于一个管理者来说，其能力、精力与时间都是有限的，例如，现代心理学表明，“对于大多数人来说，同时思考两个问题，效率将会大大下降”，因此，管理者要想有效地领导下属，就必须考虑究竟能有效地管理多少个直接下属的问题，即管理幅度问题。

在人的精力与时间允许的范围内，增加管辖人数不会降低有效性，但超过这个限度时，管理效率将随之下降，此时就必须增加一个管理层次，这样，可以通过委派工作给下一级管理者而减轻上层管理者的负担，如此下去，便形成了有层次的结构。

2. 管理层次的划分

(1)划分管理层次应考虑的因素

组织中自上而下具体应该划分多少管理层次，首先应根据组织的任务量与组织规模的大小而定。规模较大、任务量较多的组织，管理层次可以多些，否则宜采用较少的管理层次。其次，当组织规模一定时，管理层次的多少与管理幅度有关。较宽的管理幅度意味着较少的管理层次，较窄的管理幅度意味着较多的管理层次，管理幅度与管理层次成反向关系。

(2)管理层次的类型

一般来说，管理层次分为上层、中层与下层，各个层次都有明确的分工。上层组织处于权力指挥链条的顶端，其主要职能是从整体利益出发，对组织实行统一指挥和综合管理，并制定组织目标和大政方针，故又称最高经营管理层或战略决策层。中层组织是组织中承上启下、纵横衔接的枢纽，其主要职能是为达到组织总的目标为各职能部门制定具体的管理目标，拟订和选择计划的实施方案、步骤和程序，按部门分配资源，调整各部门之间的关系，评价生产经营成果，制定纠正偏离目标的措施等，故又称为经营管理层或战术计划层。下层组织是组织目标的具体执行机构，其主要职能是按照规定的计划和程序，协调基层组织的各项工作和实施计划，故又称为执行管理层或操作层。

组织在上述三个基本层次的基础上根据其自身的任务量、规模、行业等因素的影响，还会出现增加管理层次或减少管理层次等多种演变形态。

一般来说，为了达到组织结构的有效性，应尽可能地减少管理层次。

(3)高层结构与扁平结构

在组织规模一定的条件下,按照管理幅度与管理层次的反比关系,组织结构形成了两种模式,即高层结构和扁平结构。扁平结构是管理层次少而管理幅度大的结构(见图 4-7),高层结构是管理层次多而管理幅度小的结构(见图 4-8)。扁平结构与高层结构各有利弊。

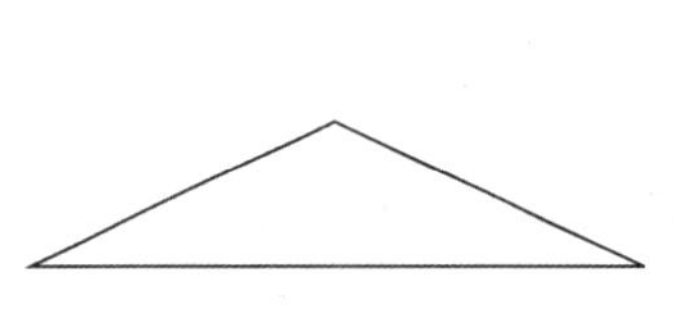

图 4-7 扁平结构

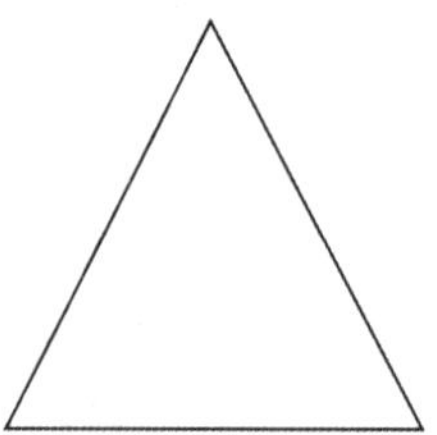

图 4-8 高层结构

高层结构的优点是:主管人员的幅度较小,能够对下属进行有效控制;有利于明确领导关系,建立严格的责任制;因层次多,各级主管职位多,能为下属提供晋升机会,促使其积极努力工作。高层结构的缺点是:由于层次较多,协调工作增加,造成管理费用加大;信息的上传下达速度慢,并容易发生失真和误解;计划和控制工作较为复杂;最高领导层与基层人员相隔多个层次,不容易了解基层现状并及时处理解决问题。

扁平结构的优点是:有利于授权,激发下属积极性,并培养下属管理能力;信息传递速度快、失真少;能灵活地适应市场;管理费用低;便于高层领导了解基层情况。但扁平结构也存在缺点:管理人员的管理幅度大、负荷重,难以对下级进行深入具体的指导和监督;对领导人员的素质要求较高。

组织结构类型必须根据企业的具体条件选用。但是,在现代企业管理中,组织结构扁平化是一种普遍趋势,这反映了对人的尊重与重视。

(三)职权设计

职权作为经由一定的正式程序赋予某一职位的一种权力,是构成组织结构的核心要素,对组织的合理构建与有效运行具有关键性作用。职权设计是组织结构设计的内容之一,解决的是组织结构的权力设计问题。

1. 职权的含义

职权是管理职位所固有的发布命令和使命令得到执行的一种权力。职权只与一定的职位有关,而与担任该职位的管理者的个人特征无关。职权与任职者没有直接的联系。

同职权对应共存的是职责,职责是担当组织某一职位而必须履行的完成某项任务的责任。职权与职责具有对等的重要性,职权是履行职责的必要条件和手段,职责则是行使职权所要达到的目的。

在组织内,最基本的信息沟通就是通过职权来实现的。通过职权关系上传下达,使下级按指令行事,上级得到及时反馈的信息,做出合理决策,进行有效控制。

2. 职权的类型与特点

组织内的职权有三种类型:直线职权、参谋职权、职能职权。

(1)直线职权

直线职权是某项职位或某部门所拥有的包括做出决策、发布命令以及执行决策的权力。直线职权由决策权、命令权、执行权三部分组成,通常又称为决策指挥权。

直线职权是组织中最基本、最重要的一种职权,缺少直线职权的有效行使,组织运转就会陷入混乱和瘫痪。直线职权是掌握在直线人员手中的,从厂长到车间主任一直到班组长都拥有各自相应的直线职权,只不过每一管理层次的功能不同,其职权的大小、范围不同而已。这样从组织的上层到下层的主管人员之间,便形成一条权力线,这条权力线被称为指挥链或指挥系统。在这条权力线中,权力的指向由上到下,由于在指挥链中存在着不同管理层次的直线职权,故指挥链又叫层次链。它颇像一座金字塔,通过指挥链的传递,从上到下或从下往上地进行信息传递。所以,指挥链既是权力线,又是信息通道。

直线职权的特点是:直线职权是对下属的直接领导权、指挥权、监督权和控制处理权,对所行使的权力负有最直接的、最后的责任。因此,直线职权是组织中最基本、最重要的权力,它贯穿于组织的各个管理层次,除组织的最高管理者外,每个层级都要接受来自指挥链上的上一级的指挥与命令并切实加以贯彻执行,同时每一级又都要接受下一级的工作汇报并负责向下一级发布命令和指示,所不同的是各管理层次的职权大小、范围、功能有所差异。

(2)参谋职权

参谋职权是某项职位或某部门所拥有的提出咨询与建议或提供服务与便利,协助直线机构和直线人员进行工作的权力。它是一种辅助性职权。

参谋职权的概念由来已久。在中外历史上很早就出现了为统治者出谋划策的智囊人物。参谋职权是顾问性质或服务性质的,正如原美国通用汽车公司总经理穆尼所说的:“参谋是从属的……一个组织机构的辅助职务在其分级过程中,不能视同为一个实际环节,它依赖于直线职能就像铁路支线依赖于干线一样。这意味着每一个参谋职能必须根据某种依赖关系从属于直线,除此之外就不可能存在。”

参谋的形式有个人与专业之分。前者是参谋人员,参谋人员是直线人员的咨询人员,他协助直线人员执行职责。专业参谋常常为一个独立的机构或部门,就是一般所谓的“智囊团”或“顾问班子”。专业参谋部门的出现是时代发展的产物,它聚合了一些专家,运用集体智慧协助直线主管进行工作。

参谋职权的特点是:参谋职权不具有指挥权,只起咨询、建议、指导、协助、服务和顾问的作用;参谋职权从属于直线职权,参谋机构从属于直线机构;参谋职权直接对其上一级(而不是下一级)领导负责;参谋人员只能在其职责范围内行使参谋职权,不能超越职责范围,同级的参谋职权是平行的、并列的。

(3)职能职权

职能职权是某职位或某部门被授予的原属于直线管理者的那部分权力。

职能职权是伴随着组织规模的逐渐扩大和专业化程度的逐渐提高而产生的。由于管理者缺乏某些方面的专业知识,以及存在着对方针政策有不同解释的问题等,因此为改善管理的效率,管理者将一部分职权授予参谋人员或另外一个部门的管理者,其实质就是直线主管把本来属于自己的一部分直线权力分离出来,授予参谋专家或某个部门的主管人员,使他们也可以按照规定和程序,在授权范围内有权做出决定,有权直接向下一级的直线组织发布指示。这种职权实际上可以被看成是直线上司职权的一小部分,将其称为“职能职权”主要是因为这种职权的行使主要以职能专家的专业知识为基础,行使这种职权的部门又由具有丰富专业知识的职能专家所组成。

职能职权的特点是:既可以被授予参谋机构或参谋人员,也可以被授予下一级直线主管人员来行使;只能根据业务分工和授权范围以及一定的程序和规定来行使,否则将损害直线指挥系统的统一性和完整性;介于直线职权和参谋职权之间,作为一种特殊的职权必须审慎地把握和界定。

【管理案例】

孔子的学生子贱有一次奉命担任某地方的官吏。他到任以后,时常弹琴自娱,不管政事,可是他所管辖的地方却治理得井井有条,民兴业旺。这使那位卸任的官吏百思不得其解,因为他每天即使起早摸黑,从早忙到晚,也没有把地方治好。于是他请教子贱:"为什么你能治理得这么好?"子贱回答说:"你只靠自己的力量去进行,所以十分辛苦,而我却是借助别人的力量来完成任务。"

3. 三种职权的关系

在管理工作中,应处理好三种职权之间的关系。

(1)确立直线职权的主导地位

直线职权是组织中最基本、最重要的一种职权。直线主管在行使直线职权时必须对其做出的决策负最直接、最后的责任。因此,只有确立直线主管人员在组织中的主导地位,分工明确,权责清晰,才能确保组织的各项工作有序地进行。

(2)注意发挥参谋职权的作用

参谋人员应多谋,直线人员应善断。参谋是为直线主管提供信息、出谋划策、配合主管工作的。直线人员在发挥参谋作用时,既要广泛听取参谋的意见,鼓励参谋运用其具备的专业知识并根据客观情况独立提出建议,不左右他们的建议,又要科学判断与决策,不为参谋所左右。

(3)适当限制职能职权

职能职权的出现是为了有效地实施管理,但也带来了多头领导,所以有效地使用职能职权在于权衡这种"得"与"失"。限制职能职权的使用,其一是指限制职能职权的使用范围。在解决"如何做"、"何时做"等方面的问题上可以使用职能职权,而对于"在哪做"、"谁来做"、"做什么"等方面的问题必须由直线主管来解决。其二是要限制级别。直线主管只能把职能职权授予组织管理层次中与管理环节关系最接近的那一级下属。

4. 集权与分权

(1)集权与分权的含义

集权是指决策权在组织系统较高层次上一定程度的集中。分权是指决策权在组织系统较低层次上一定程度的分散。

职权在组织中是集中还是分散,不是职权的种类问题,而是职权的大小问题。组织管理的集权与分权是相对的,绝对的集权或绝对的分权都是不可能的。集权和分权同时也是两个彼此相对、互相依存的概念。集权或者分权不能简单地用"好"或"坏"来加以判断。在成功的企业中,既有许多被认为是相对分权的企业,也有许多被认为是相对集权的企业。因此，并不存在一个普遍的标准，可以使管理者据以判断应当分权到什么程度，或是应当集权到什么程度。

集权与分权的实质是职权在组织中各管理层次之间的分配问题。按集权与分权的程度不同，可形成两种领导方式：集权制与分权制。集权制指组织的管理权限较多地集中在组织的最高管理层。分权制就是把管理权限适当分散在组织的中下层。

(2)集权与分权的标志

判断一个组织集权或分权的程度，常常根据各管理层次拥有的决策权的情况来确定。一般可以从以下三个方面衡量某个组织的集权与分权情况：

①决策的数目。基层决策数目越多，其分权程度越高；反之，上层决策数目越多，其集权程度就越高。

②决策的重要性及影响面。若较低一级层次做出的决策事关重大、影响面广，就可认为分权程度较高；相反，如下级做出的决策无关紧要，则集权程度较高。

③决策的审核。在根本不需要审批决策的情况下，分权的程度就非常高；在做出决策后还必须呈报上级领导审批的情况下，职权分散程度就低一些。较低一级管理层次在做出决策后的审核手续越简化，分权的程度就越高。

(3)影响集权与分权的因素

集权与分权的程度是随条件变化而变化的。影响集权与分权的因素很多，主要包括：

①决策的重要性。这是影响分权程度的最重要的因素。一般来说，越是重要的决策，付出的代价就越大，对经济标准、组织信誉、员工士气、相对竞争位置等影响也越大，职权就越有可能由较高层次的管理者掌管。

②政策的一致性。高层主管若希望在整个组织中采用一个统一的政策，以便于比较各部门的绩效，保证步调一致，则往往赞同较高程度的集权；否则就会允许各部门根据客观情况划定各自的政策，放宽对职权的控制程度。

③组织的规模。组织规模越大，需要做出决策的数目就越多，需要做出决策的场所也越多，协调起来也就越困难。要克服这些问题，加快决策速度、减少失误，使高层决策者能够集中精力处理重要决策，就需要向组织下层分散权力。

④组织的成长。组织的成长形式、成长阶段等会影响到集权与分权。从成长形式看，通过内部成长由小到大发展起来的组织，或者在其缔造者的监护下成长起来的组织，往往表现出一种强烈的集权特征。通过兼并或收购而形成的组织则经常表现出分权的趋势。从成长阶段看，组织建立初期多采用和维持高度集权的管理方式；随着组织逐渐成长、规模不断扩大，分权的管理方式逐步成为主流趋势。

⑤管理哲学。组织主管人员的人生观、个性和管理哲学不同，对组织权力要求也不同。民主、宽容、体谅与尊重下属、强调参与管理的主管人员往往将分权看作现代组织的生存方式，否则就会采取集权管理。

⑥人才的数量与素质。组织人员储备充足、训练有素，在数量和素质上均能够满足组织生存与发展的需要，组织的分权程度就会加大；反之，主管人员数量稀少，缺乏经验与训练，管理能力弱，就会有较大程度的集权。

⑦营运与控制。组织营运分散化，即由于诸如分工、机器设备的利用、工作性质、原材料的利用等技术方面的影响，组织各个部门及管理者分散在不同的地理区域，会导致职权分

散;组织是否有合适的控制手段,能否运用统计技术、会计控制方法、计算机技术等对各项组织工作进行适当的反馈,也是影响职权分散程度的一个重要因素。

⑧其他。例如,职能领域不同、外界环境不同等也会影响到组织的集权与分权程度。

【管理思考】

秘书的权力很大

在中国古代,一些生活、工作在皇帝身边的太监常常拥有相当大的权力,以至于许多文武大臣、皇亲国戚都要对其恭恭敬敬。事实上,在职权等级链上,太监的身份、地位是很低的,之所以会出现上述现象,是因为他们是皇帝身边的人,靠近权力的核心。这种现象并非在中国古代才有,现代管理活动中也常常出现这样的事情,一位独当一面的中层经理会小心谨慎地同一个初入职场的小姑娘打交道,因为她是这位经理上司的秘书。

思考:该如何避免这种情况的发生呢?

三、人员设计

人是组织中最重要的资源,蕴含着巨大的潜在能力。人员设计是组织有效活动的保证,也是组织发展的必要准备。

(一)人员设计的含义

人员设计指为实现组织目标而对组织人员进行的选拔、培训、考评和使用,其目的是配备合适的人员充实组织机构中所规定的各项职务,以保证组织活动的正常进行,进而实现组织既定的目标。人员设计包括管理者的设计和员工的设计,管理学中的人员设计着重于管理者的设计。

【管理故事】

为沙漠而生的骆驼

骆驼妈妈和小骆驼正在闲逛,小骆驼突然问妈妈:“妈妈,我能问你一些问题吗?”妈妈回答说:“当然可以了,我亲爱的儿子,你有什么问题呢?”小骆驼问:“我们骆驼为什么有驼峰呢?”妈妈回答说:“因为我们是沙漠动物,我们需要驼峰来储存水分,这样我们在没有水的情况下也能生存。”小骆驼说:“是这样啊。那我们的腿为什么这么长呢?”“这当然是为了便于在沙漠中行走了。有了四条长腿,我们在沙漠中比谁走得都快!”妈妈骄傲地回答。

小骆驼说:“噢,明白了。那么为什么我们的眼睫毛这么长呢?有时候它会挡住我的视线。”“哦,这又粗又长的眼睫毛可以保护咱们的眼睛不受风沙的伤害。”妈妈得意地眨着眼睛说。

小骆驼说:“我知道了。驼峰是为了我们在沙漠中储存水分,长腿是为了在沙漠中行走,眼睫毛是为了在沙漠中保护我们的眼睛……那我们干嘛待在动物园里?!”

管理哲理:员工的知识、技巧、能力和经验,只有放在正确的位置,才能发挥出价值。我们常常听到企业高薪引进人才之后又抱怨他们徒有虚名,其实在抱怨之前应该先好好想想自己是不是真的明白该怎样使用这些人才。人才要放在正确的位置上。

(二)人员招聘与组合

1. 人员招聘的依据

选拔组织员工,首先应明确选拔的依据是什么,即用什么标准来选拔。总的要求是德才兼备,此外还应该考虑以下两个方面:

(1)职位的要求。为了有效选拔组织成员,必须首先对拟派去担任的职位的性质和目的有一个清楚的了解,即通过职位分析来确定某一职务的具体要求。职位分析的主要内容通常有:该职务是做什么的?在组织中处于什么样的地位?应该怎么做?需要什么样的知识与技能?有无别的方法实现目标?若有,则新的要求又是什么?

(2)被选拔对象应具备的素质与能力。被选拔者个人的素质与能力是人员选拔中非常重要的一个方面。被选拔者个人的素质与能力密切相关,它虽然不是工作能力的决定因素,但却是其工作能力大小的基础。通常员工素质包括思想品德素质、文化业务素质、身体仪表素质等。员工的工作能力包括认识问题能力、分析问题能力、解决问题能力、技术能力、人事能力和概念能力等,其中认识问题能力、分析问题能力、解决问题能力和人事能力对组织的所有员工都很重要,而技术能力和概念能力则视员工所在的管理层次不同,其重要性也不同。

此外,被选拔者从事该工作的主观要求即其工作欲望,对他本人的工作效率也会产生影响。

2. 人员招聘的方式与程序

人员招聘可以考虑从内部提升,也可以考虑从外部招聘。外部招聘是根据一定的标准和程序,从组织外部的众多候选人中选拔符合空缺岗位工作要求的管理人员。内部提升是指根据工作需要,从组织内部成员中选拔优秀的人员担任更为重要的管理职务。不论从内部提升还是从外部招聘,都应该鼓励人才公开竞争。

人员招聘的程序如下:

(1)初次面试。初次面试多半是根据招聘的一些标准与条件来进行筛选,淘汰掉明显不符合职务要求的应聘者。在这一阶段,招聘者所提的问题大多直截了当。

(2)审查申请表。审查申请表的目的是帮助招聘人员对应聘者有基本了解,并根据其条件,决定是否有必要对其进行进一步考核。一般来说,申请表的内容包括姓名、年龄、性别、家庭情况、受教育情况、特长、简历等。通过申请人所填的具体内容,招聘者即可做出有效的初步判断。

(3)录用面试。面试的目的是进一步获取应聘者的信息,在初次面试和审查申请表的基础上,加深对应聘者的认识,有助于对应聘者合格与否做出判断。同时,计划得当的面试还可以达到宣传企业形象的目的。

(4)测试。测试是运用系统的、统一的标准及科学的、规范化的工具,对不同人员的各种素质加以公正而客观的评价。它是选聘过程中重要的辅助手段,特别是对于那些用其他手段无法确定的个人素质,如能力、个性特征、实际技能等。最常用的测验包括智力测验、知识测验、个性测验和兴趣测验等。

(5)人才评价。这是选聘重要管理职位或高技能岗位人才而采用的方式,即让候选人参加一系列管理情景模拟活动,评估人员观察和分析受试者在一个典型的管理环境中如何运作,以考察其实际管理技能或技术技能。参加评估的人员是评估专家和经过培训的企业高级领导者,一般由待选聘岗位的顶头上司参与最后结论评估,并由评估小组集体讨论做出,作为上级审批人员聘任的依据。

(6)对新员工进行上岗教育。上岗教育一方面包括向新员工介绍企业、企业的职能、任务和人员等情况;另一方面使新的管理人员适应工作,包括学习工作所需要的知识和能力,执行任务采取的合适态度,适应本单位的准则和价值观念。

3. 人员组合

人员组合是指组织内按管理或技术与业务需要所进行的人员配置及相应的合作体系。在实践中,人员组合综合效应有三种类型:最佳效应组合(1+1>2)、低效应组合(1+1=2)、最差效应组合(1+1<2)。实现最佳组合的途径:

(1)组织成员的相容性。这是指组织的成员之间具有相同或相似的思想、志向、性格等,关系融洽,愉快共事。这是最佳组织人员组合的基础。

(2)组织成员的互补性。这是指组织成员之间具有不同的素质、能力、个性风格,使其形成一种互补效应,从而发挥人员组合的整体优势。组织的管理者应对其组织的成员进行科学组合,在注意人员组合同质化的同时,寻求适度异质组合,实现组织的相容性与互补性的结合,以建立最佳组合。

【管理案例】

龙永图选秘书

原中国对外经济贸易合作部副部长龙永图在中国入世谈判时曾选用过一位秘书。当龙永图选该人当秘书时,全场哗然,因为这个人根本不适合当秘书。在众人眼中秘书都是勤勤恳恳、少言少语、做事谨慎并对领导体贴入微。但是龙永图选用的这位秘书,处事完全不一样。他是一个大大咧咧的人,从来不会照顾人。每次龙永图和他出国,都是龙永图走到他房间里说,“请你起来,到点了”。对于日程安排,他有时甚至不如龙永图清楚,原本9点的活动,他却说9点30分,经过核查,十有九次他是错的。那为什么龙永图会选他当秘书呢?龙永图是在谈判最困难的时候选他当秘书的。当时由于谈判的压力大,龙永图的脾气也很大,有时候和外国人拍桌子,回来以后一句话也不说。每次龙永图回到房间后,其他人都不愿自讨没趣到他房间里来。唯有那位秘书,每次不敲门就大大咧咧走进来,坐到龙永图的房间里就跷起腿,说他今天听到什么了,还说龙永图讲的某句话不一定正确,而且他从来不叫龙永图为龙部长,都是“老龙”,或者是“永图”。他还经常出一些馊主意,被龙永图骂得一塌糊涂，但他最大的优点就是经骂。无论怎么骂，他5分钟以后又回来了，“哎呀，永图，你刚才那个说法不大对”。

这位秘书是个学者型的人物，他对很多事情不敏感，人家对他的批评他也不敏感，但他是世贸专家，他对世贸问题简直像着了迷一样，所以在龙永图脾气非常暴躁的情况下，在龙永图当时难以听到不同声音的情况下，有位经骂的秘书对龙永图来说就显得分外重要。

世贸谈判成功以后，龙永图的脾气好多了，稀里糊涂的秘书已不再适合龙永图的“胃口”，于是龙永图很快把他送走了。

点评：这里，读者可不要误解龙永图是个过河拆桥之人。因为一个人在某个特定的历史背景、某个特定的历史时期，做某件事情适合，但是换一个时间，他可能就不适合了。

诚然，龙永图是位卓越的领导，因为他非常清楚什么时候什么人最适合什么工作，什么时候该用什么人，什么时候不该用什么人，这一点，是一般人所无法望其项背的。

管理的任务简单地说，就是找到合适的人，摆在合适的地方做一件事，然后鼓励他们用自己的创意完成手上的工作。

【管理游戏】

自我测试

形式	集体参与
时间	15～20分钟
材料	事先准备好问题，同时最好准备一份打印好的评估表
场地	教室
应用	(1)培养自我评价能力；(2)培养评价他人的能力；(3)找出期待值与实际值的落差。
目的	(1)演示说明人们常常认为自己高于一般水平；(2)说明评价的标准因人而异。
程序	(1)请大家按5分制给自己评分，可以从诸如身体、智力、行为等外貌的吸引力、内在的智慧、举止的优雅程度等方面进行评价。(2)然后请大家用同样的方法和评判标准来评判一个典型人物，可以是团队中的一员，也可以是其他学生。(3)在每次评估前提醒学生，中间分(2.5)代表平均水平。(4)将自我评定的数据收集上来并计算出平均值，然后将“典型人物”的评估数据也收集上来并计算其平均分数。
讨论	(1)你认为在自我评定和给他人进行评定的平均值间，哪个数字会更高些？(可能的回答：两者很相近，或自我评定的平均分更高)为什么你这样认为？(2)这个现象对人们评估自己的表现方面会有什么影响？在评估教育或课程的有效性传达时会有什么影响？(3)我们可以从哪些方面来增强这类评估的客观性？

(三)人员培训

1. 人员培训的基本内容

各级、各类人员的素质、能力要求不同,故其具体培训内容也不同,但培训的基本内容不外乎三部分:(1)政治思想与职业道德教育;(2)技术与业务理论知识;(3)技术与业务能力。如果是对管理者进行培训,那么,技术与业务理论知识、技术与业务能力的培训中均应包括管理的理论与技能。

确定培训内容主要根据以下三方面因素:(1)组织本身的要求,即根据组织的宗旨、目标与所处的环境等因素确定培训的内容;(2)与企业经营任务和工作本身有关的要求,即可以根据工作的具体内容和市场与技术未来发展需要等因素来选择培训的内容;(3)根据受培训者的工作表现与能力及其自身发展需要等因素选择培训内容。

2. 人员培训的方式

人员培训主要包括管理者培训和一般员工培训。

(1)管理者培训。管理者培训的具体方式主要包括以下几种:

①轮换工作。轮换工作的目的是扩大受培训人员的知识面,通过不同岗位的轮换,既可以了解企业不同岗位的职能,掌握公司业务与管理的全貌,又可以培养他们的协作精神和系统观念。轮换工作大致包括:对分配的工作进行观察;在各种管理岗位上工作;还可以将受培训者不固定地轮换到生产、销售、财务等不同部门的不同管理岗位上锻炼。

②设立"助理"职位。这种方法可以使受培训者逐步接触高层次管理实务,并通过处理这些实务积累高层管理经验,熟悉高层管理工作的内容与要求,学习主管人员的管理经验与方法。

③临时性晋升。当正式管理人员由于某种原因导致职位空缺时,指派受培训者担任"代理"管理者,这种临时性晋升是一种培养管理者的有效办法。代理管理者在任职期间做出决定并承担完全责任,这种管理工作的经验对于受培训者是很宝贵的。

④参加委员会工作。让受培训者参加委员会等组织的工作,使其有机会与有经验的管理者交往,与他们一起参与管理决策工作,学会在集体中协调、决策,便于他们从中得到锻炼。

⑤在岗辅导。管理者在执行工作职务的同时,除自我提高外,还要接受有经验管理者的辅导。辅导是每一个部门经理的职责。有效的辅导能调动下属的积极性,发挥其潜在的能力,并帮助他们克服缺点。

⑥外部培训。组织还可以派受聘人员去大学、培训中心等专门的学校进行培训。这些培训除了正规系统的工商管理硕士外,还包括专题讲习班、研讨会、讲座和按个别公司的要求而特别设计的培训课程。

(2)一般员工培训。对于非管理者的一般员工进行培训的主要方式有:

①上岗培训。员工上岗前,必须接受系统的培训。主要培训内容包括生产技术规程与标准、安全生产规范、企业规章制度、职业道德等。

②岗位练兵。在生产经营过程中边干边学,不断学习新知识、新技术,提高技术操作的熟练程度。

③集中培训。企业根据发展的需要或引进新设备、新技术的需要,组织员工进行集中性

的培训。

④脱产进修。为培养技术骨干，企业将员工送到专门学校或培训班进行系统的学习进修、技术考核与晋级。通过技术考核与晋级，可以调动员工通过自学自练、提高技术水平的积极性，会有力地促进员工技术水平的提高。

【管理案例】

人人是人才——海尔的员工培训

海尔集团从开始至今一直奉行“以人为本”，提高员工素质的培训思路，建立了一个能够充分激发员工活力的人才培训机制，最大限度地激发每个人的活力，充分开发、利用人力资源，从而使企业保持了高速稳定的发展。

海尔集团自创立以来一直将培训工作放在首位，上至集团高层领导，下至车间一线操作工人，集团根据每个员工的职业生涯规划为每个员工制订了个性化的培训计划，搭建了个性化的发展空间，提供了充分的培训机会，并实行培训与上岗资格相结合的方针。

在海尔集团发展的第一个战略阶段(1984—1992 年)，海尔集团只生产冰箱，又只有一两种型号，产量也控制在一定的范围内，目的就是通过抓质量、抓基础管理、强化员工培训，提高员工素质。

海尔的人力资源开发思路是“人人是人才”、“赛马不相马”。在具体实施中给员工提供了三种职业生涯设计：一是针对管理人员的，二是针对专业人员的，三是针对工人的。每一种设计都有一个升迁的方向，只要是符合升迁条件的员工即可升迁，进入后备人才库、参加下一轮的竞争，跟随而至的就是相应的个性化培训。

1.“海马式升迁”，是海尔培训的一大特色

海马是海洋中最聪明、最有智慧的动物，它潜得越深，则跳得越高。如果一个员工进厂以后工作表现好，但他是从班组长到分厂厂长干起来的，主要是负责生产系统；如果现在选拔他做事业部的部长，那么他对市场系统的经验可能就非常缺乏，因此就需要到市场上去。到市场之后他必须从事最基层的工作，然后从这个最基层的岗位再一步步升上来。如果能升上来，就上岗；如果升不上来，则就地免职。

往往有的经理已经到达很高的职位，但如果缺乏某方面的经验，也要派到基层。有的经理各方面经验都有，但处事时综合协调的能力较低，也要派他到相关部门去锻炼。这样对一个干部来说压力可能较大，同时也培养、锻炼了干部。

2.“届满要轮流”，是海尔培训技能人才的一大措施

一个人长久地干一样工作，久而久之形成了固化的思维方式及知识结构，这在海尔这样一个以“创新”为核心的企业中是难以想象的。目前海尔已制定明确的制度，规定了每个岗位最长的工作年限。

3.实战方式，也是海尔培训的一大特点

比如海尔集团常务副总裁柴永林，是 20 世纪 80 年代中期在企业发展急需人才的时候入厂的。一进厂，企业没有给他出校门、进厂门的适应机会，因为时间不允许。一上岗，在他稚嫩的肩上就压上了重担，从国产化、引进来，后又到进出口公

司的一把手,领导们看得出来他很累,甚至有时重担压得他喘不过气来。曾经有一个阶段工作也上不去了,但领导发现,他的潜力还很大,只是缺少一些管理知识,需要补课。为此,安排他去补质量管理和生产管理的课,到一线去锻炼(担任检验处处长、分厂厂长岗位),边干边学,拓宽知识面,积累工作经验。在较短的时间内他成熟了,担起了一个大型企业副总经理的重任。由于业绩突出,1995 年又被委以重任,接管了一个被兼并的大企业,这个企业的主要症结是:亏损、困难较大、离市场差距较远。他不畏困难,一年后就使这个企业扭亏为盈,企业两年走过了同行业20 年的发展路程,成为同行业的领头雁,此案例也因此成为海尔吃"休克鱼"的典型,被美国哈佛大学收录进其工商管理案例库。之后柴永林不停地创造奇迹,被《海尔人》誉为"你给他一块沙漠,他还给你一座花园"的好干部。

(四)人员考核

人员考核是指按照一定的标准,采用科学的方法,衡量与评定人员完成岗位职责任务的能力与效果的管理方法。

1. 人员考核的内容与结构

对员工进行考核主要涉及德、能、勤、绩和个性等五个方面。

(1)德。德即员工的思想政治表现与职业道德,特别是职业道德,对于企业员工来说具有重要的意义。它直接关系到员工的工作质量、为社会所做的贡献、对社会精神文明的影响等。

(2)能。能即员工从事业务技术工作而相应具备的专业理论水平与实际能力。这种能力是指员工本身具有的、潜在形态的各种知识、技能的总和,主要通过技能程度和熟练程度的形式来衡量。对员工的考核主要包括基本能力和精神熟悉能力:①基本能力,包括知识、技能和体力;②精神熟悉能力,包括理解能力、判断能力、决断能力、创造能力、筹划能力、开发能力、表达能力、谈判能力、涉外能力、领导能力等。技能考核已成为判断员工价值、使用员工及组织支付薪酬的重要依据。

(3)勤。勤即员工主观上的工作积极性和工作态度,包括在工作中表现出来的热情与干劲。员工的工作态度对工作的成果与贡献也具有十分重要的意义,因此构成考核的重要内容。考核工作态度主要包括积极性、责任感、纪律性、协调性等。

(4)绩。绩即员工在工作过程中的实际成绩与效果,这是最重要的考核内容。对员工绩效的考核是确定对其评价、奖酬、使用的最基本的依据。考核绩效主要包括员工所完成工作成果的数量、质量及时效等。

(5)个性。个性主要指员工的性格、偏好、思维特点等。对员工个性的了解,有利于管理者更好地掌握下属的特点,有针对性地、更富有成效地搞好管理。

2. 人员考核的程序

(1)制订考核计划。必须先制订周密的考核计划。要根据组织的基本要求和具体的考核目的,结合当时的实际情况,确定本次考核的目标、对象、程序、实施时间与日程、考核主体等,并明确相应的考核要求与事项。

(2)制定考核标准,设计考核方法,培训考核人员。①制定考核标准。考核的标准主要有两种:一是职务标准,即组织所期望或要求做的工作内容与水平;二是职能条件,即组织期望个人应具备的能力内容和水平。②设计考核方法。应根据考核对象的工作性质与特点、考核标准的要求以及组织的实际情况，灵活地选择和设计考核的方法。③培训考核人员。在考核前应对考核人员进行培训，使他们掌握考核的目的与要求、程序与方法，包括进行必要的客观公正教育等。

(3)衡量工作，搜集信息。这是考核的具体实施阶段，是考核过程的主体。①要深入实际、深入群众，这是获取真实、准确信息的基础。②要做好思想发动与相关人的思想工作，获得知情人的积极配合。③要采用事先设计的科学的考核方法，客观公正地进行衡量。④搜集的信息要真实准确，并尽可能实行量化。

(4)分析考核信息，做出综合评价。①对搜集到的信息要进行筛选、审核与提炼，特别是要去伪存真，确保信息的准确性。②要对信息进行科学分类、系统整理。③对信息进行全面综合、系统分析、科学抽象，正确地做出考核结论。

(5)考核结果的运用。考核结果要上报给上层管理者，并同本人见面。考核结果可以作为了解员工、激励工作、开发能力、奖酬发放、调整使用、晋职晋级等的依据。

3. 人员考核方式与方法

人员考核方式有自我考核、上级考核、群众考核等，常用的考核方法有考试法、成绩记录法、对比法、自我考核法等。

【管理故事】

一个替人割草打工的男孩打电话给陈太太说："请问您需不需要割草？"陈太太回答说："不需要了，我已请了割草工。"男孩说："我会帮您拔掉花丛中的青草。"陈太太回答："我的割草工也做了。"男孩又说："我会帮您把草与走道的四周割齐。"陈太太说："我请的那人也已做了，谢谢你，我不需要新的割草工人。"男孩便挂了电话。此时男孩的室友问他："你不就在陈太太那里割草打工吗？为什么还要打这电话？"男孩说："我只是想让她知道我做得有多好！"

第三节 组织运行

组织设计只是为组织确立了一个基本的框架。组织作为一个实体投入运行，还必须抓好组织的协调，在部门与层次之间有效授权，发挥集体智慧和力量，有效地利用非正式组织，并根据组织内外部环境的变化及时进行组织变革与调整，从而使组织持续有效地发展。

一、授权

授权意味着在上下级之间建立起某种形式的职权关系。具体而言，授权就是管理者将自己的部分决策权或工作负担转授给下属的过程。授权是组织规模扩大的结果。没有人能够承担实现组织目标所必需的一切任务，同样也没有人能够行使所有的决策权力。由于客观上存在着管理幅度的限制，管理者必须将职权授予下属，以便他们在各自的职责范围内进行决策。

【管理思考】

拿糖果的小孩

有一个聪明的男孩，有一天，妈妈带他到杂货店去买东西，老板看到这个小孩非常可爱，就打开一罐糖果，要小男孩自己拿一把。但是这个男孩却没有任何动作。几次邀请之后，老板亲自抓了一大把糖果放到他的口袋中。母亲很好奇地问小男孩，为什么没有自己去抓糖果而要老板抓呢？小男孩的回答很妙："因为我的手比较小呀，而老板的手比较大，所以他拿的一定比我拿的多很多！"

思考：这个故事给了你什么启示？

（一）授权的含义与类型

1. 授权的含义

授权是指组织的上级通过某一种形式或程序委授给下属一定的权力，使下级在一定的监督之下有相当的自主权、行动权。授权者对被授权者有指挥监督权，被授权者对授权者负有报告与完成任务的责任。

授权的含义包括以下四个因素：一是职责的指派，即向被托付人交代任务；二是权力的授予，即授予被托付人相应的权力，使他有权履行原本无权处理的工作；三是责任的建立，即要求被托付人对托付的工作负全责，负责不仅包括完成指派的任务，也包括向上级汇报任务的执行情况和成果；四是权力的控制，即授予被托付人的职权应在授权人的监控之下，权力既能授出又能收回。

组织中之所以要进行授权主要是因为：(1)授权有利于组织目标的实现。通过科学的授权，使基层拥有实现目标所必需的权力，自主运作，可以更好地促进组织目标的实现；同时一些专业人员可能比总负责人更能处理一些特殊的问题。一般来说，通过专门训练的专业人员，可能对计算机程序或某一特殊的生产线或某地区的工作环境更熟悉，因而处理这些问题时，就可能比总负责人更有针对性。(2)授权有利于领导者从日常事务中解脱出来，集中精力处理重要决策问题。"授权是领导者的分身术"，高明的领导者都会恰当地运用授权。(3)授权有利于激励下级。下级若拥有完成任务的权力，能按照自己的意图独立自主地进行工作，就会获得一种信任感和满意感，这有利于调动其工作的积极性、主动性和创造性。(4)授权有利于培养、锻炼下级。下级在自主运用权力、独立处理问题的过程中，会不断地提高管理能力，提高综合素质。

【管理名言】

授权就像放风筝，部属能力弱些就要收一收，部属能力强了就要放一放。

——国际战略管理顾问林正大

2. 授权的类型

按照不同的标准可以将授权划分为不同的类型：

(1)口头授权与书面授权。这是以授权的传达形式为标准划分的。一般来说,书面授权比口头授权更正式、更规范。

(2)个人授权与集体授权。这是以授权主体为标准划分的。可以由管理者个人决定将其所拥有的一部分权力授予下级,也可以由领导班子集体研究,将该层次拥有的一部分权力授予其下级。

(3)随机授权与计划授权。这是以授权的时机为标准划分的。有时是按照预定的计划安排将某些权力授予下级,而有时是由于某些特殊需要而临时将权力授予下级。

(4)长期授权与短期授权。这是以授权的期限为标准划分的。有时为完成特定任务需要而进行短期授权,完成任务即结束授权,而那些为完成长期任务需要而进行的授权就要较长时期地将权力授予下级。

(二)授权的步骤

1. 下达任务

授权的目的在于完成任务、实现目标,所以,授权过程始于下达任务。首先,要选择好被授权者,他要有正确行使权力的能力,并能有效地完成任务。其次,要下达明确的任务,规定所要实现的目标、标准以及相应的要求和完成时限。

2. 授予权力,明确责任

领导者要将完成任务、实现目标所需的相应类型和限度的权力授给下级。要做到权责对等,并使尽责与一定的利益挂钩。授权中,要特别注意明确权力界限,切不可含糊不清、令出多门。还要注意在授权的同时给予下级充分的信任,全力支持,放手使用。

3. 监控与考核

在授权过程中,即下级运用权力推进工作的过程中,要以适当的方式与手段进行必要的监督与控制,以保证权力的正确运用与组织目标的实现。在工作任务完成后,要对授权效果、工作实绩进行考核与评价。

(三)授权的原则与艺术

1. 授权的原则

(1)目标需要原则。授权是为了更有效地实现组织目标,所以,必须根据实现目标和工作任务的需要,将相应类型与限度的权力授给下级,以保证其有效地开展工作。

(2)适度授权原则。授权的程度要根据实际情况决定,要根据工作任务及下级的情况灵活决定,既要防止授权不足,又要防止授权过度。

(3)权责明确原则。它包括两层含义:一是权责对等,在授权中要注意职务、权力、职责与利益四者之间的对等与平衡,真正使被授权者有职、有权、有责、有利,同时要注意授权成功后合理报酬的激励作用。二是职责共担,领导者虽然将权力授予了下级,但仍必须承担实现组织目标的责任。这种职责对于领导者而言,并不随授权而推给下级。

(4)有效监控原则。授权是为了更有效地实现组织目标,所以在授权之后,领导者必须有必要的监督控制手段,使所授之权不失控,确保组织目标的实现。

2. 授权的艺术

在组织管理活动中,大多数授权的失败并不是由于对授权的本质和原则不了解,而是没有把授权的原则巧妙地运用到实践中去，即没有掌握有效授权的艺术。从众多事例中可以发现，授权失败主要是由高层领导者授权不当所致，而其中个人对授权的态度是直接影响授权落实情况的最基本因素。高层领导者有效授权应关注以下授权艺术：

(1)接纳意见。懂得如何授权的领导者不但乐于听取别人的意见，还善于鼓励别人发表个人的独立见解，并采纳他人的创造性意见。

(2)肯于放手。有效授权还必须将部分决策权授予下属，这样既可以减轻领导者负担，集中精力考虑组织发展的重大问题，又可以激励下属，增强下属的责任心和主动性，提高工作效率。

(3)允许犯错。人无完人，金无足赤。若领导者紧盯住下属，害怕他们犯错误，就不可能做到真正授权。只有允许下属犯错误，并从中吸取经验和教训，帮助下属提高认识与处理问题的能力，才能达到授权的真正目的。

(4)用人不疑。授权本身就包含了上下级之间的相互信任关系。领导者一旦把权力授予下属，就应该充分信任他们，在授权范围内，对下属的工作不干预、不插手、不包办代替，在工作中尊重下属的意见，不轻易否定下属的安排与做法。

【管理案例】

不要事必躬亲——ABS 董事长许文龙的授权艺术

许文龙是以生产石化产品 ABS 而位居行业全球第一的台湾奇美公司的董事长。奇美的规模虽然没有王永庆麾下的台塑庞大，但是它的生产力却是同行业的4倍。20世纪70年代，其产品曾以品质高、价格低而掀起石化业的一场革命，以致美国和日本的同行都畏之如虎——只要是许文龙想要投资的项目，众多美日厂商无不退避三舍、取消计划。说来奇怪，许文龙管理企业的风格和观念竟然是道家的“无为而治”，也就是所谓的“不管理学”。

许文龙虽然挂着董事长的头衔，但这却是一个地地道道的虚位，简直就像英国女王一样。对于企业内大大小小的事情，许文龙始终是全部授权，从不作任何当面指令，即使偶尔和主管们开开会，也只是聊聊天、谈谈家常而已。很多时候，他根本不知道他的图章放在哪里；更奇怪的是，他连一间专门的办公室也没有。因为没有办公室，他只好经常开车到处去钓鱼。有一次遇到下大雨，他想去公司看一看，员工看到他时，竟然很惊讶地问他：“董事长，没有事您来干什么？”他想了想：“对呀，没有事来干什么？”于是，他很快一溜烟地开车离去了。

二、团队

团队是信息社会条件下最富活力的组织形式，团队管理是管理者组织职能的深刻变革，团队是现代社会高绩效组织的基石。

(一)团队的含义与特征

1. 团队的含义

团队是指有明确目标与个人角色定位,强调自主管理、沟通良好、协调合作的一种扁平型组织形式。

在大工业生产时期,企业大都建立传统的垂直式、功能化的组织模式。它是一种包含多层次的金字塔结构,实行一种高权威、高结构、逐级负责的纵向管理。每个员工都被严格定位在以功能为核心的部门,分工明晰,权责明确,在管理者的严格指挥与监督下进行工作。我们可以把这种组织模式称为"命令型"群体。在经济全球化、信息化及市场竞争激烈化、快速化的条件下,这种传统的组织模式已明显不适应企业的发展。打破僵化的分工与等级制,凸现合作、自主与协调成为时代的趋势,扁平式的团队管理组织应运而生。这种组织模式与"命令型"群体相对应,可称之为"工作团队"或"团队"。

早在 20 世纪 50 年代,日本企业在实施全面质量管理的活动中就包含了所谓的 QC (quality circle)——一种带有自发性质的并逐渐形成的有目的、有程序、有方法的质量改进团队。20 世纪 70 年代以后,随着日本企业竞争力的增强,QC 伴随着全面质量管理活动开始在世界各国企业传播和采用。起初团队活动通常被视为与正常的工作活动相分离,而未与其他的组织体系进行整合(例如,变革领导角色和报酬体系的需要)。到现在为止,团队已经演变为一个更广泛的概念,包括为不同目标而组建的众多类型的团队。

近几十年来,有关团队方面的理论研究和企业实践非常多。这与团队在组织中所发挥的作用越来越重要有着直接关系。例如,团队有助于组织的变革并以不同的方式开始工作。如果决策是从多个领域做出的,那么这个团队所考虑的角度就会更广阔,也会更好地解决问题,组织中的其他成员通常也会更乐意接受这个决策。一些工作设计的变化意味着那些原本来自独立职能区域的人们如今在一种重新设计的过程里协同工作。这类型的变化要求我们更多地关注组织变革问题,以帮助群体专注于新的使命。

2. 团队的特征

与"命令型"组织相比,"团队"具有如下显著特征:

(1)在组织形态上,团队属扁平型组织。实行团队模式的组织,管理层次较少,取消了许多中间管理层次,以保证员工可以直接面对顾客,直接对公司的总目标负责。

(2)在目标定位上,团队有明确的目标,每个成员有明确的角色定位与分工。团队成员的角色主要有三种:以工作为导向的角色,其主要任务是促进团队目标的实现;以关系为导向的角色,其主要任务是促进团队各种关系的协调与发展;以自我为导向的角色,其主要任务是注重自我价值的实现。

(3)在控制上,强调自主管理、自我控制。在团队中,领导者逐步由监督者变为协调者,团队成员充分发挥主动性、创造性,为满足顾客的需要,为实现企业的总目标而自觉奋斗。

(4)在功能上,团队形成一种跨部门、功能交叉的融合体系。团队可以跨部门建立,来自不同部门的成员淡化原有界限,实现功能交叉与融合,成员以多种技能实现互补,实行一种高度融合的协同作战。

(5)在相互关系上,团队构建合作、协调的团体。团队成员有共同的价值观与理念,建立良好的沟通渠道,相互之间高度信任、团结合作、整体协调,形成强大的凝聚力与战斗力。

【管理案例】

红玫瑰与青蛙

漂亮的红玫瑰成了花园里最美丽的花，它为此感到骄傲。它发现人们只是站在远处欣赏它而从不靠近。后来，它发现人们不靠近是因为在它旁边一直蹲着一只又大又难看的青蛙，红玫瑰非常生气，命令青蛙立即从它身边走开。青蛙顺从地离开了。

没过多久，青蛙经过红玫瑰身边，惊讶地发现它已经凋谢，叶子和花瓣都掉光了。青蛙说："你看起来很不好，发生了什么事情？"红玫瑰答道："自从你走后虫子每天都在啃食我，我再也无法恢复往日的美丽了。"青蛙说："当然了，我在这里的时候帮你把它们都吃掉，你才成了花园里最漂亮的花。"

故事哲理：红玫瑰自命清高，认为青蛙蹲在花园里不仅一点用都没有，而且还影响了人们对自己的欣赏和赞美，便毫不客气地呵斥青蛙快快离去。我们当中许多人都自命清高，总认为别人对自己一点用都没有，例如在市场营销部门，人们往往只注意个人名下的辉煌业绩，而往往忽视在其背后的团队支持。其实，我们每个人都有需要他人的地方。

3. 团队的类型

按照不同的标志可以将团队划分为多种类型，但是最基本的划分方法是按照团队的基本功能，将团队划分为三种基本的类型，即工作团队、项目团队、管理团队。大多数高绩效组织都是由这三种团队建立起来的。

(1)工作团队

这是最基本、最普遍的团队形式。工作团队主要承担企业生产经营等基本工作任务，如设计、制造、储运、销售产品，或为企业内外客户提供服务。工作团队由组织明确定义其职能，属于正式组织机构的一部分，并由全职稳定的成员所组成。这些团队包括制造生产小组、新产品研发小组、销售与服务小组等。在制造业中，一个工作团队应该包含一组接受过多重技术训练的操作员，他们可以从事某种特殊商品生产所需要的所有工作。

(2)项目团队

项目团队主要承担某个工作项目或某一专题性任务。特别任务小组、流程改善小组、问题解决小组等，都属于项目团队。项目团队的成员大多是从一两个工作团队中挑选出来的。与工作团队不同的是，这种项目团队往往是暂时性的。设立它们的目的主要是解决特定问题或执行特别的计划，待任务完成后随即解散。该团队成员一般具有专门知识与技能，可以发挥专业与技能整合优势。

(3)管理团队

管理团队主要负责对下属一些部门或人员进行指导与协调。管理团队依靠与传统的"命令型"组织的集权式纵向管理不同的方式管理下级或改善团队的绩效，促进团队的协调与整合，管理者从监督者变成协调者。管理团队既包括组织最高层这种专司管理职能的团队，又包括质量管理小组、稽核小组这种由兼职人员组成的团队，还包括由组织的资深经理人以及来自不同部门工作团队的领导者组成的管理团队。

(二)团队建设的要领

要建设有效团队,应注意抓好以下工作:

1. 科学地设定目标

这是团队建设的首要任务。团队的目标既是团队设立的出发点与归宿,又是凝聚团队成员、合作协调、团结奋战的纽带。制定团队的目标要先进合理,特别要注意在可行的基础上,使团队目标具有挑战性,以激励团队成员合作奋战,并尽可能使成员的目标与团队的目标紧密融合,促进团队整体战斗力的提升。

2. 打造团队文化

共同的价值观与文化是团队建设的灵魂。先要确立正确的价值观,并通过各种文化建设的途径使全体成员共同认可,进而塑造健康向上的团队精神,全面建设具有本团队特色的组织文化。

3. 促进跨部门整合与技能互补

工作团队与一般的工作群体的一个本质区别就是实行跨部门整合,其成员具有多种技能,并且在各成员之间实行技能互补,以形成团队的整合优势。因此,要根据目标的要求,科学地设计不同部门之间成员的组合,注重成员技能的培养,促进不同技能间的互补,打造整体优势。

4. 维持小规模的团队

如果团队的规模过大、人数过多,就无法进行团队所需要的建设性沟通与互动,成员对管理与决策的参与程度就较低,而且对于共同面临的一些问题也不易达成共识。因此,要适当控制团队的规模,以保证有效的沟通与合作。

5. 重新设计信息系统

团队的建设与绩效同信息沟通关系极为密切。没有有效的沟通,就没有团队的合作与协调。信息科技将员工们彼此联结在一起,计算机和互联网系统可以让团队成员在团队内与团队间彼此沟通,也可以与客户、供应商和企业伙伴取得联络。因此,要按照团队建设的要求重新设计与完善信息系统,实现团队内外信息的有效沟通,促进团队的合作与协调。

6. 重新设计报酬系统

必须突破传统的奖酬理念与体系,采取一种以知识技能为中心的报酬系统,即以员工的技能与知识而不是以其所处的职位作为决定奖酬多少的主要依据。同时,要把团队绩效与整个团队的奖酬挂钩。团队应利益与风险共担、荣辱与共,真正成为利益共同体。

【管理故事】

狼的团队力量

狼有凶狠的一面,但人们对狼的研究越深入,就越发现狼的世界是如此让人着迷。

在狼群中,动物学家一般将狼的首领叫作阿尔法狼,由一匹雄壮勇猛的公狼担任,它负责狼群的所有重大事件,拥有至高无上的权力。次一级的狼叫贝塔狼,一般由成年的公狼和孕狼组成,一般是阿尔法狼的兄弟姐妹或其他近亲。最底层的狼叫欧米佳狼,一般是阿尔法狼的远亲或者被收留的无家之狼。母狼生的后代由狼群共同抚养,保护和照顾幼狼是狼群的共同责任。等幼狼成年以后,就会争夺阿尔法狼的位置,最后由最有能力者当首领,其他狼要么接受它的领导,要么带领一些狼独立成群,要么加入其他狼群。

狼群最突出的品格就是团队精神,在《狼性法则》一书中,叙述了下面一个真实的场面:

一个由六只狼组成的团队,它们的目标是草原上的麝香牛群。狼群驱赶着牛群往山顶的空地上奔逃,当这群麝香牛到达高地顶端时,狼群突然开始总攻。

最两边的两条大狼在一条白脖白胸狼王的率领下,闪电般地冲向靠近麝香牛群的一个山包。在高原上嗖嗖飞奔的狼群,风驰电掣般用最锋利、最刺心刺胆的狼牙和贪婪的目光向麝香牛群冲去。显然这是三面包围线的最后一道防线,抢占了这个山包,包围圈就形成了。这一组狼的突然行动,就像发出的全线出去的三枚信号弹。憋足劲的狼群从草丛中一跃而起,从东、西、北三面向麝香牛群猛冲。

当这群麝香牛四处惊慌奔逃之时,六只狼在一刹那间,每一只狼都变得异常凶悍,疯狂地冲向那些虚弱且无法受保护的麝香牛,一只狼紧跟在后面,另一只狼在前头,其他狼来到空地。此时,麝香牛见到大群的狼群,有的早已吓得灵魂出窍了。许多牛竟然站在原地发抖,有的居然双膝栽倒在地上。搏斗迅速地结束。

故事哲理:狼群比麝香牛群小得多,但能战胜麝香牛群,决定因素是狼能依靠配合默契的团队力量。组织的产生源于人类的生产斗争和生存发展,否则,就不能战胜其他野兽和恶劣的自然环境。可以说,一个人若离开社会组织,就无法生存下去。

三、非正式组织

组织活动中,人与人之间除了按照正式确定的组织关系交往外,还会发生正式组织关系之外的交往和接触,形成非正式组织。这种人与人之间的接触、交往、相互作用,会给个人的经验、知识、态度、感情等心理因素以重要影响,给人的心理状态和行为方式赋予一定的组织化、体系化特征。因此,研究并有效利用非正式组织的活动规律,对实现正式组织的目标具有重要意义。

(一)非正式组织的含义与特点

1. 非正式组织的含义

非正式组织是指人们在共同工作或活动中,由于具有共同的兴趣和爱好,以共同的利益和需要为基础而自发形成的团体。它是基于人类的需要或感情,并以员工或社交关系中的非正式权力为基础而建立起来的。非正式组织本身不稳固,随着新观念、新的人际关系及新的沟通路线等的变化而出现变化,因此,非正式组织具有动态性。

非正式组织的产生是一件非常自然的事情。任何正式组织中都有非正式组织存在,两者相伴而存、相促而生。在我们周围,一方面,由非正式组织产生出正式组织的例子屡见不鲜,例如,亲密的朋友在商谈中创建公司;另一方面,正式组织一旦建立,由于组织成员各自有其精神状态和需要,如同在一个车间工作或曾经是校友等,就会产生非正式组织。所以,正式组织从一开始活动就必然建立起非正式组织。

正式组织内的成员可能在不同阶层担负着不同的工作,按照正常的组织结构关系,在工作上未必有沟通的机会,但由于一些人彼此是亲戚、同乡、同班同学、校友,或者是具有共同的兴趣爱好,就会在工作之余进行交往,从而建立起人际关系,这种关系往往会跨越正式组织的命令,并且因此而影响到日常的工作。

2. 非正式组织的特点

(1)自发产生。非正式组织以自愿结合为基础,组织建立的目的是满足人的感情或归属的需要,并非为实现某一目标而人为地建立,同时,组织内部领导的形成也是在发展过程中自然出现的。因此,组织成员对某些问题的看法基本一致,因而情绪共振,感情融洽,行为协调,行动一致,归属感强,心理协调性强。

(2)凝聚力强。在非正式组织中,共同的情感是维系组织成员的纽带,人们彼此之间的情感比较密切,互相依赖和信任,有时甚至会出现不讲原则的现象。尽管非正式组织不像正式组织那样有正式的文件,也不向全体成员明确传达,但其内部也有一些不成文的行为规范和做法,并且对成员的约束也是相当严格的,不守规范的人可能遭到全体成员不再与之往来的制裁。组织中非正式组织的凝聚力往往超过正式组织的凝聚力。

(3)涉及面广。非正式组织与正式组织相伴而存、相促而生。非正式组织渗透到了社会各个部门和行业,企业、政府机关、事业单位等组织内部都有非正式组织的存在。

(4)沟通便捷。非正式组织成员之间感情密切,交往频繁,信息传播迅速,成员对信息的反应具有很大的相似性。但由于感情的作用,非正式组织成员看待问题容易出现片面性,信息的传输由于缺乏全面调查、了解而导致失真。

(二)非正式组织的类型

按照传输信息的性质划分,可以把非正式组织分为感情型、兴趣型、利益型。

按照成员构成划分,可以把非正式组织分为纵向非正式组织、横向非正式组织、混合交错的非正式组织、亲缘型的非正式组织。

按照效应划分,可以把非正式组织分为积极型非正式组织、消极型非正式组织。

(三)非正式组织对管理工作的影响

非正式组织对管理工作既有积极影响,也有消极影响。非正式组织的产生是自然的、偶发的、不稳定的,因此,管理人员很难完全加以控制。有一些非正式组织的存在增进了人们之间的感情,使日常工作更容易进行,对于这样的非正式组织,管理人员就不必加以控制,反而要提倡和鼓励。但也有一些非正式组织,它的存在构成了一股势力,对企业的正常工作形成阻碍,在这种情况下,管理人员就必须对其加以控制。

【管理案例】

培养员工的团队精神——松下幸之助带领下的坚强团队

最大限度地发掘公司的人力资源，是每个管理者的愿望，能做到这一点是公司能否蒸蒸日上的关键。怎样才能有效地激发员工这种最宝贵的资源呢？一旦被问到这个问题，很多人不假思索地回答："重用人才呗。"而这种回答的潜台词就是，找出职工中的诸葛亮。虽然，诸葛亮着实身手不凡，但别忘了中国有句老话，"三个臭皮匠抵个诸葛亮"。其实，对于身处激烈竞争中的现代公司来说，重视群体的力量，效果远胜于靠几个"诸葛亮"。

号称"经营之神"的松下幸之助在1945年提出，"公司要发挥全体职工的勤奋精神"，他不断向职工灌输"全员经营"、"群智经营"的思想。这种思想认为，"松下的经营，是用全体职工的精神、肉体和金钱集结成一体的综合力量进行的"。为打造坚强的团队，直至20世纪60年代，松下公司还在每年正月的一天，由松下幸之助带领全体职员，头戴头巾，身着武士上衣，挥舞着旗帜，把货物送出。在目送几百辆货车壮观地驶出厂区的过程中，每个工人都会由衷地升腾出自豪感，为自己是这一团体的成员感到骄傲。

在为全体职员树立一种团体意识的同时，松下公司更是花大力气发掘每个人的力量和智慧。为达到这一目的，公司建立了提案奖金制度，不惜重金在全体职工中征集建设性意见。

虽然现在公司每年颁发的奖金在百万以上，但正如公司劳工关系处处长所指出的："以现金来说，这种提案奖金制度每年所节省的钱超过所发奖金的13倍以上。"然而，松下公司建立这一制度最重要的目的，并不在节省成本上，而是希望每个职工都能参加管理，每个职工在他的工作领域内都被认为是"总裁"。正是因为松下公司充分认识到群体力量的重要性，并在经营过程中处处体现这一思想，松下的每个职工都把工厂视为自己的家，把自己看作是工厂的主人。因此，即使公司不公开提倡，各类提案仍会源源而来，职工随时随地——在家里、在火车上，甚至在厕所里，都会思索提案。试想，有了这样的"全民动员"，松下又怎能不成为称霸世界的超强公司呢？

【管理游戏】

信任行走

形式	2人一组
时间	20～30分钟，视人数而定
材料	不限
场地	会议室或空地

形式	2人一组
应用	(1)团队沟通;(2)团队协作;(3)领导技巧;(4)聆听技巧。
目的	(1)挑战自我安全区,建立对团队成员的信任,感受这种信任给你带来的个人突破;(2)训练聆听和辅导的技巧。
程序	(1)将团队分为每两人一组; (2)每组有一个人蒙上眼睛; (3)没有蒙眼的学生领着蒙眼者通过一段设有障碍的路; (4)要求引路的同伴只用声音或身体接触为引导; (5)障碍物可根据情况而定,如椅子、书、绳子,若在室外可以选择花盆、树木等; (6)设定的障碍物最好要求学生采取走、爬、跑、摇摆等方式才能通过,以增加难度; (7)经过几分钟舒适的引导后,看得见的同伴告诉蒙眼者跑五步; (8)观察蒙眼者的反应; (9)在前进中,要求引导者采用不同方式来引导对方。
讨论	(1)当蒙上眼睛后,是否有一种不安全感? (2)对于带领自己的人,蒙眼者内心的想法如何?是否会完全信任对方? (3)当蒙眼者被要求跑五步时,他有什么想法? (4)带领者在行动中的心情如何? (5)采用不同的引导方式,如声音或行动,被蒙眼的学生是否有不同的感受?

【思政园地】

红岩精神:坚定信仰 宁死不屈

“红岩上红梅开,千里冰霜脚下踩。三九严寒何所惧,一片丹心向阳开……”

红岩,不仅是一个地理概念,更是一个精神地标。

七八十年前,一群中国共产党人胸怀为真理而斗争的坚定信念,抱定为人民解放事业而牺牲的壮烈情怀,以崇高的思想境界和非凡的政治智慧在国民党统治区艰险复杂的环境中不畏强敌英勇斗争,铸就了一座不朽的精神丰碑。

不折不挠 宁死不屈

“毒刑拷打,那是太小的考验。竹签子是竹子做的,共产党员的意志是钢铁!”1948年6月,由于叛徒出卖,地下党员江竹筠不幸被捕,被关押在重庆渣滓洞监狱。国民党特务用尽各种酷刑,妄想从这个年轻的女共产党员身上打开缺口,破坏地下党组织。面对严刑拷打,她始终坚贞不屈。1949年重庆解放前夕,满怀对新中国的无限向往,江竹筠等革命志士壮烈牺牲。重庆是一块英雄的土地,有着光荣的革命传统。在抗日战争和解放战争初期那段风雨如磐的岁月中,中共中央南方局老一辈无产阶级革命家、共产党员和革命志士以崇高的思想境界、坚定的理想信念、巨大的人格力量和浩然革命正气影响着许许多多的后来者。解放战争时期,在南方局教育和培养之下成长起来的江竹筠、陈然等共产党员,经受住种种酷刑折磨，为中国人民的解放事业献出了宝贵生命，用鲜血和生命凝结成伟大的红岩精神，渣滓洞、白公馆都留下了他们不折不挠、宁死不屈的英雄事迹。

如今的渣滓洞监狱旧址已经成为爱国主义教育基地，人们从各地而来缅怀英魂、重温历史。面对阴森的囚室、可怖的刑具，人们不禁发问：生命诚可贵，是什么让烈士们舍生忘死？自由价更高，是什么让革命志士深入虎穴不惜流血牺牲？答案，正是信仰！

面对敌人的严刑拷打，《挺进报》特支书记陈然在狱中写下《我的“自白书”》慨然赴死，以生命履行对党的庄严誓言：“只要还有一口气，就要为革命斗争到底！”

“决面对一切困难，高扬我们的旗帜！”罗世文等同志在狱中秘密组建临时党支部，带领难友同敌人展开坚决斗争。

1949 年春节，渣滓洞监牢之中，狱友们唱响革命歌曲，诵读《共产党宣言》，如火般激情的语言饱含哲理的智慧，让真理之光照亮了每个共产党人的精神世界。

这些英勇无畏的革命者和不幸就义的烈士，不少人出身衣食无忧的富裕家庭，投身革命、舍生忘死的抉择源自“为绝大多数人奋斗”的坚定信仰。多少年来，我们党历经艰险磨难，没有被困难压垮，也没有被敌人打倒。在坚定理想信念的指引下，革命志士在荆棘丛生之地挺起腰身，与敌人展开不屈不挠的斗争，在中国共产党人精神谱系中写下悲壮而光辉的篇章。

坚若磐石　永不变色

在重庆中国三峡博物馆里，保存着三块银元。年代久远，银元已经布满岁月痕迹。1941 年，共产党员肖林在红岩八路军重庆办事处接受党组织“下海经商”的指示，为党的活动筹措经费。当开办的公司完成其使命时，肖林夫妇一次性上交约合 12 万两黄金的结余资金和折合 1000 多万美元的固定资产，仅留下三块银元作为纪念。这三块银元，见证了红岩精神引领下，中国共产党员出淤泥而不染、同流而不合污，严以修身、永葆忠诚、干净担当的政治本色。

红岩精神之所以可贵和特殊，很重要的一点，在于它诞生于中国共产党在国统区的革命实践中。当时白色恐怖严重，党员同志们身处特殊环境，肩负特殊任务，既要与敌人斗争，还要结交社会各界朋友；既要严格服从命令、遵守纪律，又要发挥聪明才智应对复杂局面；既要随时经受“生与死”的考验，又要面对高官厚禄和腐朽生活的诱惑。

面对如此种种，怎样才能保持初心，不迷失、不变色？

纪律，约束普通人的行为；而信仰和品格，能让人在缺少外界约束时，坚守本色。

1943 年 3 月，在农历 45 岁生日这一天，周恩来写下了《我的修养要则》——包括“努力工作，要有计划，有重点，有条理”“永远不与群众隔离”“具体的纠正自己的短处”等 7 条。责任担当、价值追求、精神风貌、政治品格……南方局老一辈无产阶级革命家留下了许多珍贵的精神品格遗产。

根据红岩烈士们狱中意见提炼总结出的“狱中八条”，直到今天都有很强的现实指导性。这些珍贵的纪律，是革命者用鲜血书写的忠诚，是留给后人求解“中国共产党为什么能”的答案之一，也是中国共产党自我净化、自我完善、自我革新、自我提高的警示录。

铭记精神　永远前行

习近平总书记强调：“唯有精神上站得住、站得稳，一个民族才能在历史洪流中屹立不倒、挺立潮头。”

无论是烽火岁月浴血奋战，还是和平年代无私奉献，一代代英雄儿女经历了多少坎坷，付出了多少牺牲，才铺就了中华民族从苦难走向辉煌的复兴之路。他们的脊梁，顶天立地；他们的事迹，气壮山河；他们的精神，光照未来。

今天，在共产党人信仰的旗帜下，在红岩精神的感召下，越来越多人作出无悔的选择——

扎根边疆教育一线40余年，师者张桂梅帮助1800多名女孩考入大学走出大山。她说：“江姐是我一生的榜样，我最爱唱的是《红梅赞》。”

全国脱贫攻坚楷模、重庆市巫山县竹贤乡下庄村党支部书记毛相林，为打破世代闭塞于大山的宿命，带领乡亲们历时7年在绝壁上凿出一条出山路，倾尽15载光阴，带领村民发家致富。

新冠肺炎疫情防控一线，连续奋战20多天的重庆市公安局沙坪坝区分局丰文派出所民警潘继明突发疾病不幸去世，年仅51岁。这位老党员用生命诠释了入警仪式上的誓言：“在红岩精神指引下，为百姓平安忠诚奉献，竭尽全力！”

人无精神则不立，国无精神则不强。革命志士和时代楷模用忠诚、汗水，甚至生命写就的事迹，时刻提醒我们“从哪里来、向何处去”，鼓舞我们不忘初心、牢记使命，让红色基因融入血脉。

伟大时代需要伟大精神。我们要大力传承和弘扬红岩精神，让红色基因生生不息、代代相传，让宝贵精神照亮前行之路，始终保持永不懈怠的精神状态和一往无前的奋斗姿态，我们就一定能在时代洪流中挺立潮头、奋勇向前。

（资料来源：刘敏，陈国洲，周文冲.坚定信仰　宁死不屈：红岩精神述评[EB/OL].[2021年10月19日].https://baijiahao.baidu.com/s?id=1714052820263176236&wfr=spider&for=pc.）

本章小结

劳动分工与协作是密切相关、不可分割的两个方面。有效的分工与协作，是设计组织的职位时首先要考虑的两个基本要素。管理幅度与管理层级是相互联系的，它们受制于组织的规模。影响管理幅度的因素是多种多样的。在确定了组织内的职务划分和等级层次之后，明确规定每个职位的职权职责便是必不可少的工作，也是整个组织得以运转的基础。企业组织结构主要的形式有：直线型组织结构、职能型组织结构、直线职能型组织结构、事业部制组织结构、矩阵制组织结构等。分权和集权是用来描述组织中职权分布状况的两个概念。在现实中，既不存在绝对的分权，也不存在绝对的集权，组织必须正确把握分权和集权的度，合理地分权并有效地授权。

一、基础知识练习

(一)单选题

1. 下列有关管理幅度和管理层次的论述不正确的是(　　)。
A.管理幅度是管理者有效指挥下级人员的数量
B.组织的层次和管理人员的数量决定着管理者的管理幅度
C.管理层次的多少与管理幅度的大小密切相关
D.管理幅度越大,管理层次越少
2. 下列关于职权与权力的论断中,不正确的是(　　)。
A.当某人从职位退下后,就不再拥有相应的职位,但仍可能拥有一些权力
B.在组织中的地位越高,权力就越大
C.职权是权力概念的一部分
D.不一定只有管理者才拥有强制的权力
3. 下述关于授权的论断中正确的是(　　)。
A.授权的同时要留责　　B.书面授权才具效力
C.授权必须通过职位进行　　D.授权是授权者的一种个人行为
4. 按(　　)来划分部门是最普遍采用的一种划分方法。
A.产品　　B.地区　　C.职能　　D.时间
5. 组织规模一定时,组织层次和管理幅度呈(　　)关系。
A.正比　　B.指数　　C.反比　　D.相关

(二)判断题

1. 组织结构的本质是成员间的分工合作关系。(　　)
2. 组织设计就是组织机构的设计。(　　)
3. 职权等同于权力。(　　)
4. 管理幅度、管理层次与组织规模存在着相互制约的关系。(　　)
5. 管理者授权的同时不承担责任。(　　)
6. 在组织内部,分而治之是一种必要的管理策略,它有利于人员的团结。(　　)
7. 一般来说,组织越大越应该分权。(　　)
8. 企业是以营利为目的的经济组织,因此,要不惜一切代价追求经济利益。(　　)
9. 提高组织素质必须以提高人的素质为中心。(　　)
10. 轮岗对每个人来讲都是一种不得已的行为,不应该经常进行。(　　)

(三)简答题

1. 如何理解组织结构设计?

2. 试述管理幅度与管理层次。
3. 影响分权的因素有哪些？通过什么途径来实现分权？
4. 简述组织设计的影响因素。
5. 简述直线职能制的优缺点。

二、能力素质训练

（一）案例分析

厦门启动新一轮政府机构改革 减少6个市级机构

我市新一轮政府机构改革的大幕徐徐开启。记者昨日从全市政府职能转变和机构改革工作会议上获悉，我市将按照精简、统一、效能的原则，稳步推进大部门制改革，重点整合加强卫生和计划生育、食品药品监管、人力资源和社会保障与公务员管理、工业和信息化、内贸和外贸、涉农管理和教育管理机构等，同时推进其他领域机构和职责的整合。

本轮政府机构改革，设置市政府工作部门39个，工作机构减少了6个。按照总体安排，政府机构改革将在今年9月底前基本完成。在推进市级政府机构改革的同时，我市还部署开展区政府机构改革，做好与市政府机构改革的衔接。

与前几次政府机构改革相比，本次政府机构改革力度是最大的一次，有关部门解读此次改革就是要“把该放的权力放开放到位，把该管的事情管住管好”。

这次政府机构改革，将把转变政府职能放在更加突出的位置，处理好政府与市场、政府与社会以及市、区政府之间的关系。

同时，进一步推进政企分开、政事分开、政资分开、政社分开、简政放权、理顺关系、提高效能，充分发挥市场在资源配置中的决定性作用，更好地发挥社会力量在管理社会事务中的作用，充分发挥各级政府的积极性。

（资料来源：《厦门日报》，2014年9月12日）

问题：

请从集权和分权的合理配置的角度对厦门市的做法进行分析说明。

戴尔转型的起点：重组组织架构

2009年年初，戴尔全球进行内部架构调整，并宣布采用事业部制来替代原来的集中制。在此之前，戴尔是依照地理区域划分组织结构的，新架构调整后按照客户类型划分。它打破区域隔离，将运营部门按客户规模、类型划分为三大子部门，即大型客户（LCA）、政府及教育行业客户（PUB）、中小企业客户（SMB）。原来的小型企业部（PAD）整体解散，相关人员并入中小企业部，而2008年突飞猛进的消费产品业务则成为一个独立的部门：消费业务事业部。每个部门都有自己的销售部门、服务部门及市场部门，类似于分拆成四个虚拟的戴尔公司。迈克尔·戴尔说:“我们已经为从区域经营转为全球化打下了基础。客户需求正越来越由他们如何使用技术来决定,而非他们身处何处。”

其实,早在2008年年底,关于戴尔出售旗下全球生产工厂的消息已成为业内关注的焦点。业内专家认为,如果此次戴尔最终出售自己的全球PC生产厂,显然就将组织结构改为“哑铃型”,而这种组织结构除了有利于减少生产成本外,还可以使得戴尔便于把握PC的关键环节,使精力和重点更加集中。对此IT研究员赵亚洲分析,简单地说,哑铃型组织就是指企业的产品开发和营销能力强,是生产能力相对较弱的一种组织结构形式,是一种中间小、两头大的管理模式。他认为,生产外包除降低成本外,还具有减少管理层级、便于把握关键环节、使精力和重点更加集中等优点。

就在戴尔公司宣布全球组织架构重组方案后的一个多月,戴尔全球总裁保罗·贝尔在接受媒体采访时表示,戴尔全球重组后中国将获取更多资源。保罗·贝尔介绍:“全球组织架构重组前,资源是在中国内部申请、分配,但现在资源可以直接向全球申请,并且可以得到更专业的指导和更快速的响应,这样来说,面对客户的资源更多了。”

万变不离其宗,提升公司业绩才是公司对内部组织结构动刀子的本质。历来,组织结构的调整都是为了更好地实施战略。

(资料来源:石丹.戴尔转型的起点:重组组织架构[EB/OL].www.chinahrd.net/case/info/59215,2010-01-08)

问题:

(1)典型的组织结构类型都有哪些?戴尔调整后的事业部制组织架构有何优点?

(2)请从戴尔组织架构重组事件入手,分析组织结构与企业战略的关系。

(二)无领导小组讨论

面包销毁

题目背景:

假设你是某面包公司的业务员。现在公司派你去偏远地区销毁一卡车的过期面包(不会致命的,无损于身体健康)。

在行进的途中,刚好遇到一群饥饿的难民堵住了去路,因为他们坚信你所坐的卡车里有能吃的东西。

这时报道难民动向的记者也刚好赶来。

对于难民来说,他们肯定要解决饥饿问题;对于记者来说,他是要报道事实的;对于你业务员来说,你是要销毁面包的。

现在,要求你既要解决难民的饥饿问题,让他们吃这些过期的面包(不会致命的,无损于身体健康),以便销毁这些面包,又不能让记者报到过期面包的这一事实。请问你将如何处理?

说明:(1)面包不会致命;(2)不能贿赂记者;(3)不能损害公司形象。

要求：

每位小组成员首先利用3分钟时间仔细阅读题目，然后利用25分钟时间进行小组内部讨论，给出一致结论。

达成一致意见后，请推选一名队员做2分钟的总结汇报。

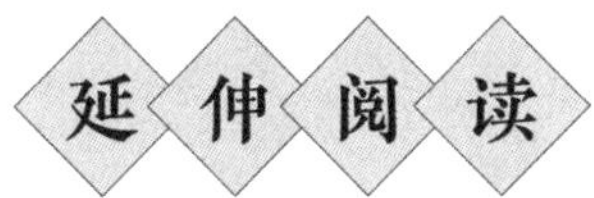

组织结构中的“帕金森定律”

英国著名历史学家诺斯古德·帕金森写过一本书：《帕金森定律》。他在书中阐述了机构人员膨胀的原因及后果：一个不称职的官员，可能有三条出路。一是申请退职，把位子让给能干的人；二是让一位能干的人来协助自己工作；三是任用两个水平比自己更低的人当助手。第一条路是万万走不得的，因为那样会丧失许多权力；第二条路也不能走，因为那个能干的人会成为自己的对手；于是，两个平庸的助手分担了他的工作，他自己则高高在上发号施令，他们不会对自己的权力构成威胁。两个助手既然无能，也就上行下效，分别再为自己找两个更加无能的助手。如此类推，就形成了一个机构臃肿、人浮于事、相互扯皮、效率低下的领导体系。

第五章 领 导

【学习目标】

1. 掌握领导职能的含义;
2. 掌握领导权力的来源;
3. 理解领导理论;
4. 掌握激励理论及其应用;
5. 掌握沟通的概念及重要性。

【本章关键词】

领导权力;领导特质理论;领导行为理论;领导权变理论;需要层次论;双因素理论

【导入案例】

世纪良科电子有限公司是一家以生产连接器、区域网络接插器为主的大型企业,员工以小组为单位进行操作。由于国际竞争的激烈和新生产的发展,管理部门开始建立新工厂,包括最新的复杂技术和机器设备。向工人公布这一规划时,他们很乐观,因为他们相信新的生产方法和技术应用能够提高生产率和工作效率。新工厂完工后,工人们从事的工作特点发生了急剧的变化。工作的自动化程度提高了,对工人的技术和能力的要求降低了。以往四人一组的工作单位被取消,代之以沿着装配线每个人在各自的岗位上干活,不允许替换或者离开;工人们不再负责检验他们生产出来的产品,不再衡量自己的生产率如何。产品从流水线的终端被整理和运输部门统一处理。新工厂运转几个月以后,生产率和产品质量开始下降。公司在新设备和技术上巨大的投资并没有获得更多利润,反而工人抱怨不断,旷工率也上升了。为了解决这个问题,管理层决定增加工资,以期望激励员工更有效地完成工作。但实行新的工资方案后,员工的生产率和他们对工作的满意度并没有发生明显的改变。

第一节 领导概述

领导是管理的重要职能，领导水平的高低常常决定了组织的生死存亡。

一、领导的概念

（一）传统理论对领导的定义

领导是运用组织授予的职权，指挥下属完成组织目标的行为。

（二）现代理论对领导的定义

领导是指导和影响群体或组织成员为实现所期望的目标而做出努力和贡献的过程或艺术。

领导的本质就是组织成员的追随与服从。

（三）领导职能

领导职能，可以简单地解释为一种影响力，是对人们施加影响的艺术和过程，从而使人们自愿地、热心地为实现组织或群体的目标而努力。

领导职能的作用是指挥、激励、沟通。

【管理故事】

三只鹦鹉

一个人去买鹦鹉，看到一只鹦鹉前标着：此鹦鹉会两门语言，售价200元。

另一只鹦鹉前则标着：此鹦鹉会四门语言，售价400元。

该买哪只呢？两只都毛色光鲜，非常灵活可爱。这人转啊转，拿不定主意。

结果突然发现一只老掉了牙的鹦鹉，毛色暗淡散乱，标价800元。

这人赶紧将老板叫来：这只鹦鹉是不是会说八门语言？

店主说：不。

这人奇怪了：那为什么又老又丑，又没有能力，会值这个数呢？

店主回答：因为另外两只鹦鹉叫这只鹦鹉老板。

点评：这故事告诉我们，真正的领导人，不一定自己能力有多强，只要懂信任，懂放权，懂珍惜，就能团结比自己更强的力量，从而提升自己的身价。

相反，许多能力非常强的人却因为过于完美主义，事必躬亲，什么人都不如自己，最后只能做最好的攻关人员、销售代表，成不了优秀的领导人。

二、领导权力的来源

（一）领导权力的含义

领导权力广义上包括两个方面：一是管理者的组织性权力，即职权；二是管理者的个人性权力，主要指管理者的威信。

（二）影响权力的因素

1. 组织

包括组织的性质、管理体制、组织文化、管理者在组织中所占据的职位、组织授权的程度等。

2. 管理者

管理者自身的素质、风格及其领导行为均对权力产生很大的影响。

3. 被管理者

被管理者的素质、个性，特别是对领导的认可与服从程度，对管理者的权力也有很大影响。

4. 其他因素

如管理工作的性质、环境因素等。

（三）领导权力的来源

1. 法定权力

法定权力是组织赋予领导者的岗位权力，以服从为前提，即有明显的强制性。法定权力随着职务的授予而开始，以职务的免除而终止，它既受法律、规章制度的保护，又受规章制度的制约，是领导者开展领导活动的前提和基础。法定权力包括：决策权、组织权、指挥权、人事权、奖惩权。

2. 自身影响力

自身影响力不能由组织赋予，只能靠领导者高超的领导艺术、卓越的领导成就、务实的工作作风、宽大的胸怀、广博的知识等自身素养和努力取得。

（四）管理者权力构成分析

1. 强制性权力

这种权力是建立在惧怕基础之上的，也就是说，作为下属如果不服从领导，领导就可以惩罚、处分、批评下属。因为你是领导，你是长官，你有这个权力，那么这种权力就叫强制性权力。

2. 奖赏性权力

与强制性权力正好相反，领导可以奖赏员工，让员工来重视自己。奖赏性的权力使人们愿意服从领导者的指挥。通过奖励的方式可以吸引下属，这种奖励包括金钱、晋升、学习的机会等。此外，安排员工去做自己更感兴趣的工作，或者给员工更好的工作环境等等，这些都属于奖赏性权力的范围。

强制性权力和奖赏性权力是一对相对的概念，如果你能够剥夺和侵害他人的实际利益，那么你就具有强制性的权力；如果你能够给别人带来积极的利益和免受消极因素的影响，那么你就具有奖赏性权力。跟强制性权力不一样，奖赏性权力不一定只有成为领导者才具有，有时作为一个普通的员工，也可以表扬另外一个员工，也可以在会上强调别人所做出的贡献，这本身也是一种权力和影响力。所以权力并不一定在领导和下属之间才会出现，有时候平级之间，甚至下属对于上司都可能存在。

3. 法定性权力

在组织结构中，你处于什么位置，高层、中层还是低层，由此获得的权力就是法定性的权力。一旦有了正式的任命，你就具有了法定性的权力。法定性的权力比前两种权力覆盖面更广，它会影响到人们对于职位权力的接受和认可，没有法定性权力作为基础，前面的强制性权力和奖赏性权力往往都不能够证实。例如没有给你任命，虽然告诉你要负责这个部门，但是你的奖赏性的权力和强制性的权力就会大打折扣。为什么呢？所谓名不正、言不顺，没有正式任命，那么你就是临时的。

4. 参照性权力

如果你对某个人有一种崇拜的心理，并且希望自己成为像他那样的人，那么你崇拜的那个人就获得了参照性的权力。这是一种对于人格魅力的敬仰，有的人甚至达到了效仿他人行为的程度。这就是请名人来做广告的原因，名人在这方面有一种参照性的权力，他做广告的效果通常比较好。

5. 专家性权力

这种权力取决于你的知识、技能和专长。今天的企业发展越来越依赖技术因素，因此，专门的知识技能也成为权力的主要来源之一。随着工作的细分，专业化越来越强，企业的目标越来越依靠不同部门和岗位的专家。

正如人们所知，医生在病人面前有权威性。为什么呢？因为他有很强的专家性权力，医生所说的话不能不听。所以大多数的人都愿意遵从医嘱。还有一些职业，例如计算机方面的专家、会计师、培训师等，他们都是因为在某一领域有特殊影响力，而获得专家性权力。

【管理名言】

一头绵羊带领的一群狮子，敌不过一头狮子带领的一群绵羊。

三、领导艺术

领导艺术是一门博大精深的学问，其内涵极为丰富。

（一）用人的艺术

如何用好人，除了要端正用人思想，让那些想干事的人有事干，能干事的人干好事外，在用人技巧上还要注意以下问题：

1. 要善于用人所长

用人之诀在于用人所长，且最大限度地实现其优势互补。用人所长，要注意“适位”。陈景润如果不是被华罗庚发现，并将他调到数学研究所工作，他就难以摘取数学皇冠上的明珠。唐僧之所以能西天取经成功，主要是他能做到知人善任，把孙悟空、沙和尚、猪八戒安排到最适合他们的岗位上去，实现人才所长与岗位所需的最佳组合。界定各类人才所长的最佳使用期，不能单纯以年龄为依据，而应依据素质做决定，对看准的人一定要大胆使用、及时使用。

2. 要注意“适度”

领导者用人不能搞“鞭打快牛”，“鞭打”只能用在关键时候、紧要时刻，如果平时只顾用起来顺手、放心，长期压着那些工作责任心和工作能力都较强的人在“快车道”上超负荷运转，这些“快牛”必将成为“慢牛”或“死牛”。

3. 要善于用人所爱

有位中学生曾向比尔·盖茨请教成功的秘诀，盖茨对他说：“做你所爱，爱你所做。”爱因斯坦生前曾接到要他出任以色列总统的邀请，对这个不少人垂涎的职务，他却婉言谢绝了，仍钟情于搞他的科研。正因为有了这种明智的爱，才有了爱因斯坦这个伟大的科学家。领导者在用人的过程中，要知人所爱、帮人所爱、成人所爱。

4. 要善于用人所变

鲁迅、郭沫若原来都是学医的，后来却成了中华民族的文坛巨人。很多名人名家的成功人生告诉我们：人的特长是可以转移的，能产生特长转移的人，大都是一些创新思维与能力较强的人。对这种人才，领导者应倍加珍惜，应适时调整对他们的使用，让他们在更适合自己的发展空间去施展才华。

(二)决策的艺术

决策是领导者要做的主要工作，决策一旦失误，对组织就意味着损失，对自己就意味着失职。这就要求领导者强化决策意识，尽快提高决策水平，尽量减少各种决策性浪费。

1. 决策前注重调查

领导者在决策前一定要多做些调查研究，搞清各种情况，尤其是要把大家的情绪和呼声作为自己决策的第一信号，不能无准备就进入决策状态。

2. 决策中注意民主

领导者在决策中要充分发扬民主，优选决策方案，尤其碰到一些非常规性决策，应懂得按照“利利相交取其大，弊弊相交取其小，利弊相交取其利”的原则，适时进行决策，不能未谋乱断，不能错失决策良机。

3. 决策后狠抓落实

决策一旦定下来，就要认真抓实施，做到言必信、信必果，决不能朝令夕改。一个领导者在工作中花样太多，是一种不成熟的表现。

(三)处事的艺术

常听到不少领导者感叹：事情实在太多，怎样忙也忙不过来。其实一个会当领导的人，不应该成为做事最多的人，而应该成为做事最精的人。

1. 要做自己该做的事

当前，摆在领导者面前的事情主要有三类：一是领导者想干、擅长干、必须干的事，比如用人、决策等。二是领导者想干、必须干、但不擅长干的事，比如筹资等。三是领导者不想干、不擅长干、也不一定要干的事，比如一些小应酬，一些可参加可不参加的会议等。领导者对该自己管的事一定要管好，对不该自己管的事一定不要管。尤其是那些已经明确是下属分管的工作和只要按有关制度就可办的事，一定不要乱插手、乱干预，要多着眼于明天的事。领导者应经常反思昨天，干好今天，谋划明天。

2. 多做最为重要的事

什么是最为重要的事呢？比如，如何寻找到一条适合本地经济发展的新路子，如何调动下属的工作积极性，等等。领导者在做事时应先做最重要和最紧要的事，不能主次不分见事就做。

(四)协调的艺术

没有协调能力的人当不好领导者。协调，不仅要明确协调对象和协调方式，还要掌握一些相应的协调技巧。

1. 对上请示沟通

平时要主动多向上级请示汇报工作。若在工作中有意或无意得罪了上级领导，靠“顶”和“躲”是不行的。理智的办法，一是主动沟通。错的要大胆承认，误会的要解释清楚，以求得到领导的谅解。二是要请人调解。这个调解人不仅与自己关系好，与领导的关系更要非同一般。

2. 对下沟通协调

当下属在一些涉及个人利益的问题上对组织或领导有意见时，领导者应通过谈心、交心等方式来消解。对能解决的问题一定要尽快解决，一时解决不了的问题，也要向人家说清原因，千万不能以“打哈哈”的方式去对待人或糊弄人。

3. 对外争让有度

领导者在与平级单位的协调中，其领导艺术往往体现在争让之间。大事要争，小事要让；不能遇事必争，也不能遇事皆让；该争不争，就会丧失原则；该让不让，就会影响全局。

(五)运时的艺术

时间是一种无形的稀缺资源，领导者不能无视它，更不能浪费它。

1. 强化时间意识

有人做了统计：一个人一生的有效工作时间大约一万天。一个领导者的有效当“官”时间就是 10～15 年，一旦错过这个有效时间，你思想再好、能力再高，也常常是心有余而力不足。所以，领导者要利用这宝贵的时间多做点有意义的事。

2. 学会管理时间

领导者管理时间应包括两个方面：一是要善于把握好自己的时间。当一件事摆在眼前时，应先问一问自己“这事值不值得做”，再问一问自己“是不是现在必须做”，最后还要问一问自己“是不是必须自己做”，只有这样才能比较主动地驾驭好自己的时间。二是不随便浪费别人的时间。领导者要力戒“会瘾”，不要动不动就开会，不要认为工作就是开会。即使要开会，也应开短会，说短话。千万不要让无关人员来“陪会”，“浪费别人的时间等于谋财害命”。

3. 养成惜时习惯

人才学的研究表明：成功人士与非成功人士的一个主要区别，就是成功人士年轻时就养成了惜时的习惯。要像比尔·盖茨那样：能站着说的事情就不要坐着说，能站着说完的事情就不要进会议室去说,能写个便条解决的就不要写成文件。只有这样才能养成好的惜时习惯。

【管理故事】

把椅子的靠背锯掉

麦当劳快餐店的创始人是克罗克,他不喜欢坐在办公室里,大部分的工作时间都用在走动管理上,即到下属各公司、部门走走、看看、听听、问问。麦当劳公司曾有一段时间面临严重亏损的危机,克罗克发现其中一个重要原因是公司各职能部门经理有严重的官僚主义,习惯躺在舒适的椅背上指手画脚、抽烟和闲聊。于是,克罗克想出一个奇招,将所有经理椅子的靠背锯掉。开始很多人骂克罗克是一个疯子,但不久大家开始悟出他的一番"苦心",纷纷走出办公室,深入基层,开展"走动管理"及时了解情况,到现场解决问题,终于使公司扭亏为盈。

(六)理财的艺术

经费不足是当前各组织普遍存在的一个主要问题,它要求领导者要提高理财艺术。

1. 懂得怎样去找钱

找钱就是要学会"开源",也就是要利用各种可行的途径去广开财路,增加收入。比如,要经常开动脑筋到省、市、县有关部门去争取各种资金,千万不要将"开源"的希望寄托在乱收费上。

2. 懂得怎样去管钱

按照上级的有关规定,领导者不能直接管财务。但这并不意味着领导者对组织的经费使用情况可以不闻不问,对组织的一些主要经费开支情况,领导者一定要定期进行审核,看看有没有违规违纪的情况,有没有不该花的钱。

(七)说话的艺术

说话是一门艺术,它是反映领导者综合素质的一面镜子,也是下属评价领导者水平的一把尺子。领导者要提高说话艺术,除了要提高语言表达基本功外,关键要提高语言表达艺术。

1. 言之有物

所谓言之有物,就是领导者在下属面前讲话,不能空话连篇、套话成堆。要尽量做到实话实说,让大家能从领导者的讲话中,获取一些新的有效信息,听到一些新的见解,受到一些新的启发。

2. 言之有理

领导者在下属面前讲话,一是要讲好道理。讲道理不能搞空对空,一定要与下属的思想、工作、生活等实际紧密结合起来,力求以理服人。二是要注意条理。讲话不能信口开河,语无伦次,一定要让人感到条理清晰,层次分明。三是要通情理。不能拿大话来压人,要多讲些大家眼前最关心的问题、大家心里最想的问题,做到言之有味。

3. 有点幽默感

领导者在下属面前讲话时，语言要带点甜味，有点新意，有点幽默感。邓小平同志有一句话大家耳熟能详，“不管白猫黑猫，抓住老鼠就是好猫”，这话就说得形象生动，意味十足。

【管理游戏】

授权方式

形式	10人一组
时间	30分钟
材料	眼罩6个，20米长的绳子1条
场地	空地
应用	(1)领导的艺术；(2)任务传达的技巧；(3)领导授权的方式以及利弊；(4)工作过程中沟通的重要性。
目的	(1)让学生体会作为主管在分派任务时，通常会犯的错误以及改善的方法； (2)引发学生对领导授权方式进行深入思考。
程序	(1)老师分别选出1位总经理、总经理秘书、部门经理、部门经理秘书各1位和6位操作人员； (2)老师把总经理及总经理秘书带到一个看不见操作人员的角落后，向他们说明游戏规则： ①让秘书给部门经理传达一项任务，该任务就是由操作人员在戴着眼罩的情况下，把一条20米长的绳子做成一个正方形，绳子要用尽。 ②全过程总经理不得直接指挥，一定是通过秘书传达指令给部门经理，由部门经理指挥操作人员完成任务。 ③部门经理有不明白的地方可以通过自己的秘书请求总经理。 ④部门经理在指挥的过程中要与操作人员保持5米的距离。
讨论	(1)作为操作人员，你会怎样评价你的部门经理？如果是你，你会怎样来分派该任务？ (2)作为部门经理，你对总经理的看法如何？对操作人员在执行过程中的看法又如何？你认为还有什么改进的方法？ (3)作为总经理，你对这项任务的感觉如何？你认为哪些方面是可以改善的？

(八)激励的艺术

管理重在人本管理，人本管理的核心就是重激励。领导者要调动大家的积极性，就要学会如何去激励下属。

1. 激励要注意适时进行

美国前总统里根曾说过这样一句话：“对下属给予适时的表扬和激励，会帮助他们成为一个特殊的人。”一个聪明的领导者要善于经常适时、适度地表扬下属。这种“零成本”激励往往会“夸”出很多为你效劳的好下属。

2. 激励要注意因人而异

领导者在激励下属时，一定要区别对待。最好在激励下属之前，搞清被激励者喜欢什么、讨厌什么、忌讳什么，尽可能“投其所好”，否则就有可能好心办坏事。

3. 激励要注意多管齐下

激励的方式方法很多，有目标激励、榜样激励、责任激励、竞赛激励、关怀激励、许诺激励、金钱激励等，但从大的方面来划分主要可分为精神激励和物质激励两大类。领导者在进行激励时，要以精神激励为主，以物质激励为辅，只有形成这样的激励机制，才是一种有效的激励机制，才是一种长效的激励机制。

【管理名言】

“能用他人智慧去完成自己工作的人是伟大的。”

——管理专家旦恩·皮阿特

第二节　领导理论

一、领导特质理论

特质，狭义指个性特质，就是一个人给他人的印象和直观的领导力，如形象、气质、语言风格，以及基础性、习惯性的心理结构和行为方式。

特质理论是20世纪最流行的领导理论，也是最早对领导活动及行为进行系统研究的尝试。研究的依据和方法是从优秀的人物身上寻找共同的东西：为什么他们能够成为领导？什么是领导力的决定因素？领导者区别于普通人的到底是什么？

领导者特质研究认为，领导者与追随者有不同的特质，领导者是先天赋予的，而不是后天培养的，但某些特质可以通过“学习”得来。

美国管理学家吉赛利认为，领导者具有以下8种个性特征与5种激励特征：

个性特征	激励特征
• 才智	• 对工作稳定的需求
• 首创精神	• 对金钱奖励的需求
• 监察能力	• 对指挥别人的权力需求
• 自信心	• 对自我实现的需求
• 适应性	• 对事业成就的需求
• 自信心	
• 性别	
• 成熟程度	

但特质理论存在如下缺陷：

(1)对特质的内容及相对重要性的认识很不一致甚至冲突；

(2)认为领导是先天的,有一定的片面性;

(3)忽视了被领导者及其他情境因素对领导效能的影响。

因而自20世纪40年代开始人们开始放弃从特性特征方面研究领导的有效性。

二、领导行为理论

领导行为理论是以研究领导者偏好的行为风格为基础的,其研究的实际意义与特质论截然不同。

(一)基于职权运用的领导风格分类

1. 三种基本的领导方式

(1)专制式领导(authoritarian leadership),将权力定位于领导者个人,靠权力和强制命令实施领导。其领导风格是:①所有决策均由领导者做出;②领导者制订计划进行安排;③领导者靠命令、纪律和惩罚实施管理;④领导者与下属保持一定距离。

(2)民主式领导(democratic leadership),将权力定位于群体,靠以理服人、以身作则实施领导。其领导风格是:①决策在领导者鼓励和协助下,由组织成员集体讨论决定;②下属有较大的工作自由、选择性和灵活性;③主要以非正式权力实施领导;④领导者与下属关系融洽。

(3)放任式领导(laissez-faire leadership),将权力定位于组织中的每一个成员,采取放任自流的领导方式。其领导风格是:①极少运用权力;②下属有高度的独立性;③没有规章制度。

2. 领导行为连续一体理论

领导方式存在着从以领导者为中心到以下属为中心的多种多样的方式,这些方式是随着领导者授予下属自主权的程度而变化的。

影响领导方式选择的因素有:对领导者的个性起作用的因素;下属具有的可能影响领导者行为的因素;情境因素。

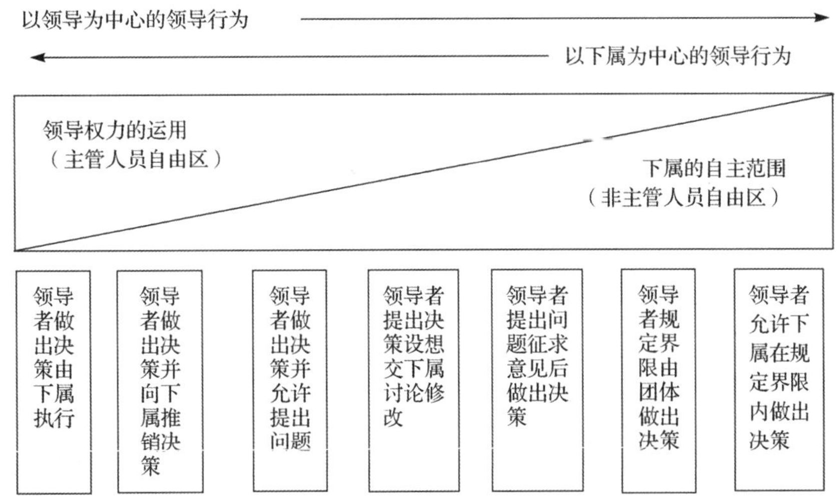

图5-1　以领导/下属为中心的多种领导方式

3. 利克特的四种管理方式(四系统模型)

利克特总结了环境变化趋势和管理特点后,提出了领导的四系统模型,把领导方式分成四类系统:剥削式的集权领导、仁慈式的集权领导、协商式的民主领导、参与式的民主领导。在这四种方式中,第四种方式是最富有成果的,其原因在于群体成员参与管理和在管理实践中相互支持的程度。

(二)基于态度行为取向的领导风格分类

1. 四分图理论(二维构面理论)

俄亥俄州立大学的二维构面理论又称领导双因素模式,是美国俄亥俄州立大学的研究者弗莱西和他的同事从1945年起,对领导问题进行广泛研究得出的理论。他们发现,领导行为可以利用两个构面加以描述:①关怀;②定规。所谓"关怀"是指一位领导者对其下属所给予的尊重、信任以及互相了解的程度。从高度关怀到低度关怀,中间可以有无数不同程度的关怀。所谓"定规",也就是指领导者对于下属的地位、角色与工作方式,是否都有规章或工作程序。从高度的定规到低度的定规,也有无数不同程度的定规。因此,二维构面可构成一个领导行为坐标,大致可分为四个象限或四种领导方式。

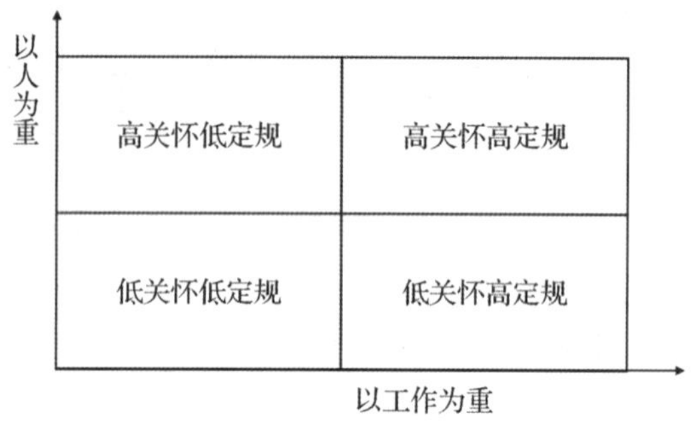

图 5-2 管理四分图

(1)高关怀低定规的领导者。该种领导者注意关心爱护下属,经常与下属交换思想,交换信息,与下属感情融洽;但是组织内规章制度不严,工作秩序不佳。这是一个较仁慈的领导者。

(2)低关怀高定规的领导者。该种领导者注意严格执行规章制度,建立良好的工作秩序和责任制;但是不注意关心爱护下属,不与下属交流信息,与下属关系不融洽。这是一个较为严厉的领导者。

(3)低关怀低定规的领导者。该种领导者不注意关心爱护下属,不与下属交换思想,交流信息,与下属关系不太融洽,也不注意执行规章制度,工作无序,效率低下。这是一个无能、不合格的领导者。

(4)高关怀高定规的领导者。该种领导者注意严格执行规章制度,建立良好的工作秩序和责任制,同时关心爱护下属,经常与下属交流信息,沟通思想,想方设法调动组织成员的积极性,在下属心目中可敬又可亲。这是一个高效成功的领导者。但这种领导者并不总是产生积极效果。

在生产部门内,工作技巧评定结果与定规程度呈正相关,而与关怀程度呈负相关。但在非生产部门内,这种关系恰恰相反。一般来说,高定规和低关怀的领导方式效果最差。其他三种类型的领导行为普遍与较多的缺勤、事故、抱怨及离职有关系。

一般来说,中国企业的领导者采取的领导行为是高关怀、低定规的领导方式;西方国家企业的领导者采取的是一种高关怀、高定规的领导方式。

2. 管理方格图理论(管理坐标理论)

管理方格理论(management grid theory)是由美国德克萨斯大学的行为科学家罗伯特·布莱克(Robert R. Blake)和简·莫顿(Jane S. Mouton)在1964年出版的《管理方格》一书中提出的。

管理方格理论是研究企业的领导方式及其有效性的理论,使用一张纵轴和横轴各9等分的方格图,纵轴和横轴分别表示企业领导者对人和对生产的关心程度。第1格表示关心程度最小,第9格表示关心程度最大。全图总共81个小方格,分别表示"对生产的关心"和"对人的关心"这两个基本因素以不同比例结合的领导方式。详见图5-3。

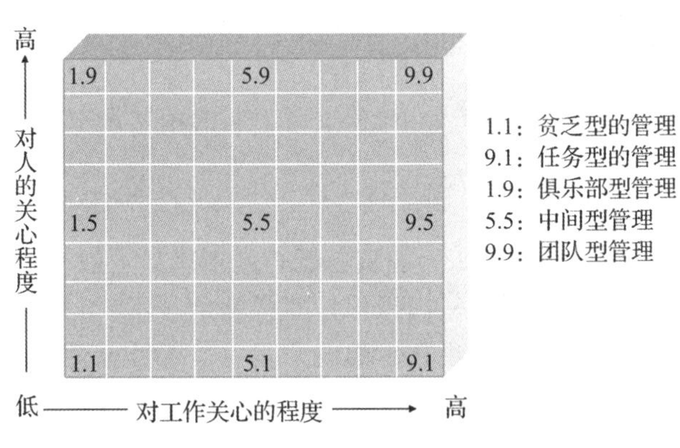

图 5-3 管理方格图

在管理方格图中,1.1方格表示对人和工作都很少关心,这种领导必然失败。9.1方格表示重点放在工作上,而对人很少关心,领导人员的权力很大,指挥和控制下属的活动,而下属只能奉命行事,不能发挥积极性和创造性。1.9方格表示重点放在满足职工的需要上,而对指挥监督、规章制度却重视不够。5.5方格表示领导者对人的关心和对工作的关心保持中间状态,只求维持一般的工作效率与士气,不积极促使下属发挥创造革新的精神。只有9.9方格表示对人和工作都很关心,能使员工和生产两个方面最理想、最有效地结合起来。这种领导方式要求创造出这样一种管理状况:职工能了解组织的目标并关心其结果,从而自我控制、自我指挥,充分发挥生产积极性,为实现组织的目标而努力工作。

除了那些基本的定向外,还可以找出一些组合。比如,5.1方格表示准生产中心型管理,比较关心生产,不大关心人;1.5方格表示准人中心型管理,比较关心人,不大关心生产;9.5方格表示以生产为中心的准理想型管理,重点抓生产,也比较关心人;5.9方格表示以人为中心的准理想型管理,重点在于关心人,也比较关心生产。

三、领导权变理论

(一)权变理论的基本内容

领导权变理论的研究始于20世纪60年代,并于70年代逐渐形成体系。其产生和发展反映了一定时代背景条件下实际管理活动的需要。系统管理学派和经验管理学派是领导权变理论的两大渊源。系统观念为领导权变理论提供了直接的理论模式和分析手段;经验管理学派注重研究特定情景和条件下的不同管理经验,同样否认有任何“普遍适用的管理准则”。

领导权变理论的中心思想是:

(1)企业组织是社会大系统中的一个开放型的子系统,受环境的影响,因此,必须根据企业组织在社会大系统中的处境和作用,采取相应的组织管理措施,从而保持对环境的最佳适应。

(2)组织的活动是在不断变动的条件下以反馈形式趋向组织目标的过程,因此,必须根据组织的近远期目标以及当时的条件,采取依势而行的管理方式。

(3)管理的功效体现在管理活动和组织的各要素相互作用的过程中,因此,必须根据组织各要素的关系类型及各要素与管理活动之间相互作用时的一定的函数关系来确定不同的管理方式。

任何领导者总是在一定的环境条件下,通过与下属的相互作用去实现组织目标的。

$$领导=f(领导者\times被领导者\times环境)$$

领导权变理论(contingency theory)的核心概念是指世界上没有一成不变的管理模式。管理与其说是一门理论,更不如说是一门操作性非常强的技术;与其说它是一门科学,更不如说它是一门艺术,权变管理能体现出艺术的成分。一个高明的领导者应是一个善变的人,能根据环境的不同及时变换自己的领导方式。领导权变理论告诉管理者应不断地调整自己,使自己不失时机地适应外界的变化,或把自己放到一个适应自己的环境中。

(二)权变理论的主要类型

权变理论主要包括:菲德勒模型、路径—目标理论。

1. 菲德勒模型

菲德勒认为任何领导方式均可能是有效的,其有效性完全取决于其是否与所处环境相适应。他提出了两种领导方式、三种环境因素、八种情境类型。

2. 路径—目标理论

路径—目标理论是以期望概率模式和对工作、对人的关心程度为依据,认为领导者的工作效率是以能激励下属达到组织目标并且在工作中得到满足的能力来衡量的。领导者的基本职能在于制定合理的、员工所期待的报酬,同时为下属实现目标扫清障碍,创造条件。根据该理论,领导方式可以分为四种:

(1)指示型领导方式。领导者应该对下属提出要求,指明方向,给下属提供他们应该得到的指导和帮助,使下属能够按照工作程序去完成自己的任务,实现自己的目标。

(2)支持型领导方式。领导者对下属友好,平易近人,平等待人,关系融洽,关心下属的生活福利。

(3)参与型领导方式。领导者经常与下属沟通信息,商量工作,虚心听取下属的意见,让下属参与决策,参与管理。

(4)成就指向型领导方式。领导者做的一项重要工作就是树立具有挑战性的组织目标,

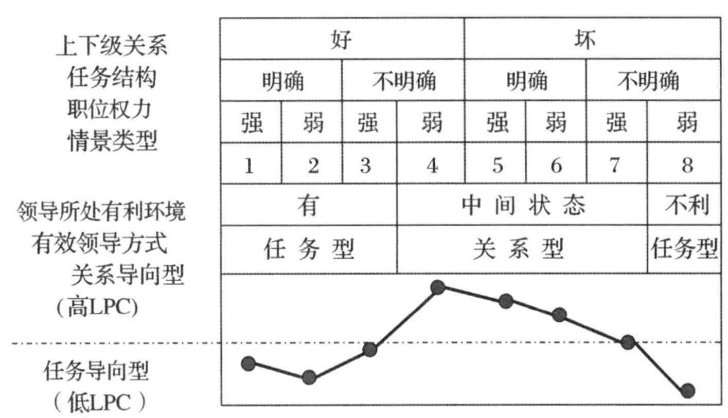

图 5-4　菲德勒模型

激励下属想方设法去实现目标，迎接挑战。

路径—目标理论告诉我们，领导者可以而且应该根据不同的环境特点来调整领导方式和作风，当领导者面临一个新的工作环境时，他可以采用指示型领导方式，指导下属建立明确的任务结构，明确每个人的工作任务；接着可以采用支持型领导方式，有利于与下属形成一种协调和谐的工作气氛；当领导者对组织的情况进一步熟悉后，可以采用参与型领导方式，积极主动地与下属沟通信息，商量工作，让下属参与决策和管理；在此基础上，就可以采用成就指向型领导方式，与下属一起制定具有挑战性的组织目标，运用各种有效的方法激励下属为实现组织目标而努力工作。

【管理故事】

留个缺口给别人

一位著名企业家在做报告，一位听众问："你在事业上取得了巨大的成功，请问，对你来说，最重要的是什么？"

企业家没有直接回答，他拿起粉笔在黑板上画了一个圈，只是并没有画圆满，留下一个缺口。他反问道："这是什么？""零""圈""未完成的事业""成功"，台下的听众七嘴八舌地答道。

企业家对这些回答未置可否："其实，这只是一个未画完整的句号。你们问我为什么会取得辉煌的业绩，道理很简单：我不会把事情做得很圆满，就像画个句号，一定要留个缺口，让我的下属去填满它。"

点评：留个缺口给他人，并不说明自己的能力不强。实际上，这是一种管理的智慧，是一种更高层次带有全局性的圆满。

给猴子一棵树，让它不停地攀登；给老虎一座山，让它自由纵横。也许，这就是企业管理用人的最高境界。

第三节 激励理论

【导入案例】

亨利的烦恼

亨利已经在数据系统公司工作了五个年头。在这期间，他从普通编程员升到了资深的程序编制分析员。他对自己所服务的这家公司相当满意，很为工作中的创造性要求所激励。

一个周末的下午，亨利和他的朋友及同事安迪一起打高尔夫球。安迪告诉他，他所在的部门新雇了一位刚从大学毕业的程序编制分析员，起薪仅比亨利现在的工资少30美元。尽管亨利是个好脾气的人，但当他听到这一消息也不禁发火了。亨利实在迷惑不解。他感到这里一定有问题。

下周一的早上，亨利找到了人事部主任埃德华，问他自己听说的事是不是真的。埃德华带有歉意地说，确有这么回事。但他试图向亨利解释公司的处境："亨利，编程分析员现在市场相当紧俏。为使公司能吸引合格的人员，我们不得不提供较高的起薪。我们非常需要增加一名合格的程序分析员，因此，我们只能这么做。"

亨利询问能否相应提高他的工资。埃德华回答说："你的工资需按照正常的绩效评估时间评定后再调。你干得非常不错，我相信老板到时会给你提薪的。"亨利向埃德华道了声："打扰了！"便离开了他的办公室，边走边不停地摇头，很对自己在公司的前途感到疑虑。

思考：

1. 本案例描述的事件对亨利的工作动力会产生什么样的影响？哪一种激励理论可以更好地解释亨利目前的烦恼？为什么？

2. 你觉得埃德华的解释会让亨利感到满意吗？

3. 你认为公司应当对亨利采取些什么措施？这些措施的利弊是什么？

一、激励概述

（一）激励的含义及作用

激励（motivation），就是通过使组织成员的需要、愿望、欲望等得到满足，来引导他们以组织或领导所期望的方式行事。即通过满足下属的需要来引导下属的行为，激发其主动性、积极性和创造性，实现组织目标。

激励的作用：激发和调动员工的工作积极性；有助于将员工的个人目标导向实现组织目标的轨道；有助于增强凝聚力。

（二）激励过程

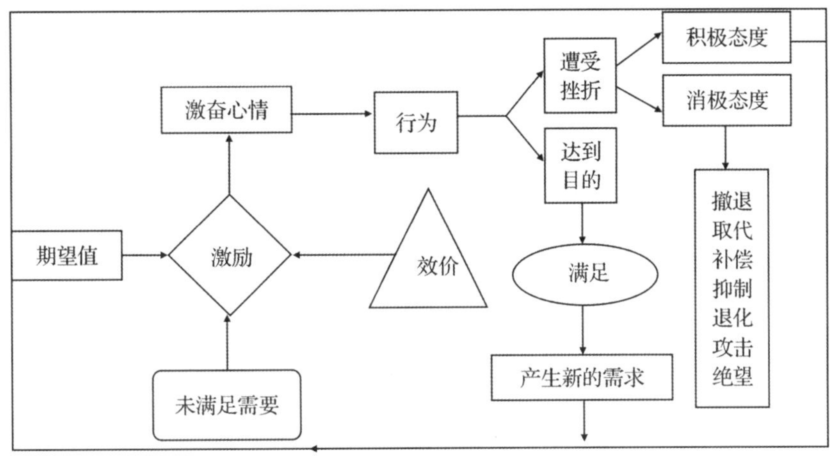

图 5-5　激励过程

【管理案例】

再撑一百步

美国华盛顿山区的一块岩石上，立下了一个标牌，告诉后来的登山者，那里曾经是一个女登山者躺下死去的地方。她当时正在寻觅的庇护所——“登山小屋”只距离她一百步而已，如果她能多撑一百步，就能活下去。

案例讨论：

1. 从这个故事中，你得到什么启发？
2. 你对“激励”有什么新认识？

二、激励理论

（一）马斯洛与需要层次论

1. 需要层次论的定义

亦称“基本需求层次理论”，是行为科学的理论之一，由美国心理学家亚伯拉罕·马斯洛（Abraham H. Maslow，1908—1970）于 1943 年在“人类激励理论”一文中所提出。

2. 需要层次论的构成

需要层次论把人的需要分成生理需要（physiological needs）、安全需要（safety needs）、社会归属感（love and belonging）、尊重（esteem）和自我实现（self-actualization）五类，依次由较低层次到较高层次排列。在自我实现需要之后，还有自我超越需要（self-transcendence needs），但通常不作为马斯洛需要层次理论中必要的层次，大多数会将自我超越合并至自我实现需要当中。

通俗理解：假如一个人同时缺乏食物、安全、爱和尊重，通常对食物的需求量是最强烈的，其他需要则显得不那么重要。此时人的意识几乎全被饥饿所占据，所有能量都被用来获取食物。在这种极端情况下，人生的全部意义就是吃，其他什么都不重要。只有当人从生理需要的控制下解放出来时，才可能出现更高级的、社会化程度更高的需要如安全的需要。

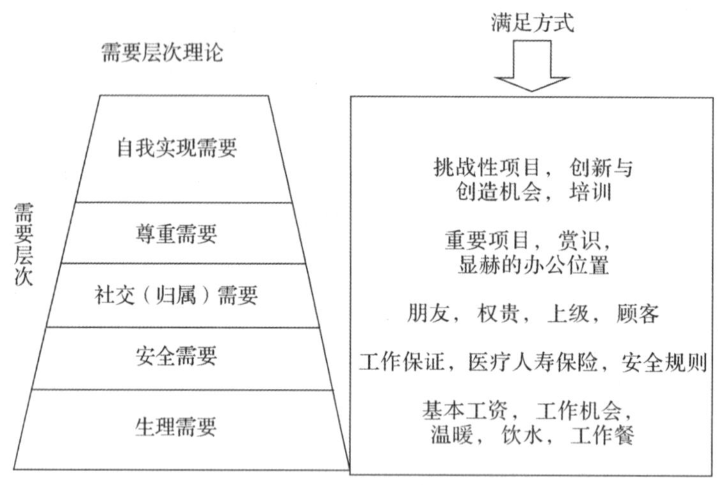

图 5-6　人的需要层次

（1）第一层次：生理上的需要

呼吸	水	食物	睡眠	生理平衡	分泌	性

如果这些需要（除性以外）任何一项得不到满足，人类个人的生理机能就无法正常运转。换而言之，人类的生命就会因此受到威胁。在这个意义上说，生理需要是推动人们行动最首要的动力。马斯洛认为，只有这些最基本的需要满足到维持生存所必需的程度后，其他的需要才能成为新的激励因素，而到了此时，这些已相对满足的需要也就不再成为激励因素了。

（2）第二层次：安全上的需要

人身安全	健康保障	资源所有性	财产所有性	道德保障	工作职位保障	家庭安全

马斯洛认为，整个有机体是一个追求安全的机制，人的感受器官、效应器官、智能和其他能量主要是寻求安全的工具，甚至可以把科学和人生观都看成是满足安全需要的一部分。当然，当这种需要一旦相对满足后，也就不再成为激励因素了。

（3）第三层次：情感和归属的需要

友情	爱情	性亲密

人人都希望得到相互的关系和照顾。感情上的需要比生理上的需要来得细致，它和一个人的生理特性、经历、教育、宗教信仰都有关系。

(4)第四层次:尊重的需要

自我尊重	信心	成就	对他人尊重	被他人尊重

人人都希望自己有稳定的社会地位,要求个人的能力和成就得到社会的承认。尊重的需要又可分为内部尊重和外部尊重。内部尊重是指一个人希望在各种不同情境中有实力、能胜任、充满信心、能独立自主。总之,内部尊重就是人的自尊。外部尊重是指一个人希望有地位、有威信,受到别人的尊重、信赖和高度评价。马斯洛认为,尊重需要得到满足,能使人对自己充满信心,对社会满腔热情,体验到自己活着的用处价值。

(5)第五层次:自我实现的需要

道德	创造力	自觉性	问题解决能力	公正度	接受现实能力

自我实现的需要是最高层次的需要,是指实现个人理想、抱负,发挥个人的能力到最大程度,达到自我实现的境界,接受自己也接受他人,解决问题能力增强,自觉性提高,善于独立处事,要求不受打扰地独处,完成与自己的能力相称的一切事情的需要。也就是说,人必须干称职的工作,这样才会使他们感到最大的快乐。马斯洛提出,为满足自我实现需要所采取的途径是因人而异的。自我实现的需要是在努力实现自己的潜力,使自己越来越成为自己所期望的人物。

(6)更高需要:求知、求美

自我超越的需要是马斯洛需要层次理论的一个模棱两可的论点,通常被合并至自我实现需要中。1954 年,马斯洛在《激励与个性》一书中探讨了他早期著作中提及的另外两种需要:求知需要和审美需要。这两种需要未被列入他的需要层次排列中,他认为这二者应居于尊敬需要与自我实现需要之间。

3. 马斯洛需要层次理论的解析

(1)五种需要像阶梯一样从低到高,按层次逐级递升,但这样次序不是完全固定的,可以变化,也有种种例外情况。

(2)需要层次理论有两个基本出发点:一是人人都有需要,某层需要获得满足后,另一层需要才出现;二是在多种需要未获满足前,首先满足迫切需要,该需要满足后,后面的需要才显示出其激励作用。

(3)一般来说,某一层次的需要相对满足了,就会向高一层次发展,追求更高一层次的需要就成为驱使行为的动力。相应的,获得基本满足的需要就不再是一股激励力量。

(4)五种需要可以分为两级,其中生理上的需要、安全上的需要和感情上的需要都属于低一级的需要,这些需要通过外部条件就可以满足;而尊重的需要和自我实现的需要是高级需要,它们是通过内部因素才能满足的,而且一个人对尊重和自我实现的需要是无止境的。同一时期,一个人可能有几种需要,但每一时期总有一种需要占支配地位,对行为起决定作用。任何一种需要都不会因为更高层次需要的发展而消失。各层次的需要相互依赖和重叠,高层次的需要发展后,低层次的需要仍然存在,只是对行为影响的程度大大减小。

(5)马斯洛和其他的行为心理学家都认为,一个国家多数人的需要层次结构,是同这个国家的经济发展水平、科技发展水平、文化和人民受教育的程度直接相关的。在发展中国家，生理需要和安全需要占主导的人数比例较大，而高级需要占主导的人数比例较小；在发达国家，则刚好相反。

4. 马斯洛需要层次理论的应用

(1)生理需要的应用

未满足生理需要的特征：什么都不想，只想让自己活下去，思考能力、道德观明显变得脆弱。例如：当一个人极需要食物时，会不择手段地抢夺食物。人民在战乱时，是不会排队领面包的。

激励措施：增加工资，改善劳动条件，给予更多的业余时间和工间休息，提高福利待遇。

(2)安全需要的应用

缺乏安全感的特征：感到自己对身边的事物受到威胁，觉得这世界是不公平或是危险的。认为一切事物都是危险的，因而变得紧张、彷徨不安，认为一切事物都是“恶”的。例如：一个孩子，在学校被同学欺负，受到老师不公平的对待，开始变得不相信这社会，变得不敢表现自己，不敢拥有社交生活(因为他认为社交是危险的)，借此来保护自身安全。一个成人，工作不顺利，薪水微薄，养不起家人，变得自暴自弃，每天利用喝酒、吸烟来寻找短暂的安逸感。

激励措施：强调规章制度、职业保障、福利待遇，并保护员工不致失业，提供医疗保险、失业保险和退休福利，避免员工收到双重的指令而混乱。

(3)社交需要的应用

缺乏社交需要的特征：因为没有感受到身边人的关怀，而认为自己没有价值活在这世界上。例如：一个没有受到父母关怀的青少年，认为自己在家庭中没有价值，所以在学校交朋友，无视道德观积极地寻找朋友或是同类。譬如说：青少年为了让自己融入社交圈中，替别人做牛做马，甚至吸烟、恶作剧等。

激励措施：提供同事间社交往来的机会，支持与赞许员工寻找及建立和谐温馨的人际关系，开展有组织的体育比赛和集体聚会。

(4)尊重需要的应用

无法满足尊重需要的特征：变得很爱面子，或是很积极地用行动来让别人认同自己，也很容易被虚荣所吸引。例如：利用暴力来证明自己的强悍；努力读书让自己成为医生、律师来证明自己在这社会的存在和价值；富豪为了自己名利而赚钱，或是捐款。

激励措施：公开奖励和表扬，强调工作任务的艰巨性以及成功所需要的高超技巧，颁发荣誉奖章，在公司刊物发表文章表扬，张贴优秀员工光荣榜。

(5)自我实现需要的应用

缺乏自我实现需要的特征：觉得自己的生活被空虚感给推动着，要自己去做一些身为一个“人”应该在这世上做的事，极需要有能充实自己的事物，尤其是让一个人深刻地体验到自己没有白活在这世界上的事物。也开始认为，价值观、道德观胜过金钱、爱人、尊重和社会的偏见。例如：一个真心为了帮助他人而捐款的人；一位武术家、运动家把自己的体能练到极致，让自己成为世界一流或是单纯只为了超越自己；一位企业家，真心认为自己所经营的事业能为社会带来价值，为了比昨天更好而工作。

激励措施：设计工作时运用复杂情况的适应策略，给有特长的人委派特别任务，在设计工作和执行计划时为下级留有余地。

(二)赫茨伯格与双因素理论

双因素理论(two factor theory)又叫激励保健理论(motivator-hygiene theory),是美国的行为科学家弗雷德里克·赫茨伯格(Fredrick Herzberg)于1959年提出来的,也叫"双因素激励理论"。赫茨伯格通过考察一群会计师和工程师的工作满意感与生产率的关系,通过半有组织性的采访,积累了影响这些人员对其工作感情的各种因素的资料,表明了存在两种性质不同的因素。

第一类因素是激励因素,包括工作本身、认可、成就和责任,这些因素涉及对工作的积极感情,又和工作本身的内容有关。这些积极感情和个人过去的成就、被人认可以及担负过的责任有关,它们的基础在于工作环境中持久的而不是短暂的成就。

第二类因素是保健因素,包括公司政策和管理、技术监督、薪水、工作条件以及人际关系等。这些因素涉及工作的消极因素,也与工作的氛围和环境有关。也就是说,对工作和工作本身而言,这些因素是外在的,而激励因素是内在的,或者说是与工作相联系的内在因素。

从某种不同的角度来看,外在因素主要取决于正式组织(例如薪水、公司政策和制度)。只有公司承认高绩效时,它们才是相应的报酬。而诸如出色地完成任务的成就感之类的内在因素则在很大程度上属于个人的内心活动,组织政策只能产生间接的影响。例如,组织只有通过确定出色绩效的标准,才可能影响个人,使他们认为已经相当出色地完成了任务。

尽管激励因素通常是与个人对他们的工作的积极感情相联系,但有时也涉及消极感情。而保健因素却几乎与积极感情无关,只会带来精神沮丧、脱离组织、缺勤等结果。赫茨伯格认为,满意和不满意并非共存于单一的连续体中,而是截然分开的,这种双重的连续体意味着一个人可以同时感到满意和不满意,它还暗示着工作条件和薪金等保健因素并不能影响人们对工作的满意程度,而只能影响对工作的不满意的程度;保健因素与工作环境条件或外部因素有关,而激励因素则与工作本身的特点和工作内容或内在因素有关。

调动人的积极性要从激励因素着手。

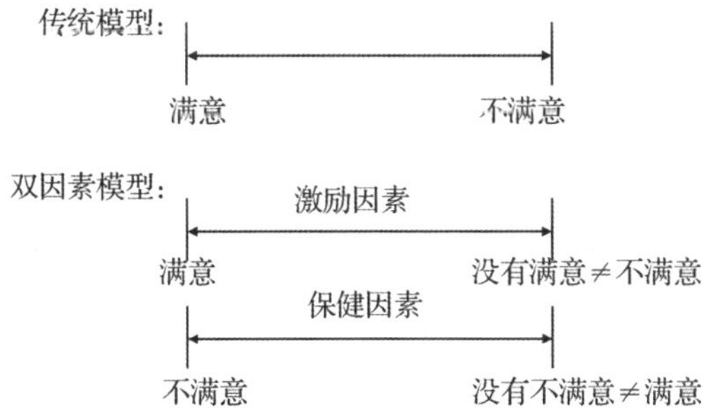

图 5-7 传统模型与双因素模型

(三)弗鲁姆与期望理论

期望理论(expectancy theory),又称作"效价—手段—期望理论",是由北美著名心理学家和行为科学家维克托·弗鲁姆(Victor H.Vroom)于1964年在《工作与激励》中提出来的激励理论。

弗鲁姆认为，人总是渴求满足一定的需要并设法达到一定的目标。这个目标在尚未实现时，表现为一种期望，这时目标反过来对个人的动机又是一种激发的力量，而这个激发力量的大小，取决于目标价值（效价）和期望概率（期望值）的乘积。用公式表示就是：

$$M=V\times E$$

其中 M 表示激发力量，是指调动一个人的积极性，激发人内部潜力的强度。V 表示目标价值（效价），这是一个心理学概念，是指达到目标对于满足他个人需要的价值。同一目标，由于各个人所处的环境不同，需求不同，其需要的目标价值也就不同。同一个目标对每一个人可能有三种效价：正、零、负。效价越高，激励力量就越大。某一客体如金钱、地位、汽车等，如果个体不喜欢、不愿意获取，目标效价就低，对人的行为的拉动力就小。举个简单的例子，幼儿对糖果的目标效价就要大于对金钱的目标效价。E 是期望值，是人们根据过去的经验判断自己达到某种目标的可能性是大还是小，即能够达到目标的概率。目标价值大小直接反映人的需要动机的强弱，期望概率反映人实现需要和动机的信心的强弱。如果个体相信通过努力肯定会取得优秀成绩，期望值就高。这个公式说明：假如一个人把某种目标的价值看得很大，估计能实现的概率也很高，那么这个目标激发动机的力量就越强烈。

期望理论对于有效地调动人的积极性，做好人的思想政治工作，具有一定的启发和借鉴意义。因为期望理论是在目标尚未实现的情况下研究目标对人的动机的影响。一个好的管理者，应当研究在什么情况下使期望大于现实，在什么情况下使期望等于现实，以更好地调动人的积极性。

【管理故事】

洋葱替代胡萝卜的尴尬

一家制药业的巨无霸刚刚获得了一项评审极其严格的质量产品奖。广大的员工废寝忘食，牺牲了个人正常的生活，通过半年多的努力，最终赢得了这个奖项。当宣读获得这个奖项的人员及公司名称的时候，大家都兴奋不已。公司领导很快就召集全体员工开庆祝会。这之前他们先召开了会议，会议并没有宣布嘉奖事宜。然后，他们把员工召集到自助餐厅开庆祝会，由总裁表达对每位员工的感谢，宣布这个奖项对公司的意义。总裁总结性地说道："为了庆祝这次巨大的成功，大家都会得到一份很有意义的礼物。"

此时，从后面传来一句："现在就发吧！"大家都笑了，那时大家的心情就像过节一样。CEO 点了点头，示意公关部经理揭开了罩在神秘礼物上的帷幕。啊！竟是由无数塑料杯子搭建起的金字塔造型。会场上先是死一般的寂静，接着爆发出震耳欲聋的喊声。员工们几乎被这个场面所震晕，就像他们看到的是一个巨大的发了霉的圣诞水果蛋糕一样。

后来，大家排着队，陆续领走自己的杯子。在员工摇着头，苦笑着领走奖品时，可怜的 CEO 好像只剩下最后一点呼吸了。其他员工的表情也让他心凉。随后的几个星期里，杯子就成了公司里新的（令人嘲讽和挖苦的）质量的象征品了。

点评：我们必须承认，及时公开地召集庆功仪式的创意是好的，通过演讲来赏识和激励员工的努力也是成功的，准备具有纪念意义的奖品的初衷也是无可厚非的。但比起几个月中员工们的投入，尽心和卓越的工作表现，以及取得的佳绩而言，最终实施的结果确实令人遗憾。

这个事例的启示就是：要想达到预期的效果，奖品的价值需要和员工的努力以及所带来的效益成正比，要能够成为真正体现出员工价值的激励象征。记住：这份回报应该是有形的和实在的，并且具有纪念意义。胡萝卜的管理文化，必须有着表彰鼓励个性需求的内涵。用洋葱类的替代品掩饰没有胡萝卜的尴尬，只会给员工留下食之无味的不良口感，使所谓的奖励变得没有意义，甚至起到适得其反的作用。

（四）亚当斯与公平理论

公平理论又称社会比较理论，它是美国行为科学家亚当斯(J.S.Adams)在《工人关于工资不公平的内心冲突同其生产率的关系》(1962 年，与罗森鲍姆合写)、《工资不公平对工作质量的影响》(1964 年，与雅各布森合写)、《社会交换中的不公平》(1965 年)等著作中提出来的一种激励理论。该理论侧重于研究工资报酬分配的合理性、公平性及其对职工生产积极性的影响。

公平理论的基本观点是：当一个人做出了成绩并取得了报酬以后，他不仅关心自己所得报酬的绝对量，而且关心自己所得报酬的相对量。因此，他要进行种种比较来确定自己所获报酬是否合理，比较的结果将直接影响今后工作的积极性。

一种比较称为横向比较，即将自己获得的“报偿”(包括金钱、工作安排以及获得的赏识等)与自己的“投入”(包括教育程度、所作努力、用于工作的时间、精力和其他无形损耗等)的比值与组织内其他人做社会比较，只有相等时，他才认为公平，如下式所示。

$$\frac{OP}{IP}=\frac{OC}{IC}$$

其中：

OP——自己对所获报酬的感觉；

OC——自己对他人所获报酬的感觉；

IP——自己对个人所作投入的感觉；

IC——自己对他人所作投入的感觉。

当上式为不等式时，可能出现以下两种情况：

(1) $\frac{OP}{IP}>\frac{OC}{IC}$

在这种情况下，他可能要求增加自己的收入或减小自己今后的努力程度，以便使左方增大，趋于相等；也可能要求组织减少比较对象的收入或者让比较对象今后增大努力程度以便使右方减小，趋于相等。此外，他还可能另外找人作为比较对象，以便达到心理上的平衡。

(2) $\frac{OP}{IP}<\frac{OC}{IC}$

在这种情况下，他可能要求减少自己的报酬或在开始时自动多做些工作，但久而久之，他会重新估计自己的技术和工作情况，终于觉得他确实应当得到那么高的待遇，于是产量便又会回到过去的水平了。

除了横向比较之外，人们也经常做纵向比较，即把自己目前投入的努力与目前所获得报偿的比值，同自己过去投入的努力与过去所获报偿的比值进行比较。只有相等时他才认为公平，如下式所示。

$$\frac{OP}{IP}=\frac{OH}{IH}$$

其中：

OP——自己对现在所获报酬的感觉；

OH——自己对过去所获报酬的感觉；

IP——自己对个人现在投入的感觉；

IH——自己对个人过去投入的感觉。

当上式为不等式时，也可能出现以下两种情况：

(1) $\frac{OP}{IP}<\frac{OH}{IH}$

当出现这种情况时，人也会有不公平的感觉，这可能导致工作积极性下降。

(2) $\frac{OP}{IP}>\frac{OH}{IH}$

当出现这种情况时，人不会因此产生不公平的感觉，但也不会觉得自己多拿了报偿，从而主动多做些工作。

调查和试验的结果表明，不公平感的产生，绝大多数是由于经过比较认为自己目前的报酬过低而产生的；但在少数情况下，也会由于经过比较认为自己的报酬过高而产生。

我们看到，公平理论提出的基本观点是客观存在的，但公平本身却是一个相当复杂的问题，这主要是由于下面几个原因：

第一，它与个人的主观判断有关。上面公式中无论是自己的或他人的投入和报偿，都是个人感觉，而一般人总是对自己的投入估计过高，而对别人的投入估计过低。

第二，它与个人所持的公平标准有关。上面的公平标准采取的是贡献率，也有采取需要率、平均率的。例如有人认为助学金应改为奖学金才合理，有人认为应平均分配才公平，也有人认为按经济困难程度分配才适当。

第三，它与绩效的评定有关。我们主张按绩效付报酬，并且各人之间应相对均衡。但如何评定绩效？是以工作成果的数量和质量，还是按工作中的努力程度和付出的劳动量？是按工作的复杂、困难程度，还是按工作能力、技能、资历和学历？不同的评定办法会得到不同的结果。最好是按工作成果的数量和质量，用明确、客观、易于核实的标准来度量；但这在实际工作中往往难以做到，有时不得不采用其他的方法。

第四，它与评定人有关。绩效由谁来评定？是领导者评定还是群众评定或自我评定？不同的评定人会得出不同的结果。由于同一组织内往往不是由同一个人评定，因此会出现松紧不一、回避矛盾、姑息迁就、抱有成见等现象。

然而，公平理论对我们有着重要的启示：首先，影响激励效果的不仅有报酬的绝对值，还有报酬的相对值。其次，激励时应力求公平，使等式在客观上成立，尽管有主观判断的误差，也不致造成严重的不公平感。再次，在激励过程中应注意对被激励者公平心理的引导，使其树立正确的公平观：一是要认识到绝对的公平是不存在的；二是不要盲目攀比；三是不要按酬付劳，按酬付劳是在公平问题上造成恶性循环的主要杀手。

为了避免职工产生不公平的感觉，企业往往采取各种手段，在企业中造成一种公平合理的气氛，使职工产生一种主观上的公平感。如有的企业采用保密工资的办法，使职工相互不了解彼此的收支比率，以免职工互相比较而产生不公平感。

（五）斯金纳与强化理论

1. 强化理论定义

强化理论是由美国的斯金纳提出的。斯金纳所倡导的强化理论是以学习的强化原则为基础的关于理解和修正人的行为的一种学说。所谓强化，从其最基本的形式来讲，指的是对一种行为的肯定或否定的后果（报酬或惩罚），它至少在一定程度上会决定这种行为在今后是否会重复发生。强化包括正强化、负强化和自然消退三种类型。

(1)正强化，又称积极强化。当人们采取某种行为时，能从他人那里得到某种令其感到愉快的结果，这种结果反过来又成为推进人们趋向或重复此种行为的力量。例如，企业用某种具有吸引力的结果（如奖金、休假、晋级、认可、表扬等），以表示对职工努力进行安全生产的行为的肯定，从而增强职工进一步遵守安全规程进行安全生产的行为。

(2)负强化，又称消极强化。它是指通过某种不符合要求的行为所引起的不愉快的后果，对该行为予以否定。若职工能按所要求的方式行动，就可减少或消除令人不愉快的处境，从而也增大了职工符合要求的行为重复出现的可能性。例如，企业安全管理人员告知工人不遵守安全规程，就要受到批评，甚至得不到安全奖励；于是工人为了避免此种不期望的结果，而认真按操作规程进行安全作业。

惩罚是负强化的一种典型方式，即在消极行为发生后，以某种带有强制性、威慑性的手段（如批评、行政处分、经济处罚等）给人带来不愉快的结果，或者取消现有的令人愉快和满意的条件，以表示对某种不符合要求的行为的否定。

(3)自然消退，又称衰减。它是指对原先可接受的某种行为强化的撤销。由于在一定时间内不予强化，此行为将自然下降并逐渐消退。例如，企业曾对职工加班加点完成生产定额给予奖酬，后经研究认为这样不利于职工的身体健康和企业的长远利益，因此不再发给奖酬，从而使加班加点的职工逐渐减少。

2. 对管理实践的启示

强化理论对管理实践有重要的指导作用：

(1)奖励与惩罚相结合。即对正确的行为，对有成绩的个人或群体给予适当的奖励；同时，对于不良行为，对于一切不利于组织工作的行为则要给予处罚。大量实践证明，奖惩结合的方法优于只奖不罚或只罚不奖的方法。

(2)以奖为主，以罚为辅。强调奖励与惩罚并用，并不等于奖励与惩罚并重，而是应以奖为主，以罚为辅，因为过多运用惩罚的方法，会带来许多消极的作用，在运用时必须慎重。

(3)及时而正确强化。所谓及时强化是指让人们尽快知道其行为结果的好坏或进展情况，并尽量予以相应的奖励；正确强化就是要“赏罚分明”，即当出现良好行为时就给予适当的奖励，而出现不良行为时就给予适当的惩罚。及时强化能给人们以鼓励，使其增强信心并迅速地激发工作热情，但这种积极性的效果是以正确强化为前提的；相反，乱赏乱罚绝不会产生激励效果。

(4)奖人所需，形式多样。要使奖励成为真正的强化因素，就必须因人制宜地进行奖励。每个人都有自己的特点和个性，其需要也各不相同，因而他们对具体奖励的反应也会大不一样。所以奖励应尽量不搞一刀切，应该奖人之所需，形式多样化，只有这样才能起到奖励的效果。

斯金纳的强化理论和弗隆的期望理论都强调行为同其后果之间关系的重要性，但弗隆的期望理论较多地涉及主观判断等内部心理过程，而强化理论只讨论刺激和行为的关系。

【管理案例】

身轻者死，重任者活

医院病房，住着两位相同的绝症患者，不同的是，一个来自乡下农村，一个就生活在医院所在的城市。

生活在城市的病人，每天都有亲朋好友和同事前来探望。家人、朋友探望时劝慰说："老宋，现在你什么也别想，一门心思养病就行。"单位来人时开导说："你放心，单位上的事，我们都替你安排好了……"

来自乡下农村的患者，只有一位十二三岁的小男孩守护着。他的妻子十天半月才能来一次，或送钱，或送些衣物。妻子每次来，不停地说这说那，要丈夫为家里的事情拿主意……

几个月后，生活在城市里的患者在亲人悲天怆地的哭声中永远地去了，而来自乡下农村的患者却奇迹般地活了下来。生活在医院所在城市的那位病人，在亲人、朋友、同事的宽慰声里，意识到他们已不需要自己，渐渐地失去了战胜病魔的信心和勇气，于是在孤独、寂寞与病魔的吞噬中慢慢死去。而来自乡下农村的患者，在妻子大事小事都要自己定夺、拿主意中，意识到家人对自己不可缺少，自己对家人的重要性，意识到自己必须活着，于是一种强烈的求生欲望使他奇迹般地活了下来。

故事的哲理：

感到自己被别人需要，对任何一个人来说都是一种莫大的鼓舞。如果身为主管的你想要你身边的员工鼓起斗志，就不要忘了告诉他：你对我，对我们都很重要！

(六)归因理论

1958年，海德(Fritz Heider)在他的著作《人际关系心理学》中，从通俗心理学(naive psychology)的角度提出了归因理论。该理论主要解决的是日常生活中人们如何找出事件的原因。海德认为人有两种强烈的动机：一是形成对周围环境一贯性理解的需要；二是控制环境的需要。而要满足这两个需要，人们必须有能力预测他人将如何行动。因此海德指出，每个人(不只是心理学家)都试图解释别人的行为，并都具有针对他人行为的理论。

海德认为事件的原因无外乎有两种：一是内因，比如情绪、态度、人格、能力等；二是外因,比如外界压力、天气、情境等。一般人在解释别人的行为时,倾向于性格归因;在解释自己的行为时,倾向于情景归因。

海德还指出,在归因的时候,人们经常使用两个原则:一是共变原则,它是指某个特定的原因在许多不同的情境下和某个特定结果相联系,该原因不存在时,结果也不出现,我们就可以把结果归于该原因,这就是共变原则。比如一个人老是在考试前闹别扭、抱怨世界,其他时候却很愉快,我们就会把闹别扭和考试连在一起,把别扭归于考试而非人格。二是排除原则,它是指如果内外因某一方面的原因足以解释事件,我们就可以排除另一方面的归因。比如一个凶残的罪犯又杀了一个人,我们在对他的行为进行归因的时候就会排除外部归因,而归于他的本性等内在因素。

三、关于激励员工的建议

(1)认清个体差异;
(2)使人与职务相匹配;
(3)运用目标;
(4)确保个体认为目标是可达到的;
(5)个别化奖励;
(6)奖励与绩效挂钩;
(7)检查公平性系统;
(8)不要忽视钱的因素。

【管理名言】

奖励什么,就会得到什么。　　——管理专家米契尔·拉伯福

第四节　沟　通

【导入案例】

“3+1”公司

公司总经理波利想出卖自己的股票,但又想保住自己总经理的职务,这是公开的秘密了。他为公司制定了两个战略方案:一个是把航空公司的附属单位卖掉,另一个是利用现在的基础重新振兴发展。他自己曾经对这两个方案的利弊进行了认真的分析,并委托副总经理本查明提出一个参考的意见。本查明曾为此起草了一个备忘录,随后叫秘书比利打印。比利打印完以后即到职工咖啡厅去。在喝咖啡时比利碰到了另一个副总经理肯尼特,并将这一秘密告诉了他。

比利对肯尼特悄悄地说:“我得到了一个最新消息。他们正在准备成立另外一个航空公司。他们虽说不会裁员,但是我们应该联合起来,有所准备啊。”这些话又

被办公室的通讯员听到了。他又高兴地立即把这个消息告诉他的上司巴巴拉。巴巴拉又为此事写了一个备忘录给负责人事的副总经理马丁。马丁也加入了他们的联合阵线,并认为公司应保证兑现其不裁减职工的诺言。

第二天,比利正在打印两份备忘录。备忘录却被路过办公室探听消息的莫罗看见了。莫罗随即跑到办公室说:"我真不敢相信公司会做这样的事情,我们要卖给航空公司了,而且要大量减员呢!"

这个消息传来传去,3天后又传回总经理波利的耳朵里。他也接到了许多极不友好甚至是敌意的电话和信件,人们纷纷指责他企图违背诺言而大批解雇工人。有的人也表示为与别的公司联合而感到高兴,波利则被弄得迷惑不解。

后来波利经过多方了解,终于弄清了事情的真相。然后波利就采取了澄清传闻的工作。首先他给各部门印发了他为公司制定的那两个战略方案,并让各部门的负责人将两个方案的内容发布给全体职工。三天后,他把全公司的员工召集在一起,让他们谈谈对这两个方案的看法。职工们各抒己见,但多数人倾向于第二个方案。最后波利说:"首先向大家道歉,由于我的工作失误使大家担心了,很抱歉,希望大家能原谅我。其次,我看到大家这样地爱公司,我也很受鼓舞,其实前几天大家所说的那件事就是这两个方案的'升华',今天我看到了大家的决心,那么我就更有信心,使我们的公司发展得更好。谢谢!"

最后,该公司采取了第二个方案,公司也更迅速地发展起来。

点评:非正式沟通是指以企业非正式组织系统或个人渠道进行的信息传递。企业中非正式沟通是客观存在的,并且在企业中扮演着重要角色。由于非正式沟通的主要功能是传播职工所关心的有关信息,因此,它具有信息交流速度快、信息比较准确、沟通效率高和满足职工需要的特点。但非正式沟通有一定的片面性,沟通中的信息常常被夸大曲解。所以管理者应正确对待非正式沟通,而且应该重视这方面信息的收集,以把握员工的动向,并对传播者给予原谅。

一、沟通概述

(一)什么是沟通

沟通(communication)是指可理解的信息或思想在两个或两个以上人群中的传递或交换的过程,包含五层含义:

(1)沟通对象是人,且必须涉及两人以上;

(2)沟通必须有一定的信息情报,即传递和交流的内容;

(3)沟通必须借助于一定的媒体才能进行,如口头和文字;

(4)信息只有被接收到和理解了,沟通过程才算完整;

(5)不同意见之间的争论也是一种有效的沟通方式。

(二)沟通的重要性

(1)沟通是协调各个体、各要素,使企业成为一个整体的凝聚剂。没有沟通就没有协调,也就不可能实现企业的目标。

(2)沟通是领导者激励下属,实现领导职能的基本途径。

(3)沟通也是企业与外部环境之间建立联系的桥梁。

运用沟通理论和技巧进行有效沟通的习惯,将使你在工作、生活中游刃有余。

【管理案例】

培洛的走动式进餐

有一个叫培洛的美国人,曾是IBM公司排名第一的推销员,创造过用17天完成全全年销售任务的奇迹!

后来培洛决定自己创业,公司叫作EDS。当时公司发展到几万名员工后,他把这个公司以30亿美元的价格卖给了美国通用汽车公司。

卖之前,美国通用汽车公司的总裁到了培备的EDS总部,看了之后觉得很满意。这位总裁对培洛说:“你的公司管理得不错,我们应该有很多合作的空同和机会。”

到了午餐时间,他问培洛:“贵公司主席用餐的餐厅在哪里?”培备说:“我们公司没有啊!”总裁问:“那贵公司有没有高级主管用餐区?”培洛说:“对不起,总裁,我们公司也没有。"总裁问:“那我们今天中午怎么吃饭啊?”培洛说:“就排队跟员工一起吃自助餐好了.”

美国通用汽车公司的总裁到了他即将收购的公司,连一个主管的餐厅都没有,还要排队吃自助餐?这位总裁觉得不可思议。排队取餐之后,他问培洛:”我们坐在哪里?”培洛说“就跟员工一起坐呀!”于是,那位总裁一边吃一边与员工聊天。

吃到一半之后,通用汽车的总裁说“我们换张桌子吧。”这位通用汽车的总裁觉得更不可思议。

吃完之后,通用汽车的总裁说:“培洛呀,虽然你这个公司没有什么高级主管餐厅,但你公司的菜是我吃过的自助餐里最好的。”

原来培洛在企业里天天排队吃自助餐,是在监督厨房,而他每餐中间换一桌跟基层的员工聊大,是为了时刻了解公司的营业状况。

故事的哲理:管理中70%的错误是因为沟通不充分造成的。通用电气公司CEO伊梅尔在谈怎么样支配自己的有效工作的时间时说“我差不多有30%到40%的时间跟人打交道,进行交流,沟通。”

（三）沟通的过程

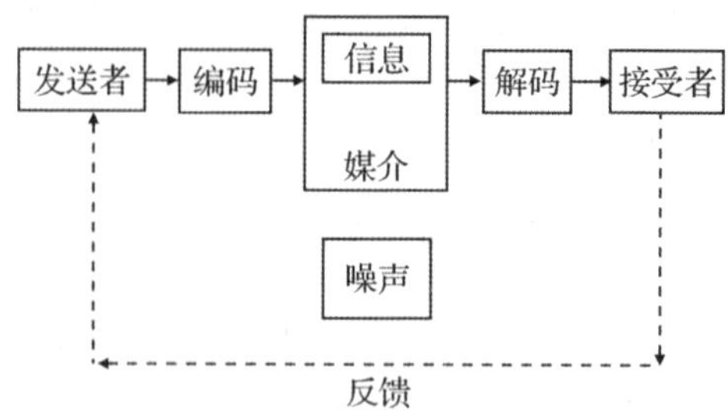

图 5-8 沟通过程

构成信息沟通过程的八个要素是：发送者，信息，编码，通道，解码，接受者，反馈，噪音。
发送者：应擅长于写与说。
通道：特定的通道对传递某些信息是更有效的。
接受者：应擅长于读或听。
反馈：对信息是否被理解进行核实。
噪音：信息传递过程中的干扰因素。

【管理案例】

列队行进的毛毛虫

有一种毛毛虫叫作列队行进的毛毛虫。之所以这么叫它们，是因为一旦有一只毛毛虫选定了方向，其他毛毛虫都会紧随其后，沿着同一条路爬行。

实际上，跟随者的行为已经变成机械的反应了，因此它们的眼睛半闭着，把周围的世界都挡在了视野之外。所有思考都让领头的毛毛虫去做，朝哪个方向走也让它去决定。它们的行为只是机械地例行公事。

法国自然学家曾做了一个实验，诱使领头的毛毛虫围着一个大花盆绕圈。其他毛毛虫紧紧排成一队，跟着它走，形成了一个头尾相连的圆圈，谁是领头者、谁是跟随者都分不出来，道路也无始无终。

毛毛虫并没有对这种徒劳无功的行为感到厌烦，相反，它们没头没脑地走了几天几夜，直到由于没有进食而饥肠辘辘疲惫不堪地从花盆上掉下来为止。

这群完全依靠直觉、经验、习俗和传统的毛毛虫最终劳而无功，因为它们选错了行为方式。

思考：

1. 想象一下，自己在哪些场合中有可能成为类似列队行进的毛毛虫现象的牺牲品？解释一下原因。

2. 我们怎样防止自己与他人成为这些毛毛虫似的人物？

（四）信息沟通的分类

1. 按信息沟通渠道，分为正式沟通和非正式沟通

正式沟通是为企业组织所设计和规范的沟通，以正式的职位关系为基础，如管理者和员工之间的沟通。正式沟通是通过正式信息沟通渠道建立起来的联系，它在组织中最为常见，在信息沟通中发挥主渠道作用。

非正式沟通是一种通过正式规章制度和正式组织程序以外的其他各种渠道进行的沟通。例如："小道消息"——组织中信息的一个重要来源，是职工所关心的与他们有关的信息。有调查发现，75%的员工是通过小道消息网络的传播而得到第一消息的。非正式沟通的特点是：交流速度较快；信息比较准确；沟通效率较高；满足职工需要；存在一定的片面性。

【管理故事】

麻将后面的政治新闻

我国新闻界的前辈徐铸成先生有一次谈到他早年采访中的一段经历。1928年阎锡山和冯玉祥曾经酝酿联合反蒋介石，可是当冯玉祥到达太原时，阎锡山却把他软禁起来，借此行动向蒋介石要钱要枪。后来冯玉祥的部下做了一番努力，才逐步扭转危局。那天徐铸成到冯玉祥驻太原的办事处采访，看到几个秘书正在打麻将，心里一动，估计冯玉祥已经脱身出走了，因为冯治军甚严，如果他在家的话部下是不敢打牌的。徐铸成赶紧跑到冯玉祥的总参议刘治洲家采访，见面就问："冯玉祥离开太原了？"对方大吃一惊，神色紧张地反问："啊？你怎么知道？"这个简短的对答，完全证实了徐铸成的判断。徐铸成就这样通过一桌麻将和采访对象的神色语气，获得了冯玉祥脱身出走的重要信息。以后他又经过深入的访谈，摸清了冯玉祥阎锡山将再度联合的政治动向，在当时这是一条极其重要的政治新闻。

2. 按信息沟通的方法，分为书面沟通、口头沟通、非语言沟通和电子媒介沟通

表 5-1　各种沟通方式比较表

沟通方式	实　例	优　点	缺　点
口头沟通	交谈、讲座、讨论、电话	快速传递，快速反馈，信息量很大	失真严重，核实困难
书面沟通	报告、文件、通知、信件、内部期刊等	持久，有形，可以复核	效率低，缺乏反馈
非语言沟通	声、光信号，表情、语调、体态等	信息意义明确，内涵丰富，灵活	传递距离有限，界限模糊，依赖于接受者理解
电子媒介	传真、网络、闭路电视等	快速传递，信息量大，一份信息可同时传递多人，廉价	单向传递

最有效的沟通是语言沟通和非语言沟通的结合。

3. 按信息沟通的方向，分为下行沟通、上行沟通和平行沟通

下行沟通：自上而下的信息传递和沟通。

上行沟通：组织中的成员、群体通过一定的渠道与决策层进行的信息交流，如下级向上级定期或不定期的汇报工作，进行情况或问题的反映，征求意见等。

平行沟通：又称横向沟通，是指在组织系统中处于相同层次的人、群体、职能部门之间进行的信息传递和交流。

二、信息沟通的障碍及克服

有效沟通是指传递和交流信息的可靠性和准确性高，它表明了组织对内外噪音的抗干扰能力，因而和组织的智能(organizational intelligence)有关。沟通的有效性越明显，说明组织智能越高。

在沟通过程中，由于存在内外噪音，信息容易失真，使信息的传递不能发挥正常的作用，即组织的沟通存在沟通障碍。要实现有效沟通，就必须分析影响沟通的因素并找出解决办法。

(一)信息沟通的障碍

在沟通中常见的障碍有：

(1)形体障碍。比如由于错误的肢体语言，传达出来的信息会使沟通产生障碍。

(2)心理障碍。比如有的技术人员、研发人员非常害羞，不善于表达自己，那么在沟通的过程中就会产生一定的障碍。

(3)语言障碍。很多大型跨国企业，由于员工来自世界各地，语言上会有一些障碍。

(4)环境障碍。很多大型跨国企业，它的中国区市场部可能在北京，物流配送中心可能在上海，研发基地可能在硅谷，这种地域上的障碍，会对沟通产生一定的影响。

(5)地位障碍。在一些头脑风暴会议上，或者恳谈会中，如果有一位相对权威的人士参加，比如公司的某位领导，于是，很多员工就不会发言了。这就是地位产生的沟通障碍。

(6)人数障碍。比如在小型的培训会上，可以进行面对面的沟通；如果下面坐着一两百个学员，大家就无法进行有效的沟通了。

(7)文化障碍。麦当劳刚刚进入中国市场的时候，曾经有一段时间，员工的劳动生产率非常低，工作懈怠，牢骚满腹。经过反复调查和沟通，员工终于说出了自己的心里话。他们说，麦当劳的老板们太“抠”，中午的午餐每人只给一个汉堡，再加一包薯条和一杯可乐，而且汉堡还不是巨无霸。这是什么问题呢？实际上是由于文化不同产生的障碍。在西方很多的国家，午餐就是很简单的，一个汉堡、一个热狗就可以了。

(二)改善沟通效果的措施

(1)明确沟通的重要性，正确对待沟通。

(2)创造一个相互适应，有利于沟通的小环境。

(3)发送者必须熟悉和了解接受者，用接受者可以接受的语言和方式来传递信息。发送信息要准确、及时和适时。

【管理案例】

丈夫也会唠叨

妻子正在厨房炒菜。丈夫在她旁边一直唠叨不停:“慢些,小心！火太大了,赶快把鱼翻过来,快把鱼铲起来,油放太多了,把豆腐整平一下!”妻子脱口而出:“我懂得怎么炒菜!”“你当然懂,太太。”丈夫平静地回答道:“我只想让你知道,我在开车时你在旁边喋喋不休时我的感受”。

故事的哲理:对于合作而言,仅仅有共同的利益是远远不够的,还必须有共同的角度与体验,要主动进行换位思考。

(4)选择最适宜的沟通媒体。

(5)运用好反馈。

(6)注意非言语提示。

(7)接受者要积极倾听。

(8)接受者要控制情绪,克服各种心理障碍。

(9)尽量减少沟通环节,缩短传递的渠道,保证信息的畅通无阻和完整性,以免信息失真。

(10)建立特别委员会,定期加强上下级的沟通。

(11)加强平行沟通,促进横向交流。

(12)职工代表大会。

(13)非管理工作组。

(14)运用信息技术。

有效沟通的技巧可归纳为表5-2。

表5-2 有效沟通的技巧

要	不 要
表现出兴趣	争辩
全神贯注	打断
该沉默时必须沉默	从事与谈话无关的活动
选择安静的地方	过快地或提前做出判断
留适当的时间用于辩论	草率地给出结论
注意非语言暗示	让别人的情绪直接影响你
当你没有听清楚时,请以疑问的方式重复一遍	
当你发觉遗漏时,直截了当地问	

【管理故事】

"听"的艺术

一天,美国知名主持人林克莱特访问一名小朋友,问他:"你长大后想要当什么呀?"

小朋友天真地回答:"嗯……我要当飞机的驾驶员!"

林克莱特接着问:"如果有一天,你的飞机飞到太平洋上空所有引擎都熄火了,你会怎么办?"

小朋友想了想:"我会先告诉飞机上的人绑好安全带,然后我挂上我的降落伞跳出去。"

现场的观众大笑,也认为这个孩子是个自作聪明、不顾别人的家伙。

这时,林克莱特继续注视着这孩子,没想到,接着孩子的两行热泪夺眶而出,这才使得林克莱特发觉这孩子的悲悯之情是真实不虚的。

于是林克莱特问他说:"为什么要这么做?"

小孩的答案透露出一个孩子真挚的想法:"我要去拿燃料,我还要回来!!"

思考:"我还要回来!"……你听到别人说话时,你真的听懂他说的意思吗?你懂吗?如果不懂,就请听别人说完吧,这就是"听的艺术":(1)听话不要听一半;(2)还有,不要把自己的意思投射到别人所说的话上头。

三、冲突与谈判

(一)冲突

当人们具有不同的目标或利益时,往往会产生外显或潜在的意见分歧或矛盾,从而体验到心理冲突或人际冲突。在中国文化背景下,"冲突"一词往往具有一定的负面含义。因此,许多时候,人们会忌讳谈论"冲突",更多愿意用"矛盾"或"分歧"的概念来分析所存在的问题。冲突是指由于某种差异而引起的抵触、争执或争斗的对立状态。

有差异就可能引起冲突,不管这种差异是否真实存在,只要一方感觉到有差异就会发生冲突。这些差异主要有:沟通差异、结构差异、个体差异。

(二)冲突的利弊

有关冲突的利弊,一般有两种观点。一种曾经比较流行的观点认为,管理情景中,出现冲突是消极的,冲突影响组织功能的正常发挥,甚至具有破坏作用。冲突容易使人们脱离工作任务要求,以"成败论英雄",进而造成决策偏差或失误。因此,管理者的任务是采取各种办法避免冲突,设法协调各方的利益,寻求共同目标,尽可能减少冲突的发生。

另一种近期的观点则认为,冲突是工作或生活的一个组成部分,可以起到有益和更新及创新的作用,是"功能性"的。冲突可以体现活力,帮助人们关注工作任务,增强群体内聚力。因此,应该运用多种手段利用冲突,改进和提高决策质量,增强管理效能。一些心理学家认为,应把冲突分为破坏性冲突和建设性冲突,只有在冲突阻碍组织目标达成时,冲突才起消极的作用。

(三)冲突处理

冲突不可避免地存在于一切组织之中,我们不仅应当承认冲突是正当现象,而且要看到冲突的积极作用。

对待冲突应该做到:使组织保持适度冲突,妥善地处理冲突。

(1)谨慎地选择需要处理的冲突;

(2)仔细研究冲突双方的代表人物;

(3)深入了解冲突的根源;

(4)妥善地选择处理办法:迁就、强制、妥协、协作。

(四)谈判

许多冲突是通过谈判来协调解决的。因此,谈判过程是冲突管理的重要方面。谈判包含四个成分:谈判各方的相互依存性,谈判各方目标或程序的冲突性,谈判各方的动机与影响力,谈判各方对达成一致意见的信念。

管理心理学把谈判分为四个阶段。

(1)调查准备阶段。这是最重要的谈判步骤之一,需要收集问题与方案的事实信息,了解他方谈判风格、动机、个性与目标,分析基本背景。

(2)方案表达阶段。这个阶段包括提出最初要价、表达我方需求。这时,表达能力与沟通能力十分重要,跨文化差异在这一阶段比较明显。

(3)讨价还价阶段。这时,管理人员运用各种公关手段、沟通技能与谈判策略,以便达成原则意见。

(4)达成一致阶段。这一阶段,处于谈判的尾声,通过讨论,达成一致意见或协议。

谈判是双方或多方为实现某种目标就有关条件达成协议的过程。

谈判是一个过程,存在一些较为普遍的差误。例如,非理性地加大承诺,一方得利、一方受损,以及过分自信等。常用的解决策略是运用多种原则,形成处理方案。主要有以下一些原则:理性分析谈判的事件;理解你的谈判对手;抱着诚意开始谈判;坚定与灵活相结合。

【思政园地】

曹德旺关于企业家的四个自信

2018年4月8日—11日,博鳌亚洲论坛2018年年会在海南博鳌举行。曹德旺应邀出席。在与诸多政商领袖展开的高峰对话中,曹德旺提出,中国商道的精髓就在于义利相济,中国企业要发展,就必须建立自信。

曹德旺认为,自信是一种素质,是一种修养。“企业家培养自信,一要学会敬天,二要学会爱人。你能够做到这些肯定会有自信。第二你要有一种自强不息的精神,再加上一个非常高的境界——追求报国为民的理念。”他提出了四个企业家自信的建议。

第一,文化自信。

在一次采访中,曹德旺提到自己对于企业家文化自信的认识:"我认为在中国做企业家,首先必须具备文化自信。你要有信仰。你读了很多的书,领教了、受教了中国的传统文化,还要应用到实践上面去。这就是你的底蕴。企业家必须有这个底蕴,这个叫文化自信。"

文化自信体现为坚持中国古文化所倡导的商道,即"义利相济"。"义"是要承担责任,把自己应该做的地方做到位;"利"是要让大家都得到利益,只有和别人共享共赢,才能把路越走越宽。

曹德旺认为真正的企业家讲究的就是人本主义,以人为本,尊重他人。对所有的合作伙伴、客户以及员工,都要尊重、善待。

他认为,文化是一种信仰,也需要技术专业的支持,即相信科技,文化自信需要科学性的支撑。

第二,行为自信。

行为自信,就是让自己所有做的事情都问心无愧,无可挑剔。

曹德旺坚持玻璃主业。2018 年接受新京报采访时,他谈到坚持有所为有所不为的观点:"为,就是带着我会成功的信念,坚定不移地做大做强主业,把做玻璃这件事坚持做下去。有所不为,就是不被周围影响,不改变福耀坚持做大做强主业这一发展目标。比如,福耀不往互联网、房地产的方向发展。为什么?因为我知道,我的精力有限、我的资金有限、我的经验有限,要把我所有的精力、资金、经验都全部动员到发展主业这一位置上,而不是被其他的东西分散。"

在与《中外管理》的访谈中,曹德旺还谈到:"中国自古以来提倡的是中庸之道,就是要我们本着谦虚、诚信、尊重天下人的原则来做事,做好我们每一件事,不管是在人前还是人后,白天做还是黑夜做,每件事都能做到表里如一、始终如一,多好,这才是中庸之道。

曹德旺的坚守初心,是他行为自信的来源。他做到了自己所提倡的"企业家要敢作敢当,不要盲目扩张,遇到事情勇于承担后果,行为自负",做到敬天爱人,尊重大自然,不做有损他人的事情,不做违反法律法规的事情,遵纪守法、依法治企,守护好员工利益、供应商利益、客户利益、政府利益。

第三,能力自信。

能力自信就是相信自己的决策适合企业发展。

曹德旺说:"企业家的事业是风险事业,借林黛玉葬花时唱的一段台词:'一年三百六十日,风刀霜剑严相逼',这就是企业家的真实处境,因此我给大家的建议是,创业一定要小心。企业管理是一个综合性的学科,我承包工厂之前,学了会计,学了质量管理,我现在可以很自豪地说,在福耀集团,我可以胜任的不单是董事长,我可以出任财务总监、会计总监、质量总监、人力资源总监,我有这个水平。这样才能够把我的企业搞得风生水起。"

企业家在战略决策和管理方面,要有足够的智慧,具有前瞻性的判断,企业家的决策能力和公司治理能力必须符合企业的发展需要。

从最初的水表玻璃、手表玻璃业务,到汽车安全玻璃业务的转变,再到浮法玻璃生产线的购买和美国玻璃工厂的建设，曹德旺具有前瞻性的判断，以果敢的态度决断，抓住商机，提前布局，引领福耀集团一路前进，直至成为全球性行业前列企业。

第四，政治自信。

政治自信即指企业发展方向与国家和地区政府决策保持一致，不管是在海外，还是国内，做企业的都应身先士卒。

曹德旺认为，坚持政治自信，先要学会相信。企业应首先相信政府的伟大，国家机构的权威，要紧跟着政策和规定走，保持与政策的一致步调。

他相信保证企业做好而且屹立不倒的关键在于敬天爱人。"天"就是法律法规，以及风俗制度和习惯。作为企业家，需要明确这些都是不可冒犯的，遵守法律法规是大方向，只有遵纪守法地去做事，企业家内心才能安定，如此才有了敬业的基础。"爱人"则在于对社会的承诺：无论是客户、员工还是政府部门，都是需要去尊重的，企业家应有感恩之心，挣到钱就应该回报社会、回报人们，这是必须要做的历史担当。

2020 年 7 月，习近平总书记在企业家座谈会上强调："中国开放的大门不会关闭，只会越开越大。以国内大循环为主体，绝不是关起门来封闭运行，而是通过发挥内需潜力，使国内市场和国际市场更好联通，更好利用国际国内两个市场、两种资源，实现更加强劲可持续的发展。从长远看，经济全球化仍是历史潮流，各国分工合作、互利共赢是长期趋势。我们要站在历史正确的一边，坚持深化改革、扩大开放，加强科技领域开放合作，推动建设开放型世界经济，推动构建人类命运共同体。"

在国内国际双循环相互促进的新发展格局之下，中国企业仍不能放松"走出去"步伐的节奏与紧迫感。"全球化是所有企业的终极目标"，曹德旺曾在接受采访时说到，企业不断壮大以后，必须国际化，才能体现出它的终极目标，只有它的价值实现了，才是一个非常伟大的事业。

企业家要拥护党和政府的领导，始终保持正确的发展动机，尊重法律、遵守法规，遵循国家会因你而强大、社会会因你而进步、人民会因你而富足的发展理念，这就是政治自信的力量源泉。

（资料来源：徐宏玲，等.管理学课程思政案例集[M].西南财经大学出版社，2021.）

本章小结

领导职能是管理的重要职能。本章主要内容有四：一是领导概述，包括领导的概念、领导力的来源以及领导的艺术；二是领导理论；三是激励理论，包括马斯洛的需要层次理论、双因素理论、期望理论、公平理论等；四是沟通理论，包括沟通的概念、信息沟通的障碍及克服。

一、基础知识练习

(一)单选题

1. 如果你是某公司总经理,一位下属找你汇报工作,这位下属比较啰唆,在汇报工作之时讲许多与工作无关的理论、教条,而你此时正有其他下属在等待汇报工作。在这种情况下,你应该(　　)。

A.任其讲下去,让其他下属耐心等待

B.不客气地打断其讲话,让其他下属开始汇报工作

C.情绪急躁地让其别啰唆,挑主要的讲

D.有策略地打断其讲话,指出时间宝贵,别人还等着呢

2. 一个企业中的管理者为了提高自己对下属的领导效果,他应当(　　)。

A.提高在下属中的威信和影响力

B.尽量升到更高的位置

C.采取严厉的惩罚措施

D.增加对下属的物质刺激,因为每个员工都是"经济人"

3. 有些领导事必躬亲,劳累不堪,但管理的效果不理想,这可能主要是因为他忽视了(　　)。

A.提高自己的领导能力　　B.运用现代的办公设施

C.过分集权的弊端和分权的重要性　　D.锻炼身体的重要性

4. 根据权变理论,领导是否有效取决于(　　)。

A.稳定的领导行为　　B.领导者的品质权威

C.领导者能否适应其所处的具体环境　　D.是专制型领导还是民主型领导

5. 对"领导的本质就是组织成员的追随与服从"的正确解释是(　　)。

A.将组织目标与成员个人目标很好地结合起来,实现有效的领导

B.运用职权让组织成员按领导者意图办事

C.运用奖励权激励成员实现组织目标

D.运用惩罚权强制组织成员遵守规章制度

6. 俱乐部型的领导在工作中主要表现出(　　)。

A.更多地关心职工的工作与生活和较少地注意管理效率的提高

B.在更多地关心职工的工作与生活的同时,也非常注意管理效率的提高

C.虽不大关心职工的工作与生活,但却非常注意管理效率的提高

D.既不大关心职工的工作与生活,也不注意组织管理效率的提高

7. 需要层次理论认为人的需要分为五个层次,它们从低到高的顺序是(　　)。

A.生理的、安全的、社交的、自尊的和自我实现的需要

B.安全的、生理的、社交的、自尊的和自我实现的需要

C.自我实现的、自尊的、社交的、安全的和生理的需要

D.生理的、自尊的、安全的、社交的和自我实现的需要

8. 现在许多工厂，脏活累活没人干，不得不请临时工干，从需要层次理论对该现象进行解释，是因为(　　)。

A.正式工人觉得这样的活丢面子，所以不愿意去做

B.正式工人希望能更好地实现自我价值

C.临时工更多考虑生理需要，多赚钱养家糊口

D.正式工人考虑的是安全需要及更高层次的需要

E.正式工人的技术能力强一些，做这些活有些浪费人才

9. 在一次管理知识和技能培训班上，就如何调动企业员工积极性的问题展开讨论时，学员们众说纷纭，莫衷一是，这里归纳四种不同的主张，假如四种主张都能切切实实做好，你认为(　　)应成为首选的主张。

A.成立员工之家，开展文体活动，增强凝聚力

B.从关心员工需要出发，激发员工的主人翁责任感，从而努力做好本职工作

C.表扬先进员工，树立学习榜样

D.批评后进员工，促使其增强工作责任心

10. 以下哪种方式是物质性奖励？(　　)

A.参与决策　　B.休假　　C.分红　　D.调动工作岗位

11. 根据赫茨伯格的双因素理论，工作条件属于(　　)。

A.正强化因素　　B.激励因素　　C.负强化因素　　D.保健因素

12. 就马斯洛的“需要层次论”和赫茨伯格的“双因素理论”相比较而言，(　　)。

A.生理需要相当于保健因素

B.生理和安全需要相当于保健因素

C.生理、安全和社交需要相当于保健因素

D.生理、安全、社交和尊重需要相当于保健因素

13. 如果有一新入厂的员工工作热情饱满，进步明显，你将(　　)。

A.表扬他的成绩，询问他打算如何进一步提高

B.不加干涉，相信他能够不断提高自己的绩效

C.指导他采取正确的工作方法和工作程序

D.表扬他已取得的成绩，并告诉他如何进一步提高自己的工作成绩

14. 可以使组织成员的行为得到改善的办法是(　　)。

A.认可、奖励或劝告等　　B.批评、降薪或开除等

C.对不合理的行为不予理睬　　D.上述三者均可

15. 从期望理论中，我们得到的最重要的启示是(　　)。

A.目标效率高低是激励是否有效的关键　　B.期望概率的高低是激励是否有效的关键

C.存在着负效率，应引起领导者注意　　D.应把目标效率和期望概率进行优化组合

16. 促使人们去做某件事的激励力的大小，取决于(　　)。

A.目标价值　　B.实现目标的可能性　　C.前两者的乘积　　D.前两者之和

17. 某公司的一位年轻人工作非常突出，同时也取得了高于同行业平均水平的薪资，但他仍未感到满意。这种现象可用何种激励理论得以解释？(　　)

A.期望理论　　B.公平理论　　C.需要层次理论　　D.强化理论

18. 某商场决定进行工资改革，售货员的工资由原来的固定工资改为按其所完成的销售额的一定比例计提工资，从而达到激励员工的效果。这项改革利用了(　　)。

A.双因素理论　　B.期望理论　　C.公平理论　　D.强化理论

19. 张宁在大学计算机系毕业以后，到一家计算机软件公司工作。三年来，他工作积极，取得了一定的成绩。最近他作为某项目小组的成员，与组内其他人一道奋战了三个月，成功地开发了一个系统，公司领导对此十分满意。这天张宁领到领导亲手交给他的红包，较丰厚的奖金令小张十分高兴，但当他随后在项目小组奖金表上签字时，目光在表上注视了一会儿后，脸便很快阴沉了下来。对于这种情况，下列哪种理论可以较恰当地给予解释？(　　)

A.双因素理论　　B.期望理论　　C.公平理论　　D.强化理论

20. 赫兹伯格的双因素理论中，所谓保健因素一般是指与工作环境有关的因素，其特点是(　　)。

A.得不到没有满意，也未必不满意　　B.得不到则满意，得到也未必满意

C.得不到则不满意，得到则没有不满意　　D.得不到则不满意，得到则满意

21. 关于非正式沟通的如下说法中，哪一种是正确的？(　　)

A.非正式沟通必须具备发送者和接受者这两个要素，所传递的内容无关紧要

B.非正式沟通必须同时具备发送者、接受者和所传递的内容三个要素

C.非正式沟通的流向是自上而下的

D.非正式沟通的流向是自下而上的

22. 通常存在于民主的组织环境中的沟通方式是(　　)。

A.自上而下的信息沟通　　B.自下而上的信息沟通

C.横向的信息沟通　　D.交叉的信息沟通

(二)判断题

1. 领导工作是组织结构中一种特殊的人与人的关系，其实质是影响。(　)

2. 领导者只要拥有职权，就会对下属有激励力和鼓舞力。(　)

3. 费德勒模型认为，某一领导方式的有效性与他是否和其所处的环境相适应无关。(　)

4. 有效的领导方式与环境和个性无关。(　)

5. 马斯洛认为个体只有在低级层次的需要得到完全满足后，才会转向追求更高层次的需要。(　)

6. 文化层次不同，人们的需要层次也会不同。(　)

7. 没有需要动机的员工，其行为是无法激励的。(　)

8. 双因素理论认为，消除了人们工作中的不满意因素，就会使工作结果令人满意。(　)

9. 挑战性工作属于双因素理论中的保健因素。(　)

10. 非正式沟通是指通过正式组织途径以外的各种渠道进行的信息流通，这类沟通经常会给组织带来负面影响，因此应杜绝非正式沟通。(　)

（三）简答题

1. 简述领导者的职能。
2. 简述管理方格理论中提出的五种典型的领导方式。
3. 简述领导权力的构成。
4. 权变领导理论的中心思想是什么？
5. 激励的含义是什么？其基本作用如何？
6. 什么是沟通？沟通的作用如何？

二、能力素质训练

（一）案例分析

蓝天技术开发公司由于在一开始就瞄准成长的国际市场，在国内率先开发出某高技术含量的产品，其销售额得到了超常规的增长，公司的发展速度十分惊人。然而，在竞争对手如林的今天，该公司和许多高科技公司一样，也面临着来自国内外大公司的激烈竞争。当公司经济上出现困境时，公司董事会聘请了一位新的常务经理欧阳健负责公司的全面工作。而原先的那个自由派风格的董事长仍然留任。欧阳健来自一家办事古板的老牌企业，他照章办事，十分古板，与蓝天技术开发公司的风格相去甚远。公司管理人员对他的态度是：看看这家伙能待多久！看来，一场潜在的“危机”迟早会爆发。

第一次“危机”发生在常务经理欧阳健首次召开的高层管理会议上。会议定于上午9点开始，可有一个人姗姗来迟，直到9点半才进来。欧阳健厉声道：“我再重申一次，本公司所有的日常例会要准时开始，谁做不到，我就请他走人。从现在开始一切事情由我负责。你们应该忘掉老一套，从今以后，就是我和你们一起干了。”到下午4点，竟然有两名高层主管提出辞职。

此后蓝天公司发生了一系列重大变化。由于公司各部门没有明确的工作职责、目标和工作程序，欧阳健首先颁布了几项指令性规定，使已有的工作有章可循。他还三番五次地告诫公司副经理徐钢，公司一切重大事务向下传达之前必须先由他审批，他抱怨下面的研究、设计、生产和销售等部门之间互相扯皮，踢皮球，结果使蓝天公司一直没能形成统一的战略。

欧阳健在详细审查了公司人员工资制度后，决定将全体高层主管的工资削减10%，这引起公司一些高层主管向他辞职。

研究部主任这样认为：“我不喜欢这里的一切，但我不想马上走，因为这里的工作对我来说太有挑战性了。”

生产部经理也是个不满欧阳健做法的人，可他的一番话颇令人惊讶：“我不能说我很喜欢欧阳健，不过至少他给我那个部门设立的目标我能够达到。当我们圆满完成任务时，欧阳健是第一个感谢我们干得棒的人。”

采购部经理牢骚满腹。他说：“欧阳健要我把原料成本削减20%，他一方面拿着一根胡萝卜来引诱我，说假如我能做到的话就给我油水丰厚的奖励；另一方面则威胁说如果我做不到，他将另请高明。但干这个活简直就不可能，欧阳健这种'大棒加胡萝卜'的做法是没有市场的。从现在起，我另谋出路。"

但欧阳健对被人称为"爱哭的孩子"——销售部胡经理的态度则让人刮目相看。以前，销售部胡经理每天都到欧阳健的办公室去抱怨和指责其他部门。欧阳健对付他很有一套，让他在门外静等半小时，见了他对他的抱怨也充耳不闻，而是一针见血地谈公司在销售上存在的问题。过不了多久，大家惊奇地发现胡经理开始更多地跑基层而不是欧阳健的办公室了。

随着时间的流逝，蓝天公司在欧阳健的领导下恢复了元气。欧阳健也渐渐地放松控制，开始让设计和研究部门更放手地去干事。然而，对生产和采购部门，他仍然勒紧缰绳。蓝天公司内再也听不到关于欧阳健去留的流言蜚语了。大家这样评价他：欧阳健不是那种对这里的情况很了解的人，但他对各项业务的决策无懈可击，而且确实使我们走出了低谷，公司也开始走向辉煌。

思考：

(1)欧阳健进入蓝天公司时采取了何种领导方式？这种领导方式与留任的董事长的领导方式有何不同？他对研究部门和生产部门各自采取了何种领导方式？当蓝天公司各方面的工作走上正轨后，为适应新的形势，欧阳健的领导方式将作何改变？为什么？

(2)有人认为，对下属人员采取敬而远之的态度对一个经理来说是最好的行为方式，所谓"亲密无间"会松懈纪律。你如何看待这种观点？你认为欧阳健属于这种领导吗？

(二)管理游戏

撕纸游戏

实训目标：

为了说明我们平时的沟通过程中，经常使用单向的沟通方式，结果听者总是见仁见智，个人按照自己的理解来执行，通常都会出现很大的差异。但使用了双向沟通之后，又会怎样呢？差异依然存在，虽然有改善，但增加了沟通过程的复杂性。所以什么方法是最好的？这要依据实际情况而定。沟通的最佳方式必须根据不同的场合及环境而定。

实训内容与要求：

形式：20 人左右最为合适

时间：15 分钟

材料：准备总人数两倍的 A4 纸(废纸亦可)

操作程序：

1. 给每位学员发一张纸；
2. 老师发出单项指令；
3. 大家闭上眼睛

——全过程不许问问题

——把纸对折

——再对折

——再对折

——把右上角撕下来，转 180 度，把左上角也撕下来

——睁开眼睛，把纸打开。

老师会发现各种答案。

4. 这时培训师可以请一位学员上来，重复上述的指令，唯一不同的是这次学员们可以问问题。

5. 有关讨论

完成第一步之后可以问大家：为什么会有这么多不同的结果？（也许大家的反映是单向沟通不许问问题所以才会有误差）

完成第二步之后又问大家：为什么还会有误差？（希望说明的是，任何沟通的形式及方法都不是绝对的，它依赖于沟通者双方对彼此的了解，沟通环境的限制等，沟通是意义转换的过程）

成果与检测：

根据学生表现看游戏的效果。

分享重点：

1. 沟通过程中，信息在传递中有衰减（漏斗原理）。

2. 不要以为自己说什么，别人就一定会理解成什么，沟通时需要有反馈，确认沟通对象已经明确了解你所传递的内容。

3. 单向沟通（下达指令）时，不能出现沟通盲点（没有说清楚而又影响关键的点）。

超市关门时

实训目标：

充分理解沟通中倾听的艺术；并知会每个人有不同的心理语言。

实训内容与要求：

游戏程序

1. 先将答题纸 A 的内容发给学员培训师说一个情节（见答题纸 B），让学员去回答的 12 道判断题。

2. 在做完答题纸 A 后将答题纸 B 发给学员，让学员看培训师说过的情节进行判断学员不要受习题一答案的影响。

3. 最后公布答案。

4. 游戏分享讨论：你是听得准确还是看得准确；为什么有的人听得准确，而有的人看得光确；我们应该如何倾听。

情节描述：

某超市经理刚关上超市的市经理打开收银机，收银机内的东西被倒了出来而那个男子却逃走了。一位警察很快接到报案。灯，男子来到超市并索要钱款。

答题纸 A：超市关门时

仔细阅读下列有关故事的提问，并在“正确”、“错误”或“不知道”中作出选择，画“○”。请不要耽搁时间。

	正确	错误	不知道
1. 超市经理将超市内的灯关掉后，一男子到达。	T	F	?
2. 抢劫者是一名男子。	T	F	?
3. 来的那个男子没有索要钱款。	T	F	?
4. 打开收银机的那个男子是店主。	T	F	?
5. 超市经理倒出收银机中的东西后逃离。	T	F	?
6. 故事中提到了收银机，但没说里面具体有多少钱。	T	F	?
7. 抢劫者向店主索要钱款。	T	F	?
8. 索要钱款的男子倒出收银机中的东西后，急忙离开。	T	F	?
9. 抢劫者打开了收银机。	T	F	?
10. 抢劫者没有把钱随身带走。	T	F	?
11. 故事中有三个人物：超市经理、男子、警察	T	F	?

答题纸 B：超市关门时

仔细阅读下列有关故事的提问，并在“正确”、“错误”或“不知道”中作出选择，画“○”。请不要耽搁时间。

	正确	错误	不知道
1. 超市经理将超市内的灯关掉后，一男子到达。	T	F	?
2. 抢劫者是一名男子。	T	F	?
3. 来的那个男子没有索要钱款。	T	F	?
4. 打开收银机的那个男子是店主。	T	F	?
5. 超市经理倒出收银机中的东西后逃离。	T	F	?
6. 故事中提到了收银机，但没说里面具体有多少钱。	T	F	?
7. 抢劫者向店主索要钱款。	T	F	?
8. 索要钱款的男子倒出收银机中的东西后，急忙离开。	T	F	?
9. 抢劫者打开了收银机。	T	F	?
10. 抢劫者没有把钱随身带走。	T	F	?
11. 故事中有三个人物：超市经理、男子、警察	T	F	?

成果与检测：

根据学生的参与程度以及得出结论或观点评定活动的成效，并评定成绩。

（三）无领导小组讨论

成功的领导者是怎么样的？

题目背景：

做一个成功的领导者，可能取决于很多的因素，比如：

善于鼓舞人	能充分发挥下属优势		处事公正
能坚持原则又不失灵活性	办事能力强	幽默	独立有主见
言谈举止有风度	有亲和力	有威严感	善于沟通
熟悉业务知识	善于化解人际冲突		有明确的目标
能通观全局	有决断力		

请你分别从上面所列的因素中选出一个你认为最重要和最不重要的因素。

要求：

首先，给你5分钟时间考虑，然后将答案写在纸上，亮出来。

接下来，你们几位用30分钟时间就这一问题进行讨论，并在结束时拿出一个一致性的意见，即得出一个你们共同认为最重要和最不重要的因素。

然后，派出一个代表来汇报你们的意见，并阐述你们作出这种选择的原因。

如果到了规定的时间你们没有得出一个统一的意见，那么你们每一个人的分数都要相应的减去一部分。

富士康员工自杀阴云重返 管理模式再成众矢之的

〔网易财经5月3日讯〕 五一劳动节前夕，位于郑州的富士康厂区却曝出两次跳楼事件，一男一女选择以极端方式结束自己的生命。随后，也许是意识到了问题，富士康公司紧急取消所谓的“静音模式”管理制度。

时隔两年多富士康再次出现连续跳楼事件，也把外界的目光再次引向对其管理制度不人性的质疑。一方面是内部管理上频发跳楼事件，另一方面又传出苹果公司要求富士康返工500万台Iphone5手机的消息。多重压力下，富士康的代工模式正在面临越来越大的挑战。

富士康郑州工厂四天内再现两连跳

4月22日，面试体检，4月23日，参与员工培训，4月24日凌晨，从六楼跳下，这就是24岁的河南籍小伙小姚三天的富士康生活。

然后直至4月27日下午7时，富士康方面仍未曾与受害者家属接触。悲愤的小姚家属在富士康航空港区工厂门口拉起了名为“还我儿子”和“员工跳楼富士康不理不睬天理难容”的抗议横幅。

令人可叹的是，就在4月27日下午，富士康郑州工厂一名23岁的河南籍未婚女工再次从六楼跳下。当郑州市第一人民医院120随后赶到现场时，有员工在现场听到医护人员说“没办法抢救了”。这名女工刚刚入职半年时间。

短短4天时间内再现两次跳楼事件,富士康的跳楼梦魇疑似重现。2010年1月23日至同年11月5日,富士康就曾出现"十四连跳"的连锁惨剧,引发社会各界乃至全球关注。即便这两年来不再有连续性的惨剧出现,但是媒体上仍会偶尔曝出富士康员工跳楼的消息。

郑州工厂被认为是富士康内迁的主要项目之一。公开资料显示,富士康位于郑州航空港区的工厂建设面积约140万平方米,2011年年底入住员工总数达13万人。2012年,富士康科技园预计将完成年度投资22亿元,建成95条生产线,实现销售收入200亿美元,将郑州打造成为全球最大的智能手机生产基地。

针对再次发生两起跳楼事件,富士康科技集团工会联合会4月30日公开发布声明表示,23岁女员工跳楼后,工会第一时间向员工家属表达了抚慰并提供了必要的帮助,富士康工会将会同集团相关部门,全力配合执法机关针对这一事件的调查,"对此不幸事件表示遗憾"。

但是,对于24岁小伙小姚的死亡,富士康工会则称,"该男子并非富士康的雇员,亦无任何在富士康郑州园区工作的经历"。实际上,此前网络有人爆料称,小姚是进厂不到一周,还没来得及签订劳动合同就发生了跳楼的事情。

到底是什么招致富士康跳楼阴云重返?据了解,该工厂从4月初开始实施所谓的"静音模式"管理制度,员工从进入车间开始就不允许说任何与工作无关的话,否则就可能被开除。多名富士康员工向网易财经抱怨此规定毫无人性。

低良率和业绩压力催生"静音模式"

由于富士康郑州厂区两次跳楼事件未有最终调查结果,也并未有直接证据表明员工自杀与富士康管理模式存在直接关联,但"静音模式"却引发了外界讨论和质疑。

有员工向网易财经讲述,"静音模式"施行后,有时候自己每天工作十多个小时一句话都不敢说,心里极度压抑,上班如同蹲监。

"当我看到有关这个静音模式时,也很惊讶,不知道为什么允许推行这样的规章制度,没有经过详细了解还不能轻易下判断认为富士康员工的跳楼就是由于静音模式造成的,但可以肯定静音模式在生理上是非常不科学也不可取的",布里斯托尔大学精神分裂症及抑郁症专家钱晓晓对网易财经表示。

北京大学社会学系副教授卢晖临认为,说话、交流是人的基本需求,人不是机器,一按按钮就可以消音,所以从这个角度看"静音模式"是粗暴而缺乏弹性的。上海大邦律师事务所律师丁金坤更是对网易财经表示,"静音模式"严重侵犯了员工的权利。

值得注意的是,就在两连跳发生后的4月30日,富士康郑州厂区内部已经悄悄宣布取消"静音模式",知情人士告诉网易财经,富士康厂区关于静音模式的标语和文件已经全部作废,离岗也不再过于限制时长和次数。而且较之前,基层管理人员粗暴的说话方式也有了明显改观。

不过,现在人们好奇的是,富士康为什么会实行这种极端的管理制度?据媒体报道,由于外观不符合标准或出现功能不良等质量问题,苹果公司向富士康退回500万部苹果手机。倘若事情属实,鸿海集团需为此支付10亿元以上的额外成本。

实际上，富士康一季度营收同比下滑19.21%已让郭台铭面临不小的压力。据富士康国际此前发布的年报显示，在2012年里，由于因部分大客户订单减少，富士康国际净亏损3.164亿美元，创下2005年上市以来最大年亏损纪录。

低良率一直都是困扰富士康多年的问题。有富士康内部人士透露，为了提高良品率，郭台铭访遍深圳、郑州等厂区，目前各个园区近一个月内都处在大整顿时期。4月16日，郭台铭去到深圳观澜厂区视察并设立自己的办公室，还表态良率什么时候达到要求他什么时候就离开。

4月11日，有富士康郑州园区的员工声称，郭台铭已于4月9日来到园区视察，当时阵势恢宏，平时摆在厂区门口的摊位也被清除，保安头戴钢盔站得笔直，车间反复整理打扫，员工被规定必须端坐，不可出声更不能走动，连坐下都必须听口令，搞得课长组长线长都十分紧张。也就在此时，富士康郑州工厂开始施行了“静音模式”。

百万机器人计划能否完成自我救赎

两年多前，“十四连跳”一度将富士康这家全球500强企业推上风口浪尖，富士康随后也曾公开承诺改进管理，注重管理人性化，但是如今跳楼阴云再次重返，富士康到底面临何种困境？

2010年，富士康出现多名员工坠楼事件，舆论普遍把富士康员工连续自杀归咎于其近似于军事化的严苛管理，富士康高层虽然承认对员工缺少关怀，但并不认为自身的管理模式与企业定位存在问题。

为防止悲剧接二连三发生，富士康请来专业的心理医生入驻厂区，成立“关爱小组”鼓励员工互相帮助，甚至，为所有宿舍楼楼顶、阳台安装防护栏，并在建筑物周围搭建防护网，以及给员工数次加薪。现在跳楼梦魇重现，“静音模式”再次激发舆论对其管理模式的质疑。

其实，富士康的严格管理也与其特有的代工模式有关。经过多年扩张，已经拥有140万人工的“代工帝国”管理起来的复杂性与艰巨性显然是外人无法想象的，富士康集团承受的压力可想而知。

一方面是人工成本大幅上升，另一方面，随着新生代打工者维权意识增强，管理中矛盾也逐渐突出，工人也变得不像过去那样“听话”。

富士康的转型之路早已开始。据了解，富士康工厂已经加速由沿海向内陆迁徙，与此同时，郭台铭开始推行“百万机器人”计划，2011年7月，郭台铭表示，未来3年内富士康新增的100万台机器人将用来完成简单重复的工作。

但是目前看来，这项计划进展并不是非常顺利。据知情者透露，机器人现在主要是在一些简单、重复、枯燥的工艺上使用，而粉刷、检测、焊接等多个环节仍然要依赖人工完成。并且，现在机器人数量也远没有百万之多。

无奈之下，富士康甚至有了撤离中国大陆的打算。最近，郭台铭宣称，以后将专注台湾市场，此外会在巴西工厂招聘10 000名工人，去印尼投资100亿美元开设工厂，另外，富士康在美国的工厂也正在扩充。

（摘自《网易财经》第351期，作者：杜明远，发表时间：2013年5月3日）

第六章 控 制

【学习目标】

1. 了解控制职能的含义与作用；
2. 理解控制机制与要领；
3. 掌握管理控制的几种基本类型；
4. 掌握控制的基本程序；
5. 掌握控制的主要技术与方法。

【本章关键词】

偏差;标准;控制

【导入案例】

张董事长的雷霆之怒

财务副总经理赵某和总会计师李某一走进公司董事长——最高层主管张某的办公室,这位公司的最高层主管就对他们大发雷霆。

他吼叫道:“为什么没人向我报告？为什么我不知道这里的工作进展情况？为什么把我蒙在鼓里？在公司的问题没有变成危机之前,看来我是绝不会听到有谁向我提出我们的问题的。从今天开始,我要求你们两位设计出一种能够使我信息灵通的系统,并且它要让我知道第二天你们将干什么。我要对这家公司负责,但我对必须知道的事情却一无所知。”

赵经理离开了董事长的办公室,他转向他的总会计师,嘀咕起来:“真是蠢货！他想要知道的,或者他可能需要知道的一切都有报告,就放在他的办公桌后面的文件架上。”

思考:在本案例中孰是孰非？是董事长还是赵经理正确？董事长是否得到了信息？为了查明这位公司董事长是否得到了进行控制所必要的信息,你将怎么办？

第一节 控制机制与控制类型

【导入案例】

哈勃望远镜的研制

经过长达15年的精心准备，耗资超过15亿美元的哈勃(Hubble)太空望远镜最后在1990年4月发射升空。但是，美国国家航天管理局(NASA)仍然发现望远镜的主镜片存在缺陷。由于直径达94.5英寸的主镜片的中心过于平坦，导致成像模糊。因此望远镜对遥远的星体无法像预期的那样清晰地聚焦，结果造成一半以上的试验和许多观察项目无法进行。

更让人觉得可悲的是，如果有更好的控制，这些是完全可以避免的。镜片的生产商是Perkings-Elmer公司，使用了一个有缺陷的光学模板来生产如此精密的镜片。

具体原因是，在镜片生产过程中，进行检验的一种无反射校正装置没有设置好。校正装置上的1.3毫米的误差导致镜片研磨、抛光成了错误的形状。但是没有人发现这个错误。

具有讽刺意义的是，与许多NASA项目所不同的是，这次并没有时间上的压力，而是有足够充足的时间来发现望远镜上的错误。实际上，镜片的粗磨在1978年就开始了，直到1981年才抛光完毕，此后，由于"挑战者号"航天飞机的失事，完工后的望远镜又在地上待了2年。

美国国家航天管理局(NASA)中负责哈勃项目的官员，对望远镜制造过程中的细节根本就不关心。事后航天管理局中一个由6人组成的调查委员会的负责人说："至少有3次有明显的证据说明问题的存在，但这3次机会都失去了。"

(资料来源：单凤儒.管理学基础[M].高等教育出版社，2014年)

思考：哈勃望远镜的例子说明了什么？

控制在自然界和人类社会中的存在是普遍的。人们通常说的控制，是指为了实现一定的目标所进行的活动调节和事物发展方向的校正过程。"控制"的思想和实践起源很早，在中国的汉代，人们就已发明了指南车。按现代观点，这是按扰动原理构成的开环自动调节系统。北宋时期，苏颂和韩公廉制成了一座水运仪象台，构成了一个按被调节量偏差进行调节的闭环控制系统。在西方，俄国人普尔佐诺夫于1765年发明的蒸汽锅炉水位调节器和英国人瓦特于1784年发明的蒸汽机转速离心式调节器被多数人认为是最早的自动控制装置。

控制论作为一门科学是在20世纪40年代发展起来的。在众多科学家跨学科共同研究的基础上，维纳于1948年出版了《控制——关于在动物和机器中控制和通讯的科学》一书，提出了"控制论"的概念。按维纳的定义，控制论是"关于在动物和机器中控制和通讯的科学"，是自动控制、通信工程、计算技术、神经生理学和病理学等以数学为纽带相结合的产物。

在控制论产生初期，人们就发现了控制与信息的必然联系，即不管是机器运行，还是人的行为、生命遗传或社会现象，都是以信息的传递和反馈为基础的。由此出发，维纳引用“信息”来讨论控制问题。通过研究信息、语言和社会，他强调了社会内的通信问题对社会组织程度的影响，论述了测度一个团体信息传递有效程度与团体自治程度的关系等问题。可见，控制论与包括情报在内的各种相关信息的传输理论是分不开的。

20世纪50年代以后，在控制论向现代控制论发展的同时，经典控制论与现代控制论的应用范围逐渐扩大。它们先后在社会科学中得到了广泛的应用，其60年代经济控制论的创立值得重视。在经济控制论等学科的推动下，控制论研究进展迅速。70年代以后系统理论的发展，为控制论在社会科学、生命科学等领域的全面应用奠定了基础。

一、控制及其目的

法约尔认为：“在一个企业中，控制就是核实所发生的每一件事是否符合所规定的计划、所发布的指示以及所确定的原则，其目的就是要指出计划实施过程中的缺点和错误，以便加以纠正和防止重犯。控制对每件事、每个人、每个行动、每个组织的成效都起作用。”简而言之，所谓控制，就是指组织在动态的环境中为保证组织目标的实现而采取的各种检查和纠偏等一系列活动或过程。控制既可理解为一系列的检查、调整活动，即控制活动；也可理解为检查和纠偏的过程，即控制过程。

管理者进行控制的根本目的，在于保证组织活动的开展能够与预定的组织目标和计划协调一致，保证组织目标的最终实现。

二、控制工作在管理工作中的地位

控制是管理四大职能之一，与计划、组织和领导职能有着密切的关系。控制是贯穿管理全过程的一项重要职能。现代组织规模庞大，人员众多，工作复杂，要使组织的各项活动达到协调一致，管理者就必须依赖于控制手段监督管理的全过程。

（一）控制是贯穿于管理全过程的一项重要职能

现代组织规模庞大，人员众多，工作复杂，要使组织的各项活动达到协调一致，管理者就必须依赖于控制手段监督管理的全过程。

（二）控制是计划、组织、领导工作有效开展的必要保证

计划、组织、领导工作的开展都要以控制为基本手段，离开控制工作，各项工作就可能流于形式，难以达到实效。

（三）控制要以计划、组织和领导职能为基础

计划工作为控制提供了确定控制标准的基本依据；组织工作为控制工作提供了组织基础；领导工作为控制工作实施的有效性提供了有力保证。离开了这三项工作，控制工作本身也就不存在了。

例如：企业制订了一个七年计划，计划在今后七年内每年要增加2%的市场占有率。第一年年底时统计资料反映出，市场占有率增加了2%，照原计划进行下去；第二年，市场占有

率增加了1%，需要采取适当的纠正措施（加强广告宣传）；第三年、第四年增加了3%，应考虑对原来的控制标准做一些调整。这是一个计划（组织、领导）——控制——再计划——再控制，不断循环的过程。

可见，控制是联结管理过程循环的支点。

三、控制工作的作用

组织的各项活动都离不开控制，控制工作是组织顺利开展活动，实现组织目标的基本保证。

（一）可以有效减轻环境的不确定性对组织活动的影响

现代组织所面对的环境具有复杂多变的特点，再完善的计划也难以将未来出现的变化考虑得十分周全。因此，为了保证组织目标和计划的顺利实施，就必须有控制工作，以有效的控制降低环境的各种变化对组织活动的影响。

（二）可以使复杂的组织活动能够协调一致地运作

由于现代组织的规模有着日益扩大的趋势，组织的各种活动日趋复杂化，要使组织内众多的部门和人员在分工的基础上协调一致地工作，完善的计划是必备的基础，但计划的实施还要以控制为保证手段。

（三）可以避免和减少管理失误造成的损失

组织所处环境的不确定性，以及组织活动的复杂性，会导致不可避免的管理失误。控制工作通过对管理全过程的检查和监督，可以及时发现组织中的问题，并采取纠偏措施，以避免或减少工作中的损失，为执行和完成计划起到必要的保障作用。

【管理案例】

用严格标准和控制手段树立麦当劳的高品质形象

制定严格的业务操作标准：汉堡包大小、350页的经营手册、雇员着装、门窗擦洗的次数、一磅肉所含的脂肪要小于19%、面包的尺寸、食品的存放时间（炸薯条7分钟、汉堡包10分钟、咖啡30分钟，超过时间必须倒掉）。

始终如一遵守高标准：严格的监督机制，避免任何一家分店的失误对整个麦当劳品牌的影响；用苛刻的眼光选址，确保每个分店都具有巨大的成功机会；严格执行企业形象识别系统，不得有丝毫的改动；增加食品花色品种时，必须经过仔细研究、试验和论证。

正确处理好计划与控制的关系，恰到好处地控制各个分店的建设速度和经营质量，稳扎稳打、稳中求快，以确保麦当劳品牌长久不衰。

四、控制的基本类型

在组织活动的实际控制过程中，由于工作性质、工作场合、工作要求的不同，所采用的控制也是不同的。应根据不同的适用条件选用不同的控制方法。按不同的分类标准，控制可划分为不同类型。

(一)按照控制信息的性质划分

信息是控制当中的重要因素，管理中的控制信息可以来自系统的输入的变化，也可以来自过程中，或者来自系统的输出结果。我们把第一种称为事前控制，第二种称为事中控制，第三种称为事后控制。

1. 事前控制

事前控制，也称前馈控制，是指对未来可能出现的结果进行的预防性控制，即主管人员运用所能得到的最新信息，包括上一控制循环中所产生的经验教训，对可能出现的结果进行预测；然后，将其同计划要求进行比较，从而在必要时调整计划或控制影响因素，以确保目标的实现。事前控制属于一种预防性控制，它的工作重点并不是控制工作的结果，而是提前采取各种预防性措施，包括对投入资源的控制，以防止工作过程中可能出现的偏差。

例如企业为了开发一种能够有效满足消费者需求的产品，预先对消费者的实际需求进行市场调查；再如对新加入组织的成员进行的岗前培训等。这些都属于事前控制的范畴。

事前控制较事后控制而言，其主要优越性在于：克服了事后控制中因时间滞后而带来的缺陷，使主管人员能够及时预见到工作过程中可能出现的偏差，并采取预防措施以杜绝偏差的产生。

2. 事中控制

事中控制是指在某项活动或工作过程中进行的控制，即主管人员在现场对正在进行的活动给予指导与监督，以保证组织的各项活动按既定的计划进行。事中控制是组织控制工作的基础，是组织的基层管理人员主要采用的控制方法。要保证事中控制的有效性，应注意以下几个问题：授予主管人员相应的权力，使他们能够用经济或非经济的手段对下属施加影响；切实把组织的计划、目标、战略、政策、规范和制度等落实到基层，以便使基层工作的控制标准更为明确和具体；重视主管人员的个人素质、工作作风、指导的表达方式等对下属的影响。

事中控制的主要工作内容包括：对下级人员进行必要的工作指导；监督下级人员的工作，以保证计划目标的实现；对工作中出现的偏差及时采取纠正措施。例如企业中生产制造过程的进度控制、对生产工人正在加工的产品进行的抽检等，都属于事中控制的范畴。

3. 事后控制

事后控制，也称反馈控制，是指根据已发生的情况，而对现在或未来进行的控制。即主管人员将工作的执行结果与控制标准相比较，从中发现已经出现或即将出现的偏差，在分析偏差产生原因的基础上，采取纠偏措施，以防止偏差的进一步发展或今后再度发生。事后控制的工作重点是对事物发生后的结果进行分析，并采取纠偏措施。由于工作结果既定，事后控制主要对下一工作过程施加影响。

例如企业对成本报表进行分析，判断在生产制造过程中各种资源消耗的合理状况；对企业的产成品进行抽检，分析产品在设计、制造过程中的缺陷；对组织成员的工作成效进行考评，分析组织成员在工作中及在能力和素质上存在的问题等，然后，在下一过程进行改进，这些都属于事后控制的范畴。

事后控制与其他控制方法相比存在的最大缺陷是时间的滞后性。这是因为反馈控制属事后控制，在进行纠偏时，实际情况已发生变化，从而降低了控制的有效性。事后控制虽然存在着时间滞后的缺陷，但由于现代组织中的很多活动尚无法进行准确的预测，无法进行预防性控制，因而事后控制仍然在组织中被大量采用。其中用得较多的控制方法有财务报告分析、成本报告分析、质量控制分析和工作人员工作绩效的考评等。

【管理案例】

一日，魏文王问名医扁鹊说："你们家兄弟三人，都精于医术，到底哪一位医术最好呢？"

扁鹊回答说："大哥最好，二哥次之，我最差。"

文王再问："那么为什么你最出名呢？"

扁鹊答说："我大哥治病，是治病于病情发作之前。由于一般人不知道他事先能铲除病因，所以他的名气无法传出去，只有我们家里的人才知道。我二哥治病，是治病于病情刚刚发作之时。一般人以为他只能治轻微的小病，所以他只在我们的村子里才小有名气。而我扁鹊治病，是治病于病情严重之时。一般人看见的都是我在经脉上穿针管来放血、在皮肤上敷药等大手术，所以他们以为我的医术最高明，因此名气响遍全国。"

上述故事案例说明了什么？

点评：人们总认为能解决"大问题"的人才是"大专家"，殊不知能在歌舞升平时杜绝"出问题"的人（或制度）才是最了不起的。人们总高度评价在"痛定思痛"之后的"亡羊补牢"，却不屑一顾于"防微杜渐"之中的"未雨绸缪"。

有许多人往往看不到预防为主的重要性，总舍不得花成本来预防问题的产生。他们存在着种种侥幸心理，以为问题不会产生。事实上，管理学上有个著名的墨菲定理，说的是：事情如果有变坏的可能，不管这种可能性有多小，它总会发生。这也就是说，你如果没有做最坏的打算，那么最坏的结果一定会来到。事后控制不如事中控制，事中控制不如事前控制。在实际工作中，三种控制方式应综合使用，才能使组织的控制系统更加有效。

【管理故事】

淹大水的那一天

不知是否温室效应，这两年一下大雨就淹水。

王老板最怕淹水，因为他卖纸，纸重，不能在楼上堆货，只好把东西都放在一楼。

天哪！还差半尺。天哪！只剩两寸了。"每次下大雨，王老板都不眠不休，盯着门外的积水看。所幸回回有惊无险，正要淹进门的时候，雨就停了。

一年、两年，都这么度过。这一天，飓风来，除了下雨，还有河水泛滥，门前一下子成了条小河，转眼水位就漫过了门槛，王老板连沙包都来不及堆，店里几十万的货已经泡了汤。

王太太、店员、甚至王老板才十几岁的儿子都出动了,试着抢救一点纸,问题是,纸会吸水,从下往上,一包渗向一包,而且外面的水,还不断往店里灌。

大家正不知所措,却见王老板一个人,冒着雨、蹚着水,出去了。"大概是去找救兵了。"王太太说。而几个钟头过去了,雨停了、水退了,才见王老板一个人回来。这时候就算他带几十个救兵回来,又有什么用?店里所有的纸都报销了,又因为沾上泥沙,连免费送去做回收纸浆,纸厂都不要。

王老板收拾完残局,就搬家了,搬到一个老旧公寓的一楼。他依旧做纸张的批发生意,而且一下子进了比以前多两三倍的货。

"他是没淹怕,等着关门大吉,"有职员私下议论。果然,又来台风,又下大雨,河水又泛滥了,而且比上次更严重。好多路上的车子都泡了汤,好多地下室都成了游泳池、好些人不得不爬上屋顶。

王老板一家人,站在店门口,左看,街那头淹水了;右看,街角也成了泽国,只有王老板店面的这一段,地势大概特高,居然一点都没事,连王老板停在门口的新车,都成了全市少数能够劫后余生的。王老板一下子发了,因为几乎所有的纸行都泡了汤,连纸厂都没能幸免,人们急着要用纸,印刷厂急着要补货、出版社急着要出书,大家都抱着现款来求王老板。

"你真会找地方,"有同业问,"平常怎么看,都看不出你这里地势高,你怎会知道?"

"简单嘛,"王老板笑笑,"上次我店里淹水,我眼看没救了,干脆蹚着水、趁雨大,在全城绕了几圈,看看什么地方不淹水。于是,我找到了这里。"王老板拍拍身边堆积如山的纸,得意地说:"这叫救不了上次,救下次,真正的"亡羊补牢"哇。"

故事哲理:没有人反驳"弥补过失"的必要。但我们却常常忽略弥补过失的最佳时机。

(二)按控制的来源划分

按照控制来源的不同,可以把控制分为三种类型,即正式组织控制、群体控制和自我控制。

1. 正式组织控制

正式组织是为了实现某一共同的目标而明确规定各成员之间职责范围的一种结构。正式组织控制是通过管理者设计和建立起来的机构或规定来进行的控制。例如,组织可以通过规划指导组织成员的活动,通过预算来控制消费,通过审计来检查各部门或各成员是否按照规定进行活动,对违反规定或操作规程者给予处理等等,这些都是正式组织控制的范畴。正式组织控制相对于群体控制和自我控制而言具有更多的刚性和强制性。

2. 群体控制

群体控制是由非正式组织发展和维持的。非正式组织是相对于正式组织而存在的,但它并不是由正式组织建立或需要的,而是由于人们相互联系而自发形成的个人和社会关系的网络,成员之间以共同的感情、爱好以及价值观为纽带。群体控制就是基于成员之间不成文的价值观念和行为准则的控制。非正式组织尽管没有明文规定的行为规范,但是组织中的成员都十分清楚这些规范的内容，都知道如果自己遵守这些规范，就会得到其他成员的认可，可能会强化自己在非正式组织中的地位；如果违反这些行为规范就会遭到惩罚，这种惩罚可能是遭受排挤、讽刺，甚至被驱逐出该组织。群体控制在某种程度上左右着职工的行为，处理得好有利于达成组织目标，如果处理不好将会给组织带来很大的危害。

3. 自我控制

自我控制是指个人有意识地去按某一规范进行活动。自我控制能力取决于个人本身的素质。例如，一个员工不愿把企业的东西据为己有，可能是因为他具有诚实廉洁的品质，而不单单是怕被抓住受惩罚。具有良好修养的人一般具有较强的自我控制能力，顾全大局的人比看重个人局部利益的人具有较强的自我控制能力，具有较高层次需求的人比具有较低层次需求的人具有较强的自我控制能力。

正式组织控制、群体控制和自我控制有时是相互一致的，有时又是相互抵触的。这取决于组织对其成员的教育和吸引力，或者说取决于组织文化。有效的管理控制系统应该综合利用这三种控制类型，并使它们尽可能和谐，防止它们互相冲突。

（三）按控制的手段划分

按照所采用的手段不同，可以把控制划分为直接控制和间接控制两种类型。

1. 直接控制

直接控制认为，计划实施的结果取决于执行计划的人，管理者及其下属的素质越高，就越不需要间接控制。因此，直接控制着眼于培养更好的管理人员，提高他们的素质，使他们能熟练地应用管理的概念、技术和原理，能以系统的观点来看待管理问题，从而防止出现因管理不善而造成的不良后果。

进行直接控制有许多优点。

(1)由于直接控制比较重视人的素质，因而能对管理人员的优缺点有比较全面的了解，在对个人委派任务时能有较大的准确性；同时，为使管理人员合格，对他们经常进行评价，并进行专门的培训，能消除他们在工作中暴露出的缺点及不足。

(2)直接控制可以及时采取纠正措施并使其更加有效。它鼓励用自我控制的方法进行控制。由于在对人员评价过程中会暴露出工作中存在的缺点，因此会促使管理人员更加努力地担负起职责并自觉地纠正错误。

(3)由于提高了管理人员的素质，减少了偏差的发生，可以减少损失，节约开支。

(4)直接控制可以获得较好的心理效果。管理者的素质提高后，其自信心和威信也会得到提高，下级也会更加支持他们的工作，这有利于整体目标的顺利实现。

但需注意的是，采用直接控制方法是有条件的。管理人员必须对管理的原理、方法、职能以及管理的哲理有充分的理解。虽然这些不容易做到，但不是不能做到，管理人员可以通过进修、实际经验的积累、严格要求和精心指导等途径使自己的素质得到提高。

2. 间接控制

间接控制是以这样一些事实为依据的：人们常常会犯错误，或常常没有觉察到那些将要出现的问题，因而未能及时采取适当的纠正或预防措施。因此间接控制着眼于发现工作中出现的偏差，分析其产生的原因，并追究管理者个人的责任使之改进未来的工作。

在实际工作中，管理人员往往是根据计划和标准，对比或考核实际的结果，研究造成偏差的原因和责任，然后才去纠正。实际上，在工作中产生偏差的原因是很多的。比如，有时是制定的标准不正确，那么可对标准做合理的修订；有时是因为存在未知的不可控的因素，如未来社会的发展状况、自然灾害等，因此而造成的失误是难免的；但还有一种原因，就是管理人员缺乏知识、经验和判断力等，在这种情况下可运用间接控制来纠正。同时，间接控制还可以帮助管理人员总结并吸取经验教训，丰富他的知识、经验和判断力，提高其管理水平。

但是，间接控制存在许多缺点。最明显的是，间接控制是在出现了偏差，造成损失之后才采取措施，因此其花费的代价比较大。另外，间接控制是建立在以下五个假设的基础之上的：第一，工作绩效是可以计量的；第二，人们对工作有责任感；第三，追查偏差原因所需要的时间是有保证的；第四，出现的偏差可以及时发现；第五，有关部门和人员将会采取纠正措施。然而这些假设在实际当中有时却不能成立。比如，工作绩效的大小和责任感的高低有时是难以精确评价的，而且二者之间可能关系不大或根本无关；有时管理人员可能不愿意花费时间去调查分析偏差的原因；有的偏差并不能预先估计或及时发现；有时发现了偏差并查明了原因，可管理者或推卸责任或固执己见，而不去及时采取措施等。因此，间接控制尚存在一些局限性，还不是普遍有效的控制方法。

五、控制工作的原则

（一）未来导向原则

未来导向原则，是指控制工作应当着眼未来，而不是只有当出现了偏差才进行控制。由于在整个控制系统中存在着时滞，所以一个控制系统越是以前馈而不是以简单的信息反馈为基础，则管理人员越是能够有效地预防偏差或及时地采取措施纠正偏差。也就是说，控制应该是前向的，这才合乎理想。

（二）反映计划要求原则

在管理工作中，控制和计划的联系最为紧密。孔茨曾说过："可以把计划工作和控制工作看成一把剪刀的两刃。没有任何一刃，剪刀也就没有用了。没有了目标与计划，也就不可能控制，这是因为必须把业绩同某些已规定的标准相比较。"控制的目的是实现计划，计划是控制所采用的绩效衡量标准的原始依据。因此，管理者在制订计划时要考虑到相关的控制因素。计划越明确，越全面完整，所设计的控制系统越能反映这样的计划，那么控制工作也就越有成效。

（三）组织适应性原则

控制必须反映组织结构的类型和状况。组织结构既然是明确组织内每个人应当担任什么职务的主要依据，那么也就是明确职权和责任的依据。为此，控制必须反映组织的结构状况，并由健全的组织结构来保证，否则，控制只是空谈。健全的组织结构有两个方面的含义：一方面，要在组织中将反映实际工作状态的信息迅速地上传下达，保证联络渠道的畅通；另一方面，要做到责权分明，使组织结构中的各部门和个人都能切实担负起自己的责任。否则，出现了偏差就难以纠正，控制也就不可能实现。

(四)关键点原则

关键点原则是指控制工作要突出重点,不能只从某个局部利益出发,要针对重要的、关键的因素实施重点控制。事实上,组织中的活动往往错综复杂,管理者根本无法对每一个方面实施完全的控制,它们应该将注意力集中于计划执行中的一些关键影响因素上。因此,找出或确定这些关键因素,加以重点控制,是一种有效的控制方法。控制住关键点,也就控制住了全局。选择关键控制点的能力是管理工作的一种艺术,有效控制在很大程度上取决于这种能力。目前,已经存在一些有效的方法,能帮助主管人员在某些控制工作中选择关键点。

【管理案例】

二战期间,美国空军降落伞的合格率为99.9%,这就意味着从概率上来说,每一千个跳伞的士兵中会有一个因为降落伞不合格而丧命。军方要求厂家必须让合格率达到100%才行。厂家负责人说他们竭尽全力了,99.9%已是极限,除非出现奇迹。军方就改变了检查制度,每次交货前从降落伞中随机挑出几个,让厂家负责人亲自跳伞检测。从此,奇迹出现了,降落伞的合格率达到了百分之百。

(五)例外原则

在控制过程中,管理者应该只注意一些重要的例外偏差,也就是说把主要注意力集中在那些超出一般情况的特别好或特别坏的情况,这样控制工作就会更有效。事实上,例外原则必须与控制关键点原则相结合,即要多注意关键点的例外情况。

(六)及时性原则

控制的及时性是指在控制工作中及时发现偏差,并能及时采取措施纠正。一个有效的控制系统必须能够提供及时的信息。信息是控制的基础,为提高控制的及时性,信息的收集和传递必须及时。如果信息的收集和传送不及时,信息处理的时间又过长,则偏差就不能及时纠正。当采取纠正措施时,如果实际情况已经发生了变化,这时采取的措施如果不变,不仅不能产生积极作用,反而会带来消极影响。

(七)客观性原则

控制的客观性是指在控制工作中,管理者不能凭个人的主观经验或直觉判断,而应采用科学的方法,尊重客观事实。为了保证控制的客观性,就要求尽可能将衡量标准加以量化。量化程度越高,控制越规范。但是,在诸多衡量标准中总有一些是定性的和难以量化的。总之,客观标准可以是定量的,也可以是定性的,但要做到客观,关键问题是使标准在任何情况下都是可测定和可考核的。

(八)弹性原则

任何一个控制系统,为了同外界进行正常的物质、能量和信息交换,同外部环境之间保持积极的动态适应关系，都必须充分考虑到各种变化的可能性，使管理系统整体或内部各要素、层次在各个环节和阶段上保持适当的弹性。通常，对各种可能出现的情况都应尽量准备好多种可选择的方案，以使控制更具有灵活性。

(九)经济性原则

控制活动需要经费。是否进行控制，控制到什么程度，都要考虑费用问题。应将控制所需的费用同控制所产生的结果进行比较。当通过控制所获得的价值大于它所需费用时，才有必要实施控制。

第二节　控制过程

【导入案例】

乡镇长的目标

某市在年初召开的全市招商引资工作会议上，与各乡镇签订了年度招商引资目标，并对年末完成和未完成目标的各种情况规定了具体而严厉的奖惩办法，其中如“未完成目标的乡镇长，两年内不得升职”等。转眼半年过去了，乡镇长们明显感到目标实现的艰巨性，他们一直在努力，但到了第四季度，他们互通的信息表明，除了极少数乡镇可能完成目标外，其他大多数都无法按期完成目标。他们泄气了。可是，在年终总结汇报会上，绝大多数乡镇都报告他们完成或超额完成了预定目标。这是怎么回事？

结合控制过程的环节分析，这个故事说明了什么？

点评：有时，偏差产生的主要原因是控制标准设计得不合理，脱离了实际，这时必须对控制标准进行修改，以防止出现像本例一样的“上有政策、下有对策”的后果，使制度流于形式。

有效的控制过程一般应包括确定控制标准、衡量实际绩效、比较标准与实际绩效的差异、纠正偏差等四个基本的环节。

一、确定控制标准

标准是计量实际或预期工作成果的尺度，它是在一个完整的计划中选出的对工作成果进行衡量的关键点。控制标准是控制过程中对实际工作进行检查的衡量尺度，是实施控制的必要条件。因此，确定控制标准是控制过程的首要环节。

(一)控制标准的种类

按标准是否能够直接计量，控制标准一般可分为定量标准和定性标准。

1. 定量标准

指能够以一定形式的计量单位直接计量的标准。定量标准便于度量和比较，是控制标准的主要表现形式。定量标准主要分为：

(1)实物标准，是指以实物量为计量单位的标准。主要用于在投入和产出方面可用实物计量的场合，反映定量的工作成果，如企业中原材料、能源、劳动力的消耗标准，产品的产量、销售量等；也可用于产品质量的衡量场合，如精确度、强度、可靠性等。实物标准是计划工作的常用指标，也是控制的基本标准。

(2)财务标准，也称为价值标准，是指以货币量为计量单位的标准。主要反映组织在各项活动中的资金效益方面的成果，如产品的直接费用、间接费用，投资回收率，流动资产与短期负债的比率，债务与净资产的比率，销售利润等。

(3)时间标准，是指以时间为计量单位的标准。主要反映组织在各项活动中时间利用方面的成果，如工期、生产周期、生产投入期和出产期、工时定额等。

2. 定性标准

指难以用计量单位直接计量的标准。这类标准主要用于有关服务质量、组织形象、组织成员的工作表现等方面，这些方面的标准一般能够做出定性的描述，但都难以定量化。尽管如此，为了使定性标准便于掌握和控制，有时也应尽可能地采用一些可度量的方法。

【管理案例】

麦当劳公司如何对定性标准予以量化处理

奉行“质量优良，服务周到，清洁卫生，价格合理”宗旨的麦当劳公司，为使其经营宗旨得到贯彻，制定了可度量的如下几条工作标准：

95%以上的顾客进餐馆后3分钟内，服务员必须迎上前去接待。

事先准备好的汉堡包必须在5分钟内热好供应顾客。

服务员必须在客人离开后5分钟内把餐桌打扫干净。

如此一来，对服务质量的控制也就有了明确的标准。

(二)确定控制标准应注意的问题

1. 要有明确的控制对象

确定控制标准首先要清楚控制的对象是什么。控制对象应是体现组织目标特性，影响目标实现的那些要素。

2. 控制标准的制定必须以组织计划和目标为依据

控制标准不能脱离组织的计划和目标。但是应看到，标准来源于组织目标，但并不等于组织目标。在具体控制工作中，笼统地将组织的计划目标作为标准是不行的，而必须根据具体业务活动的特点来确定。

3. 标准的确定要明确关键控制点

组织活动的计划内容和活动状况是细微和复杂的，控制工作既不可能也无必要对整个计划和活动的细枝末节都来确定标准予以控制，而只要找出关键点。一般对于实现各级目标有重大影响的因素和环节，才是要加以控制的关键点。在控制过程中，对关键点都必须确定相应的控制标准。

4. 标准要具体、可行，便于衡量

标准能够量化的必须量化，以便于有明确的衡量尺度。对于定性标准也应尽可能地采用间接度量的方法。

5. 标准的设立应当具有权威性

指标必须满足以下条件方可选为标准：能够较好地反映本单位目标；是对偏差发生最敏感而又较容易控制的地方；在这一点上可以得到经济实惠的信息；便于衡量成效，易实现考核。常用的标准有许多种类，如时间标准、质量标准、效率标准、实物标准、无形标准等。

二、衡量实际绩效

衡量实际绩效是指控制过程中将实际工作情况与预先确定的控制标准进行比较，找出实际业绩与控制标准之间的差异，以便于找出组织目标和计划在实施中存在的问题，对实际工作做出正确的评估。

（一）衡量方法

如何衡量，是一个方法问题，在实际工作中常用的方法有：个人观察法、统计报告法、口头报告法、书面报告法和抽样调查法等。最常用的方法有下面几种：

1. 个人观察法

个人观察提供了关于实际工作的最直接的第一手资料，避免了可能出现的遗漏和失真。特别是在对基层工作人员工作绩效进行控制时，个人观察是一种非常有效的手段。个人观察法的局限性是：费时费力，难以考察更深层的内容；由于受时间的限制，有时不能全面了解观察对象的总体情况。

2. 口头报告法

口头报告法主要通过下属对上级的汇报，使上级能够掌握实际情况，了解工作的成果、现状及存在的问题和困难等。这种方法比较灵活，听取报告者可以随时提出自己需要了解的问题，报告者和听取者可以双向传递信息。因此，它比个人观察法能取得更加广泛、深入和完整的信息。

3. 书面报告法

书面报告法是提供控制信息最常用的一种方法。书面报告的形式很多，大致可分为报表资料和专题报告两种。报表资料一般由大量的统计数据和各种指标以及必要的文字说明构成。专题报告则主要是根据有关的资料对某一个问题进行比较深入的分析，找出问题的原因。但不论哪种形式的报告，其内容都应该包括计划和实际两方面的资料，并且其详细程度应与标准相一致。这样便于阅读者进行对比分析。书面报告相对来说提供速度要慢一些，比口头报告要显得正式一些。它的优点是比较精确和全面，且易于分类存档和查找。

（二）衡量成效的目的

通过衡量成效，应达到以下几个方面的目的：

（1）通过调查、汇报、统计、分析等，比较全面确切地了解实际的工作进展情况，掌握计划的执行进度。

(2)找出实际成效与控制标准之间的差异,以便找出组织目标和计划在实施中存在的问题,为纠正偏差和改进工作提供依据。

(3)为主管人员评价和奖励下级提供依据。

(三)衡量工作成效应注意的问题

1. 要采用有效的衡量手段和方法

由于组织中的各部门各种工作都有着不同的性质和要求,即使有了控制标准,也还要根据各自不同的特点,采用适宜的控制手段和方法。有的工作需要在工作完成之后才能加以衡量评价,有的工作需要在工作开始之前进行控制,而有的工作则需要在工作之中进行即时控制。

2. 衡量成效应具备向前看的思想

衡量成效并不能简单地理解为是一项计量工作,只是拿标准与实际进行对比。衡量成效的目的既是对计划执行过程的一个客观反馈,同时也要求能够对计划执行过程中存在的问题做出客观反映。而作为一个好的主管人员,不仅要通过衡量成效发现已经存在的问题,还应具有超前的意识,善于发现隐藏的、未来可能发生的问题,以便及时采取措施,避免计划执行过程中偏差的出现。

3. 要重视对各级主管人员工作成效的衡量与评价

组织中的各级主管人员既是计划的执行者,同时也是计划的制订者和监督者。他们的工作成效与组织目标的实现有着更为直接的联系。因此,对各级主管人员的控制必须有系统的观点。要制定各种可行的标准,既要对主管人员的工作成效做出客观的衡量与评价,也要对他们的个人品质和工作能力做出客观的衡量与评价。

如果有了合理的标准,又有能确切评定下属人员实际工作情况的手段,那么对实际的或预期的执行情况进行评价就会容易得多。事实上,如何评定管理活动成效的问题,在拟订标准时就已经部分地得到了解决。也就是说,通过制定可考核的标准,同时也就将计量的单位、计算的方法、统计的口径等确定下来了。因此,对于评定成效而言,剩下的主要问题是如何及时地收集适用的和可靠的信息,并将其传递到对某项工作负责,而且有权采取纠正措施的主管人员手中。在这里,从管理控制工作职能的角度看,除了要求信息的准确性以外,还对信息的及时性、可靠性和适用性提出了更高的要求。

三、偏差分析

如果计划执行的实际情况与计划或标准不一致,表明计划执行过程中产生了偏差。这时,就要求通过差异分析,在查明问题原因的基础上,找出解决问题的办法,采取纠偏措施,使组织的活动回到预定轨道上来。

偏差的产生,可能是在执行任务过程中由于工作失误造成的,也可能是由于原有计划不周所导致的。必须对这两类不同性质的偏差做出准确的判断,以便采取相应的纠偏措施。

例如,李文是一家商店的销售经理,经营啤酒。李文在每月第一周准备一份上个月按品牌分类的销售情况表。根据表 6-1,李文需要对 7 月份的销售情况引起注意吗?

表 6-1　7 月份的销售情况表

品牌	标准	实际	超(欠)
青岛	1 075	913	(162)
燕京	630	634	4
哈尔滨	800	912	112
百威	620	622	2
舒乐	540	672	132
贝克	160	140	(20)
虎牌	225	220	(5)
钟楼	80	65	(15)
黄河	170	286	116
合计	4 300	4 464	164

四、纠正偏差

在深入分析产生差异的原因的基础上，管理者要根据不同的原因采取不同的措施。

(一)改进工作方法

达不到原定的控制标准，工作方法不当是重要原因之一。如以生产为中心的企业，生产技术是生产过程中的重要一环，在很多情况下偏差来自技术上的原因，为此就要采取技术措施，及时处理生产中出现的技术问题。

(二)改进组织和领导工作

控制职能与组织职能、领导职能是相互影响的。组织方面的问题主要有两种：一是计划制订好之后，组织实施方面的工作没有做好；二是控制工作本身的组织体系不完善，不能对已产生的偏差加以及时的跟踪与分析。在这两种情况下，都应改进组织工作，如调整组织机构、调整责权利关系、改进分工协作体系等。偏差也可能是由于执行人员能力不足或积极性不高而导致的，那么，就需要通过改进领导方式和提高领导艺术来纠正偏差。

(三)调整或修正原有计划或标准

偏差较大，有可能是由于原有计划安排不当而导致的，也可能是由于内外环境的变化，使原有计划与现实状况之间产生了较大的偏差。不论是哪一种情况，都要对原有计划加以适当的调整。需要注意的是，调整计划不是任意地变动计划，这种调整不能偏离组织总的发展目标。调整计划归根到底还是为了实现组织目标。

例如，销售收入明显下降，无论是用同期比较的方法，还是用年度计划目标来衡量，都很容易被发现，但引起销售收入下降的原因，却不是那么容易一下就能找准的，偏差可能是由复杂的原因引起的，必须花大力气找出造成偏差的真正原因，而不能头痛医头、脚痛医脚。到底是销售部门营销工作中的问题，还是制造部门制造质量下降或不能按期交货，抑或是技术部门新产品开发进度太慢致使产品老化竞争力下降，或是由于宏观经济调整造成的，等等，每一种可能的原因与假设都不可能通过简单的判断确定下来。而对造成偏差的原因判断得不准确，纠正措施就会无的放矢，不可能奏效。另一方面，在查明原因后，纠正偏差的工作可能涉及一些主要的管理职能。针对偏差产生的原因，主管人员可能采用重新制订计划或修改目标的方法来纠正偏差；也可能利用组织手段来进一步明确职责、补充授权或是对组织机构进行调整；还可能用撤换责任部门的主管或是增配人员的办法来纠正偏差；还可能通过改善领导方式、增加物质鼓励等办法来纠正偏差。

在深入分析产生差异的原因的基础上，管理者要根据不同的原因采取不同的措施。

【管理案例】

天安公司的管理创新

天安公司是一家以生产微波炉为主的家电企业。2005 年该公司总资产 5 亿元，而 5 年前，该公司还是一个人员不足 200 人，资产仅 300 万元且濒临倒闭的小厂。5 年间公司之所以有了如此大的发展，主要得益于公司内部的管理创新。主要是：

第一，生产管理创新。公司对产品的设计设立高起点，严格要求；依靠公司设置的关键质量控制点对产品的生产过程进行全程监控，同时，利用 PDCA 方法，持续不断地提高产品的质量。

第二，供应管理创新。天安公司把所需采购的原辅材料和外购零部件，根据性能、技术含量以及对成品质量的影响程度，划分为 A、B、C 三类，并设置了不同类别的原辅材料和零部件的具体质量控制标准，进而协助供应厂家达到质量控制要求。

第三，服务管理创新。公司通过大量的市场调研和市场分析活动制定了售前策略，进行了市场策划，树立了公司形象；与经销商携手寻找最佳点共同为消费者提供优质服务；公司建立了一支高素质的服务队伍，购置先进的维修设备，建立消费者投诉制度和用户档案制度，开展多形式的售后服务工作，提高了消费者满意度。

思考：

(1)案例中的控制类型有哪些？请分别指出，并说出各自的特点。

(2)天安公司“设置不同类别的原辅材料和零部件的具体质量控制标准”属于哪类控制标准？为什么？

(3)案例中“公司设置关键质量控制点”，体现了有效控制原则中的哪一项？为什么？

【管理故事】

杰弗逊纪念馆大厦

美国首都华盛顿广场的杰弗逊纪念馆大厦年久失修,建筑物墙面出现斑驳,后来竟然出现裂纹,采取很多措施耗费不少财力仍无法遏制。政府非常担忧,派专家调查原因,拿出办法。后来的调查报告结果大出意料。最初以为蚀损墙面的原因是酸雨,因为研究表明,墙面受损是因酸性物质腐蚀造成的,但该地区酸雨并不严重,而且附近建筑物也无类似问题。后查明是冲洗墙壁的清洗剂所致,该大厦经常清洗,频率大大高于其他建筑,受酸损严重。

但是,为什么要经常冲洗呢?

因为大厦每天被大量鸟粪弄脏。那为什么这栋大厦有那么多鸟粪?

因为大厦周围聚集了特别多的燕子。那为什么燕子喜欢聚集在这里?

因为墙上有燕子最喜欢吃的蜘蛛。那为什么这里蜘蛛特别多?

因为墙上有蜘蛛最喜欢吃的飞虫。那为什么这里飞虫特别多?

因为飞虫在这里的繁殖特别快。那为什么?

因为这里的尘埃最适宜飞虫繁殖。那为什么?

尘埃本无特别,只是配合了窗帘打开后从窗户照射进来的充足的阳光,形成特别刺激飞虫繁殖的温床,大量的飞虫聚集在此,以超常的激情繁殖,于是给蜘蛛准备了充足的美餐,大量的蜘蛛又吸引燕子聚集流连,燕子吃饱了就在墙壁上随地方便。

解决问题的结论是:拉上窗帘!

真的简单!以后我们遇上问题时,是不是该问一问:窗帘拉上了吗?

结合控制过程的环节进行分析,这个故事说明了什么?

点评:偏差往往由复杂的原因造成,必须尽可能找到关键、真正的原因。对原因判断不准,纠正措施就会无的放矢,收不到好的效果。

第三节　控制方法

一、生产控制

组织的生产经营活动是一个动态过程:首先是投入原材料、零部件、劳动力等,经过组织系统的转换和运营,生产出有形的产品或无形的劳务。在这个过程中,为了达到组织预定的目标,就必须对组织的经营管理活动进行控制。

事实上,控制活动贯穿于上述整个过程,即管理人员需要对原材料、零部件、劳动力等投入进行控制,需要对组织系统的转换和运营进行控制,也需要对有形的产品或无形的劳务进行控制。

(一)对供应商的控制

供应商既为本组织提供所需的原材料或零部件,同时又是本组织的竞争力量之一。供应商供货及时与否、质量的好坏、价格的高低,都对本组织的最终产品产生重大影响。因此,对供应商的控制可以说是从组织运营的源头抓起,能够起到防微杜渐的作用。

目前比较流行的做法是在全球范围内选择供应商,其原因是能够有保障地获得高质量、低价格的原材料,同时也可避免只选择少数几个供应商可能构成的威胁。大型公司多采用这种方法。

许多企业组织正在改变与供应商之间的竞争关系,试图建立一种长期的、稳定的、合作的双赢局势。传统的做法是在十余家甚至数十家供应商中进行选择,鼓励他们互相竞争,从中选取能够提供低价格、高质量产品的供应商。现在企业也在更广范围内挑选供应商,但是,一旦选定两三家供应商,就和他们建立长远的、稳定的联系,并且帮助供应商提高原材料的质量,降低成本。这时企业和供应商就形成相互依赖、相互促进的新型关系,双方都降低了风险,提高了效益,真正做到了双赢。

还有一种控制供货商的方法是持有供货商一部分或全部股份,或由本企业系统内部的某个子企业供货。这常常是跨国公司为了保证货源而采用的做法,很多日本的大型企业采用这种方法控制供货商。

(二)库存控制

库存控制是对制造业或服务业生产、经营全过程的各种物品、产成品以及其他资源进行管理和控制,使其储备保持在经济合理的水平上。对库存的控制主要是为了减少库存,降低各种占用,提高经济效益。管理人员使用经济订购批量模型来计算最优订购批量,使所有费用达到最小。这个模型考虑三种成本:一是平均每次订购成本,即每次订货所需的费用(包括通信、文件处理、差旅、行政管理费用等);二是每件存货的年保管成本,即储存原材料或零部件所需的费用(包括库存、利息、保险、折旧等费用);三是总成本,即订购成本和保管成本之和。

当企业在一定期间内总需求量或订购量为一定时,如果每次订购的量越大,则所需订购的次数越少;如果每次订购的量越小,则所需订购的次数越多。对第一种情况而言,订购成本较低,但保管成本较高;对第二种情况而言,订购成本较高,但保管成本较低。通过经济订购批量模型,可以计算出订购量多大时总成本(订购成本和储存成本之和)为最小。图 6-1 为经济订购批量示意图。

假定企业在一定期间内总需求量为 D,每次订购所需的费用为 C,每件存货的年储存成本为 H,则最优订购批量为:

$$\mathrm{EOQ}=\sqrt{\frac{2D\cdot C}{H}}$$

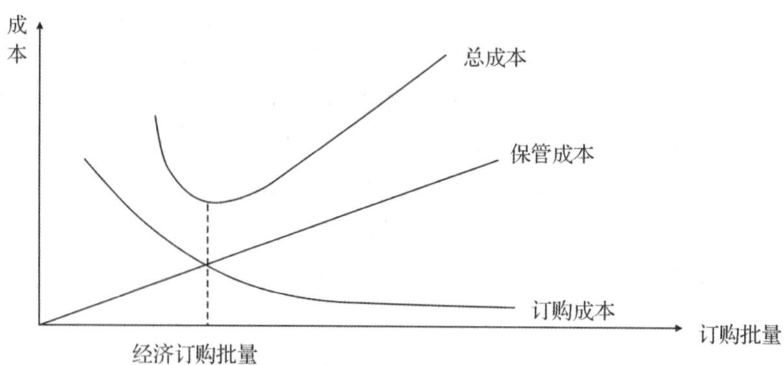

图 6-1 经济订购批量示意图

【例 6-1】 某贸易公司每年以每单位 30 元的价格采购 6 000 个单位的某产品，处理订单和组织送货要 125 元的费用，每个单位存储成本为 6 元，试计算这种产品的最佳订货量。

解：已知年订货量 $D=6\ 000$；平均一次订货准备所发生成本 $C=125$；每件存货的年储存成本 $H=6$。代入公式可得：

$$\mathrm{EOQ}=\sqrt{\frac{2DC}{H}}=\sqrt{\frac{2\times 6\ 000\times 125}{6}}=500(\text{个})$$

所以该产品的最佳订货量为 500 个单位产品。

(三)质量控制

为达到质量要求所采取的作业技术和活动称为质量控制。质量控制是企业控制工作的重要内容之一。所谓的质量有广义和狭义之分。狭义的质量指产品的质量；而广义的质量除了涵盖产品质量外，还包括工作质量。产品质量主要指产品的使用价值，即满足消费者需要的功能和性质。

这些功能和性质可以具体表现在五个方面：性能、寿命、安全件、可靠性和经济性。工作质量主要指在生产过程中，围绕保障产品质量而进行的质量管理工作的水平。

进行产品质量控制，首先要掌握全面质量管理方法，这是对产品质量实施控制的行之有效的方法。

1. 全面质量管理的含义

全面质量管理(简称 TQC)是 20 世纪 60 年代初由美国的菲根鲍姆首先提出来的，这是一种对产品或服务乃至工作质量实行全面管理与控制的科学管理方法。所谓全面质量管理，就是运用系统的观点和方法，把企业各部门、各环节的质量管理活动都纳入统一的质量管理系统，形成一个完整的质量管理体系。

2. 全面质量管理的特点

全面质量管理是一种预先控制和全面控制制度。它的主要特点就在于“全”。它包含三层含义：

(1)管理的对象是全面的，这是就横向而言的。管理的对象不仅仅是产品本身的质量，还包括影响产品质量各方面的工作质量，如管理工作的质量、后勤服务工作的质量等方面。

(2)管理的过程是全面的，这是就纵向而言的。即企业要对市场调查、产品开发与设计、试制、生产、检验、销售及售后服务等各个环节都进行管理。

(3)参加管理的人员是全面的。即通过适当的组织形式，把企业各方面的人员都吸收到产品质量的保证体系中来，是一种全员参与的质量管理。

3. PDCA 管理循环的工作程序

PDCA 管理循环是全面质量管理最基本的工作程序，即计划(plan)——执行(do)——检查(check)——处理(action)。这是美国统计学家戴明(W.E.Deming)发明的，因此也称为戴明循环。这 4 个阶段大体上可分为 8 个步骤(见图 6-2)。

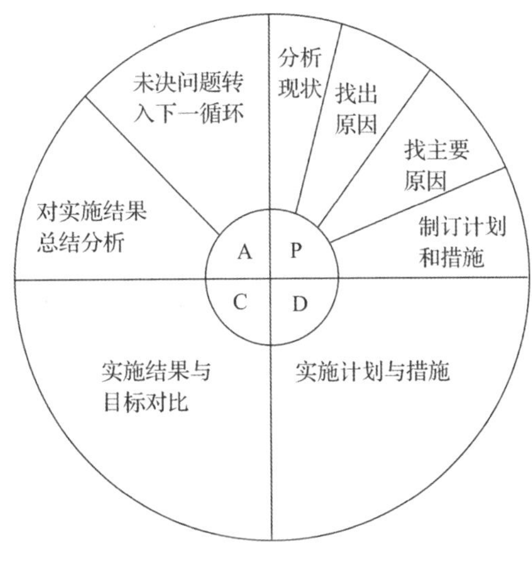

图 6-2 PDCA 循环

第一阶段：①找出存在的问题；②找出存在问题的原因；③找出各种原因中最关键的原因；④制订计划和措施。

第二阶段：执行计划和措施。

第三阶段：检查效果。

第四阶段：①巩固措施，把效果好的标准化，失败的提出防止再发生的意见；②遗留的问题转入下一循环解决。

4. PDCA 循环管理法的特点

PDCA 循环管理法具有如下特点：

(1)PDCA 循环工作程序的 4 个阶段顺序进行，组成一个大圈。

(2)每个部门、小组都有自己的 PDCA 循环，并都成为企业大循环中的小循环。大循环套小循环，互相促进，整体提高。

(3)阶梯式上升，循环前进。企业的质量管理循环是连续进行的，但每个 PDCA 循环都不是在原地的简单重复，而是每次都有新的提高。

【管理案例】

双汇集团,把握质量管理的真谛

从一个1984年产值仅有1 000万元,累计亏损却高达534万元的小型肉联厂,发展到2000年实现销售收入62.3亿元,实现利税6.87亿元的全国最大的肉制品加工企业,双汇集团的崛起不能说不是一个奇迹。双汇集团董事长兼总经理万隆的一席话,道出了其中的原委:"企业的核心是市场,市场的核心是质量,双汇集团之所以能稳占市场,就是因为产品有过硬的质量。"

为了搞好双汇产品的质量管理,集团率先在国内同行业中开展了ISO 9000质量认证体系的认证工作,不断完善质量体系的建设。双汇集团建立了一套包括1个质量保证手册、22个程序文件、272种作业规程、108种产品标准、635个质量记录的完善的质量保证体系。从采购到生猪屠宰,到生产加工,逐一规范。并着重建立和完善了质量管理的组织机构,使全体员工认识到:质量认证不能走过场,必须落到实处。集团公司成立了专门的质检机构,按照质量体系对各个单位进行定期检查、抽查、督查,确定了"上道工序要为下道工序负责,下道工序就是上道工序的用户"的思想,提升全体员工的质量意识。由于这些措施的实施,双汇集团在全国食品行业率先通过了ISO 9002国际质量体系认证,实现了质量管理的科学化、标准化、规范化和系列化,做到了质量管理同国际惯例接轨。

1999年,集团从参与国际肉类市场竞争的角度出发,又从美国、日本、西欧等发达国家引进了世界上最严格、最科学的食品行业质量标准,大力推行HACCP计划。同时,公司把原辅料采购、生产加工、检验检疫和流通销售关的权力加大,实行质量一票否决制,300多名专业的质量卫生检验人员分布在各个环节、各道工序,层层把关,道道设防,确保了产品的安全、卫生。

一、上技术、上设备,为确保质量提供坚强的后盾

没有先进的技术工艺,就创造不出过硬的产品。这是双汇集团从多年的企业经营管理实践中得出的令人信服的结论。

双汇集团自开始生产肉制品,就积极采用国内外先进的技术和设备,全面提升装备水平,改造传统肉类加工业。到2001年6月底,集团累计投资10亿多元,从日本、美国、德国、瑞士、荷兰等国引进具有国际先进水平的生产线200多条,围绕产品开发和结构调整进行了60多项大的技术改造,使企业的关键技术设备始终保持国内领先水平。

2000年,双汇集团投资5.6亿元建成双汇食品城二期工程,从欧美引进世界领先的屠宰、肉制品加工技术和设备,建设了集屠宰、高温、低温、中式为一体的肉制品综合加工项目和产品开发科研机构,建成了日宰生猪1万头的全预冷分割工艺加工车间。

目前,集团已经形成了以肉制品加工为主业,以种植养殖业、屠宰加工业、包装业、其他食品加工业等相配套的复合互补型产业结构,其中双汇牌肉制品已做到"品种多样化,规格系列化,高低温层次化,档位差异化"。

二、高品质从源头抓起

双汇集团认识到，由于肉类加工企业的特殊性，必须完善和延伸产业链，从原料开始就致力于控制产品品质。正是基于这种认识，近年来，双汇集团在确保原料品质上做出了不懈的努力：涉足饲料业和养殖业，建设原料加工基地，严格把好原料接收关。

三、将质量管理的触角向销售环节延伸

中国猪肉的产量占据了全球总量的42%。但就我国猪肉制品营销模式的现状来看，还没有从根本上得到改变，私屠滥宰，沿街叫卖，注水肉、病猪肉、死猪肉充斥市场。这一切都严重危及人民的身心健康、生命安全。

为了让更多的消费者吃上“放心肉”，作为中国肉类加工行业龙头企业的双汇集团，决心依靠自身的规模、品牌、资金、技术、管理等优势，依托放心肉类连锁店这一“民心工程”，将欧洲的“冷链生产、冷链运输、冷链销售和连锁经营”模式引进到中国来，由原来的销冻肉改为销生鲜的冷却肉，将质量管理的触角伸向流通领域。

双汇集团连锁发展计划的实施始于1999年，截至2000年，双汇集团已按照“统一形象，统一标准，统一服务，统一配送，统一管理”的原则，在河南省建立了70多家连锁店。

为确保双汇连锁店发展计划进展顺利，“十五”期间，双汇集团将采取以下配套措施：建设80个加工基地，建立全国性的物流配送系统，完善计算机管理系统。

（资料来源：刘刚.2001中国年度最佳管理实例[M].中国经济出版社，2002）

二、预算控制

未来的活动几乎都可以利用预算进行控制。所谓预算，就是用数字特别是用财务数字的形式来描述企业未来的活动计划，它预估了企业在未来时期的经营收入和现金流量，同时也为各部门或各项活动规定了在资金、劳动、材料、能源等方面的支出的额度。预算控制就是根据预算规定的收入与支出标准来检查和监督各个部门的生产经营活动，以保证各种活动或各个部门在完成既定目标、实现利润的过程中对经营资源的利用，从而使费用支出受到严格有效的约束。

（一）预算的编制

有效地从预期收入和费用两个方面对组织经营情况进行全面控制，不仅需要对各个部门、各项活动编制分预算，而且要对企业整体编制全面预算。分预算是按照部门和项目来编制的，它详细说明了相应部门的收入目标或费用支出的水平，规定了它们在生产活动、销售活动、采购活动、研究开发活动或财务活动中筹措和利用劳力、资金等生产要素的标准。全面预算则是在对所有部门或项目分预算进行综合平衡的基础上编制而成的，它概括了企业相互联系的各个方面在未来时期的总体目标。只有编制了总体预算才能进一步明确组织各部门的任务、目标、制约条件以及各部门在活动中的相互关系，从而为正确评价和控制各部门的工作提供客观的依据。

任何预算都需用数字形式来表述。全面预算必须用统一的货币单位来衡量，而分预算则不一定用货币单位计量。比如，原材料预算可能用千克或吨等单位来表述，这是因为对一些具体的项目来说，用时间、长度或重量等单位来表述能提供更多、更准确的信息。比如，用货币金额来表达原材料预算，我们就只知道原材料消耗的总资金标准，而不能知道原材料使用的确切种类和数量，也难以判断价格变动会产生何种影响。当然，不论以何种方式表述的各部门或项目的分预算，在将它们综合平衡以编制企业的全面预算之前，必须转换成用统一的货币单位来表达的方式。

（二）预算的分类

不同企业，由于生产活动的特点不同，预算表中的项目会有所不同，但一般来说，预算内容要涉及以下几个方面：收入预算、支出预算、现金预算、资金支出预算、资产负债预算。

1. 收入预算

收入预算和支出预算提供了关于企业未来某段时期经营状况的一般说明，即从财务角度计划和预测了未来活动的成果以及为取得这些成果所需付出的费用。

企业收入主要来源于产品销售，因此收入预算的主要内容是销售预算。销售预算是在销售预测的基础上编制的，即通过分析企业过去的销售情况、目前和未来的市场需求特点及其发展趋势，比较竞争对手和本企业的经营实力，确定企业在未来时期内为了实现目标利润必须达到的销售水平。

企业通常不止生产一种产品，这些产品也不仅在某一个区域市场上销售，因此，为了给控制未来的活动提供详细的依据，便于检查计划的执行情况，往往需要按产品、区域市场或消费者群，为各经营单位编制分项销售预算。同时，由于在一年中的不同季度和月度，销售量也往往不稳定，所以通常还需预测不同季度和月度的销售收入。这种预测对编制现金预算是很重要的。

2. 支出预算

企业销售的产品是在内部生产过程中加工制造出来的。在这个过程中，企业要借助一定的劳动力，利用和消耗一定的物质资源。因此，与销售预算相对应，企业必须编制能够保证销售过程得以进行的生产活动的预算。关于生产活动的预算，不仅要确定为取得一定销售收入所需要的产品数量，而且更重要的是要预测为得到这些产品、实现销售收入需要付出的费用，即编制各种支出预算。不同企业，经营支出的具体项目可能不同，但一般都包括以下几种：

（1）直接材料预算。直接材料预算是根据实现销售收入所需的产品种类和数量，详细分析为了生产这些产品，企业必须利用的原材料的种类、数量。它通常以实物单位表示，考虑到库存因素后，直接材料预算可以成为采购部门编制采购预算、组织采购活动的基础。

（2）直接人工预算。直接人工预算需要预计企业为了生产一定数量的产品，需要哪些种类的工人，每种类型的工人在什么时候需要多少数量，以及利用这些人员劳动的直接成本是多少。

（3）附加费用预算。直接材料和直接人工只是企业全部经营费用的一部分，企业的行政管理、营销宣传、人员推销、销售服务、设备维修、固定资产折旧、资金筹措以及税金等，也要耗费企业的资金，对这些费用也需要进行预算，这就是附加费用预算。

3. 现金预算

现金预算是对企业未来生产与销售活动中现金的流入与流出进行预测，通常由财务部门编制。现金预算只能包括那些实际包含在现金流程中的项目：赊销所得的应收款在用户实际支付以前不能列为现金收入，赊购所得的原材料在未向供应商付款以前也不能列入现金支出，而需要今后逐年分摊的投资费用却需要当年实际支出现金。因此，现金预算并不需要反映企业的资产负债情况，而是要反映企业在未来活动中的实际现金流量和流程。企业的销售收入很大，利润即使相当可观，但如果大部分尚未收回，或收回但被大量的库存材料或在制品所占用，那么它也不可能在目前给企业带来现金上的方便。通过现金预算，可以帮助企业发现资金的闲置或不足，从而指导企业及时利用暂时过剩的现金，或及早筹齐维持营运所短缺的资金。

(三)预算的作用及其局限性

预算的实质是用统一的货币单位为企业各部门的各项活动编制计划。它使得企业在不同时期的活动效果和不同部门的经营绩效具有可比性，可以使管理者了解企业经营状况的变化方向和组织中的优势部门与问题部门，从而为调整企业活动指明方向。通过为不同的职能部门和职能活动编制预算，也为协调企业活动提供了依据。更重要的是，预算的编制与执行始终是与控制过程联系在一起的，编制预算是为企业的各项活动确立财务标准，用数量形式的预算标准来对照企业活动的实际效果，大大方便了控制过程中的绩效衡量工作，也使之更加客观可靠。在此基础上，很容易测量出实际活动对预期效果的偏离程度，从而为采取纠正措施奠定基础。

由于这些积极作用，预算手段在组织管理中得到了广泛运用。但预算的编制和执行，也往往会暴露出了一定的局限性，主要表现在：

(1)它只能帮助企业控制那些可以计量的，特别是可以用货币单位计量的业务活动，而不能促使企业对那些不能计量的企业文化、企业形象、企业活力的改善予以足够的重视。

(2)编制预算时通常参照上期的预算项目和标准，从而会忽视本期活动的实际需要，导致上期有的而本期不需要的项目仍然沿用，而本期必需但上期没有的项目会因缺乏先例而不能增设的错误。

(3)企业活动的外部环境是在不断变化的，这些变化会改变企业获取资源的支出或销售产品实现的收入，从而使预算变得不合时宜。特别是涉及较长时期的预算，可能会过度束缚决策者的行动，使企业经营缺乏灵活性和适应性。

(4)预算，特别是项目预算或部门预算，不仅对有关负责人提出了希望他们实现的结果，而且也为他们得到这些结果而能够开支的费用规定了限度。这种规定可能使得主管们在活动中精打细算，小心翼翼地遵守不得超过支出预算的原则，而忽视了部门活动的本来目的。

(5)在编制费用预算时，通常会参照上期已经发生过的本项目费用，同时，在预算获得最后批准的过程中，主管人员也知道预算申请多半是要被削减的，因此，他们的费用预算申报数会多于其实际需要数，特别是对于那些难以观察、难以量化的费用项目更是如此。所以，费用预算总是具有按先例递增的习惯。如果在预算编制的过程中，没有仔细地复查相应的标准和程序，预算可能成为低效管理部门的保护伞。

只有充分认识了上述局限性，才能有效地利用预算这种控制手段，并辅之以其他工具。

三、成本控制

成本管理的中心是成本控制，即要使经营活动的各环节、各方面实现目标成本，或者低于目标成本。组织的成本控制没有固定的模式，完全要依据组织的现实基础，考虑组织结构、组织文化、生产方式等自身特点选择适当的成本控制方式。具体步骤如下：

(1)制定控制标准，确定目标成本。确定目标成本的方法有计划法、预算法和定额法等。

(2)根据原始记录和统计资料，进行成本核算。成本统计所用的原始记录是反映核算期人力、物力、财力等支出的全部原始记录，是进行成本核算和控制最基本的依据。进行成本控制所要进行的成本核算有：可比产品总成本、可比产品单位成本、商品产品成本、主要产品单位成本、可比产品成本降低率等。通过成本核算，了解实际成本，并为分析改进提供数据资料。

(3)差异分析。将实际成本与目标成本相比较，就会发现差异。差异分析就是通过比较，找到实际成本与目标成本的差异，找出控制和降低成本的措施。差异分析的主要内容有直接材料费用分析、直接人工费用分析、管理费用分析、销售费用分析等。

(4)采取措施，降低成本。一旦发现实际成本高于目标成本，就应积极采取措施，控制成本上升趋势。一般来说可采用的方法有价值工程、严格投入管理、改进产品设计或生产工艺、精简机构等。

成本领先是组织在竞争中取胜的关键战略之一，成本控制是所有组织都必须面对的一个重要的管理课题。组织无论采取何种改革、激励措施，都代替不了强化成本管理、降低成本这一工作。有效的成本控制管理是每个组织都必须重视的问题。

【管理案例】

成本控制的灵活性和艺术性

A航空公司的成本控制：2014年7月2日，王经理从北京出发乘飞机到重庆开会。出发那天，北京天气非常热，出门经验丰富的王经理做好了充分准备，穿着短裤和T恤衫前往机场，一切顺利并按时登机。但进了机舱却发现温度奇高，旅客几乎个个汗流浃背，而穿着整齐制服的空乘小姐们也热得满脸红晕，王经理一身随意穿着倒是特别合时宜。大家都纷纷抱怨机上为什么不开空调，空乘小姐们耐心解释飞机起飞以后就好了。私下里空乘们禁不住悄悄地彼此诉苦，说他们为了这个不知挨了多少乘客的骂。根据对航空业的了解，当飞机停靠在登机口的时候，飞机上的空调是用机场电力来驱动的，电费当然由航空公司支付。这家航空公司肯定是出于成本控制的考虑，在飞机起飞之前没打开空调，指望在起飞以后利用高空的冷空气降低机舱的温度。不想，由于机场繁忙，班机迟迟不能离开登机口，整整一架飞机的人好好享受了半个小时的免费桑拿。

B航空公司的成本控制：B航空公司是一家起步比较晚、规模小但经营业绩非常出色的区域性航空公司，它的成功之道就是有效的成本控制。它并不像A航空公司一样简单地不给顾客提供空调服务，而是在分析了乘客期望从旅行中得到的最核心服务以后，从不减少乘客的核心满意度这个角度出发来减少成本。经过分析，他们发现乘客特别是短途乘客对飞行餐并不在意，而飞行餐的成本却很高。于是，他们就减少甚至取消了食品服务。另外，他们经过分析还发现，旅客特别是短途旅客对于座位的位置也并不特别在意，所以他们也取消了安排座位的做法，坐飞机就像坐公共汽车一样，谁先上飞机谁就先挑位置，大大减少了管理的复杂性和人员成本。此外还大量通过电子商务等方式大大减少了中间环节和销售成本，因此效益不断地提高。

思考：

(1)A 航空公司的成本管理有什么问题？

(2)B 航空公司的成本控制的成功经验是什么？

四、审计控制

审计是对反映资金运动过程及其结果的会计记录及财务报表进行审核、鉴定，以判断其真实性和可取性，从而为控制和决策提供依据。根据审查主体和内容的不同，可将审计分为三种主要类型：外部审计、内部审计和管理审计。

（一）外部审计

外部审计是由外部机构（如会计师事务所）选派的审计人员对财务报表及其反映的财务状况进行独立的评估。为了检查财务报表及其反映的资产与负债的账面情况与真实情况是否相符，外部审计人员就要抽查企业的基本财务记录，以验证其真实性和准确性，并分析这些记录是否符合公认的会计准则和记账程序。

外部审计的优点是审计人员与管理当局不存在行政上的依附关系，因而可以保证审计的独立性和公正性。但是，由于外来的审计人员不了解内部的组织结构、生产流程和经营特点，在对具体业务的审计过程中可能产生困难。此外，处于被审计地位的内部组织成员可能产生抵触情绪，不愿积极配合，这也增加了审计工作的难度。

（二）内部审计

内部审计提供了检查现有控制程序和方法能否有效保证达成既定目标和执行既定政策的手段。内部审计不仅评估了企业财务记录是否健全、正确，而且为检查和改进现有控制系统的效能提供了一种重要的手段，因此有利于促进分权化管理的发展。

虽然内部审计为组织控制提供了大量的有用信息，但在使用中也存在不少局限性。一是内部审计可能需要很多的费用，特别是进行深入、详细的审计时。二是内部审计不仅要调查事实，而且需要解释事实，并指出事实与计划的偏差所在。要很好地完成这些工作，而又不引起被审计部门的不满，需要对审计人员进行充分的技能训练。三是即使审计人员具有必备的技能，仍然会有许多员工在心理上产生抵触情绪。如果审计过程中不能进行有效的信息和心理沟通，就会对组织活动带来负面的影响。

（三）管理审计

管理审计是一种对组织所有管理工作及其绩效进行全面系统的评价和鉴定的方法，主要考察企业的经济功能、组织结构、收入合理性、研发、财务政策、生产效率、销售能力及管理能力等。

管理审计虽然也可由组织内部的有关部门进行，但为了保证某些敏感领域得到客观的评价，通常聘请外部的专家来进行。

管理审计的方法是利用公开记录的信息，从反映管理绩效及其影响因素的若干方面将企业与同行业其他企业或其他行业的著名企业进行比较，以判断企业经营与管理的健康程度。

【管理案例】

齐鲁石化的人员管理

齐鲁石化公司是一家现代石油化工生产企业，由于这一行业具有特殊性和危险性，公司一开始就实行从严从实管理，制定岗位操作要求，实行公司、厂两级的检查和奖惩制度。

1990 年 7 月，公司所属烯烃厂裂解一班工人提出“自我管理，让领导放心”的口号，并提出“免检”申请。公司抓住这一契机，在全公司推广“免检”活动，并细化为一套可操作的行为准则：①工作职责标准化；②专业管理制度化；③现场管理定量化；④岗位培训星级化；⑤工作安排定期化；⑥工作过程程序化；⑦经济责任和管理责任契约化；⑧考核奖惩定量化；⑨台账资料规格化；⑩管理手段现代化。

公司开展“信得过”活动，使企业基层以及整个企业的管理水平有了显著提高，主要表现在以下四方面：

（1）职工的主人翁意识普遍增强，实现了从“我被管理”到“我来管理”的转变，群众性从严管理蔚然成风。

（2）基层建设方面明确了由专业管理制度、管理人员职责范围和工作标准、班级岗位十项规章制度等三方面构成，使基层管理水平有了明显提高。

（3）星级管理位职工主动学技术、技能，势必成为多面手；全面了解管理装置工艺流程，提高处理本岗本系统突发事件的应变能力，事故发生率大幅度降低。

（4）企业经济效益显著提高。

思考：

（1）齐鲁石化的“信得过”管理采用了哪些管理的基本方法？

（2）从齐鲁石化管理案例，分析企业应如何坚持以人为中心的管理。

【思政园地】

全球贫困治理的中国方案

贫困治理是全球发展治理的核心议题，也是实现全人类共同发展的关键领域。进入新时代，全国人民在中国共产党的坚强领导下，栉风沐雨上下同心，正如党的二十大报告中指出的："打赢了人类历史上规模最大的脱贫攻坚战，历史性地解决了绝对贫困问题。"特别是对重大风险挑战的有效应对，充分彰显了中国式现代化道路的独特优势及其所蕴含的世界意义，为全球贫困治理和世界共同繁荣贡献了中国智慧、方案和力量。

一、党的领导是推进减贫事业取得胜利的根本保障

党的二十大报告指出："全党必须牢记，坚持党的全面领导是坚持和发展中国特色社会主义的必由之路。"在脱贫攻坚战中，中国共产党发挥着总揽全局、协调各方的关键作用。首先，党的正确领导为贫困治理指明了前进方向。面对新冠疫情给社会发展和脱贫攻坚带来严峻挑战，中国共产党立足长远不畏艰险，以高屋建瓴的政治眼光和勇往直前的政治勇气，提出"凝心聚力打赢脱贫攻坚战，确保如期完成脱贫攻坚目标任务"，坚定了全国上下完全消除贫困、将脱贫攻坚进行到底的信心，为取得脱贫攻坚的最终胜利指明了前进方向。其次，党的全面领导保证了贫困治理的稳定性和持续性。中国共产党围绕脱贫攻坚任务制定并完善了中长期战略规划和应急反应方案，从《国家八七扶贫攻坚计划(1994—2000年)》到《中国农村扶贫开发纲要(2001—2010年)》再到《中国农村扶贫开发纲要(2011—2020年)》，能够最大限度地确保政策的一致性、稳定性和连续性。再次，党的科学领导是脱贫攻坚有效开展的关键。在实现全面小康的过程中全党集中部署、统一指挥，制定了一系列行之有效的扶贫方略，构建了一系列科学高效的管理机制，将执行与监管有机结合，兼顾顶层设计与规划落实，增强了应对危机的效能，确保了脱贫目标的顺利实现。

二、以人民为中心是全面建设小康社会的宗旨

中国共产党始终把以人为本、为人民服务作为宗旨和原则，党的二十大报告再次强调："江山就是人民，人民就是江山。中国共产党领导人民打江山，守江山，守的是人民的心。"实现脱贫建成小康社会，并最终达成共同富裕，既是全国最大的民生问题，也是中国共产党重要的价值目标。首先，将维护人民当家作主地位作为脱贫攻坚的根本立足点。中国共产党自诞生之日起就将"为人民谋幸福、为民族谋复兴"作为自己的使命和初心。在贫困治理进程中坚定贯彻以人民为中心的宗旨，将人民群众对美好生活的向往作为奋斗目标，确保了人民的主体地位。其次，将维护人民利益作为脱贫攻坚的核心内容。开展脱贫攻坚的核心目的就是要增进民生福祉，带领广大贫困群众"脱贫困、奔小康"，维护好人民的利益，让老百姓过上好日子。为此，党中央制定了"实现贫困人口'两不愁三保障'，不愁吃不愁穿，义务教育、基本医疗、住房安全有保障"的脱贫底线，为切实维护人民利益构筑起政策屏障。再次，将实现人民满意作为脱贫攻坚的评判标准。习近平总书记指出："群众满意是我们党做好一切工作的价值取向和根本标准。”人民群众的评价贯穿于精准识贫、精准扶贫、精准脱贫的整个过程，“脱贫没脱贫，要同群众一起算账，要群众认账”。真正做到对历史负责，对人民群众负责，是以人民为中心的生动写照。

三、开展“全过程”精准扶贫是脱贫攻坚的有效方案

习近平总书记强调：“扶贫攻坚就是要实事求是，因地制宜，分类指导，精准扶贫。”目前，我国已构建了一套较为精准化、高质量和见实效的精准扶贫体系。首先，精准识别扶贫对象。贫困人口的精准识别是打赢脱贫攻坚战的前提所在，也是“扶真贫、真扶贫”的根本要义。新中国成立以来，我们党不断完善贫困识别机制，实现了从整体农村瞄准，到县域瞄准，再到村级瞄准，直至贫困户瞄准的精细化升级。其次，扶贫扶智扶志相结合。在党的科学领导下，将扶贫扶志扶智三者有机结合，通过“外部输血”与“内部造血”实现了物质脱贫与精神脱贫的统一，从而不断强化贫困人口的脱贫内生动力。再次，健全贫困治理退出机制。各地政府通过摘帽不摘政策、严格摘帽验收评估等措施，实现了脱贫人口的有序退出，构筑起了精准扶贫的科学机制保障，确保了扶贫效果的真实性与稳定性。

（资料来源：徐菁忆.学思想 强党性 重实践 建新功｜全球贫困治理的中国方案[N].天津日报，2023-06-12）

本章小结

控制是组织的一项非常重要的管理职能。它是主管人员对所属的下级人员的经营管理活动进行衡量、测量、纠正，以确保组织目标实现的一项管理活动。控制在维持组织协调平衡、规范成员行为、开创组织发展新局面方面，有不可忽视的作用。按照控制信息的性质可以将控制分为事前控制、事中控制和事后控制。有效控制所要遵循的原则有：未来导向原则、反映计划要求原则、组织适应性原则、控制关键点原则、例外原则、及时性原则、客观性原则、弹性原则、经济性原则。

有效的控制过程一般应包括确定控制标准、衡量实际绩效、比较标准与实际绩效的差异、纠正偏差等四个基本的环节。

管理者要实现其对组织的控制，必然借助于具体的控制方法。目前管理工作中应用较多的控制方法主要有：生产控制、预算控制、成本控制和审计控制。

同步训练

一、基础知识练习

(一)名词解释

1. 控制　　2. 事前控制　　3. 事后控制
4. 库存控制　　5. 质量控制　　6. 预算控制

(二)单项选择题

1.以下关于控制概念的描述,(　　)是不正确的。
A.控制有很强的目的性,即控制是为了保证组织中的各项活动按计划进行
B.控制是通过“监视”和“调节”来实现的
C.控制是一个过程
D.控制为计划提供标准

2.工厂在需求高峰来临之前,添置机器、安排人员、加大生产量的行动属于(　　)。
A.前馈控制　　B.现场控制　　C.反馈控制　　D.成本控制

3.工厂对出厂的产品进行检验属于(　　)。
A.前馈控制　　B.现场控制　　C.反馈控制　　D.成本控制

4.管理控制通过(　　)可以发现管理活动中的不足之处。
A.确定标准　　B.衡量绩效　　C.纠正偏差　　D.衡量标准

5.(　　)可以称作“数字化”或“货币化”的计划。
A.报表　　B.成本　　C.利润　　D.预算

6.(　　)是为了保证产品质量符合规定标准和满足用户需求,企业在生产的全过程中始终贯彻质量观念,从而全方位提升质量水平的方法。
A.全面质量管理　　B.库存管理　　C.流程管理　　D.成本管理

7.PDCA环也称戴明环,是由美国统计学家戴明博士提出来的,它反映了质量管理活动的规律,其中D表示(　　)。
A.计划　　B.检查　　C.执行　　D.处理

8.经济采购批量是指在一定时期内进货总量不变的条件下,使(　　)的采购批量。
A.毛利率最大　　B.固定成本最小
C.采购费用和储存费用总和最小　　D.运输费用最小

9.如果一家企业一年对某种材料的总需求量为15 000件,每件价格是60美元,每次订购所需的费用为500美元,储存费用与物品价值之比为25%.则经济采购批量为(　　)。
A.1 000　　B.10 000　　C.5 000　　D.2 000

10.猎人为了纠正子弹与飞行的野鸭之间的时间延迟,常常把瞄准点定在野鸭飞行的前方,这种做法属于(　　)。
A.反馈控制　　B.前馈控制　　C.直接控制　　D.间接控制

11.人们常说，人的身体是“三分治七分养”，这件事表明(　　)。

A.反馈控制比前馈控制重要　　B.同期控制比反馈控制重要

C.反馈控制比同期控制重要　　D.前馈控制比反馈控制重要

12.航行于波涛汹涌的大海上的船只，依靠舵手的不断修正，方能平安到达目的地。球队教练在赛前给球队确定的赛场战术，赛中换人或利用“暂停”指示队员改变战术，赛后总结经验教训，都是为了球队取得期望的“成就”。企业生产中，若发现某产品的单位成本超过了某一水平 X 元，管理者则要分析是因为原材料涨价，还是因为工人劳动生产率降低，或者因为加工中浪费材料等，以便采取一定的措施，使成本降下来。这些(　　)。

A.分别是管理的计划、领导或控制职能　　B.分别是管理的领导、组织和控制职能

C.分别是管理的领导、组织和计划职能　　D.都是管理的控制职能

(三)多项选择题

1. 根据控制在执行过程中发生作用的时段，人们将控制工作分为(　　)。

A.事前控制　B.成本控制　C.财务控制　D.事中控制　E.事后控制

2. 事前控制的优点在于(　　)。

A.避免了事后控制对已铸成差错无能为力的弊端

B.容易在控制者和被控制者之间形成心理上的对立

C.不易造成对立面的冲突，易于被职工接受并付诸实施

D.便于总结经验

E.适用于一切领域的所有工作

3. 以下(　　)属于事前控制。

A.学生上课前预习　　B.工厂质量管理首先控制原材料的质量

C.设备的预先维修　　D.每年安排的身体体检

E.用户意见和建议

4. 管理者实施控制的过程通常包括(　　)。

A.确定标准　B.改变标准　C.衡量绩效　D.偏差分析　E.纠正偏差

5. 预算工作中的不利倾向包括(　　)

A.预算过于详细　　B.预算目标取代了组织目标

C.预算使工作效能低下　　D.预算缺乏灵活性

E.预算过于频繁

(四)简答题

1. 简述控制的三种基本类型及其优缺点。

2. 简述管理者实施控制主要包括哪些步骤。

3. 举例说明在进行传统的预算控制时应防止哪些危险倾向。

二、能力素质训练

(一)案例讨论

安全事故发生以后

桂林机务段是隶属于铁道部柳州铁路局的一个基层单位,拥有职工 1 300 人,担负着柳州—永州区段的列车牵引任务。该段有两大主要车间:运行车间和检修车间。运行车间负责 76 台内燃机车的牵引任务,共有正副司机 700 多人。检修车间负责全段机车的检修任务,共有职工 200 多人。

段长张广明毕业于上海交通大学,在该段工作近 30 年。2004 年 11 月 3 日,全段实现了安全运输生产 8 周年,其成绩在全局名列前茅,因此段长召开了全段庆功大会,并请来了局里的主要领导。可是会开到一半,机务处打电话给局长:桂林机务段司机由于违反运输规章,造成事故。庆功会被迫停开,局长也阴沉着脸离开会场。

其实段长也感觉到存在许多安全隐患,只是由于该段安全天数较高,因此存在着麻痹思想。他连夜打电话通知各部门主任,查找本部门的安全隐患,第二天召开全段中层干部会议,要求各主任会上发言。

第二天,会议在严肃的气氛中召开。

段长首先发言:“这次发生险性事故主要责任在我,本人要求免去当月的工资和奖金,其他段级领导每人扣 400 元,中层干部每人扣 200 元。另外,我宣布原主管安全的副段长现分管后勤,他的职务暂时由我担任。”

随后,各段长进行发言。

运行车间主任说:“这次事故主要是由于司机严重违反规章操纵所致。其实车间一直努力制止这种有章不循的现象,但效果一直不明显。主要问题是:①司机一旦出车,将会离开本单位,这样车间对司机的监控能力就会下降;司机能否完全按章操纵,基本上依靠其自觉程度,而司机的素质目前还没有达到这种要求。②车间共有管理干部和技术干部二十多名,我们也经常要求干部到现场,但由于司机人数较多,并且机车的利用率很高,因此对司机的监控具有很大的随意性和盲目性。③干部中好人现象严重。干部上车限乘时,即使发现司机有违章操纵行为,也会替其隐瞒,使司机免于处罚。”

检修车间主任说:“这次事故虽然不是由于机车质量造成的,但是检修车间还是存在很多安全隐患。首先,职工队伍不稳定,业务骨干时有跳槽。因为铁路局是按照机修车间定员 160 人发工资,而检修车间现员 230 人左右,超员近 70 人,这样摊到我们头上的工资就很少了,这是职工不稳定的主要原因。”检修主任继续说:“火车提速后,对机车的质量要求更高,而我段的机车检修水平目前还达不到这种要求。第一,机车的检修作业标准较为过时,缺乏合理性、实用性、可控性。工人按此标准,劳动效率不高,而且漏检漏修现象时有发生。第二,车间的技术人员多是刚毕业的大学生,虽然有理论知识基础,但解决实际技术问题的能力不强。第三,对发生率较高的机车故障难题一直没有解决好。”

教育主任说:“这次事故反映了我段职工素质不高。目前,我段的职工培训工作开展不是很顺利,各车间都以生产任务繁重为由不肯放人脱产学习。因此,每年的职工脱产学习计划很难得以实现。另外,每年一次的职工业务考试没有起到真正督促职工学习的作用。考试结束后只是将成绩公布,对职工考试成绩一视同仁。”

人事主任说:“这次事故从某种意义上说是由于司机疲劳所致,因为现在的司机经常请假,造成司机人手不够。因此司机连续工作,休息时间不能得到保证。司机经常请假的原因是由于吃大锅饭造成的,干多干少一个样。”

段长说:“几位主任讲得都很好,将我段管理上存在的一些弊病都找出来了,会后各有关部门要针对这些弊病迅速制定整改措施。我相信,只要我们共同努力,工作的被动局面会很快扭转的。”

(资料来源:网络资源《MBA联考习题集》。)

问题:

(1)本案例中,桂林机务段最需要重视的是(　　)。

A.前馈控制　　B.现场控制　　C.反馈控制

(2)运行车间主任要求干部到现场监控司机的行为属于(　　)。

A.前馈控制　　B.实时控制　　C.反馈控制

(3)事故发生后,段长采取了一系列措施,是一种(　　)的举动。

A.前馈控制　　B.现场控制　　C.反馈控制　　D.实时控制

(4)结合本章理论对会上几位主任的发言中所提到的难题提出解决办法。

(二)管理实践

1. 某学生会组织准备邀请有关专家做一次为期两天的题为“金融危机背景下大学生的职业观”的讲座,参与本次活动的部门有:实践部(策划、组织)、外联部(联系专家)、宣传部(对外宣传)、办公室(财务)。

小组讨论:结合事前控制、事中控制和事后控制这三种类型,说说各部门如何依据各自职能对这次活动进行控制。

2. 根据目前大学生上课出勤率的状况(有的课程出勤率高,有的出勤率很低等现象),试用管理控制理论,从学校、老师和学生三个方面分析,怎样使大学生上课的出勤率保持在一个较高的水平。

(三)无领导小组讨论

呈报信息

题目背景:

假设您是市政府信息处的工作人员。信息处的重要职责是将关于本市政治、经济、生活等方面的重要信息每日摘要向市领导呈报。下面有两条信息:

信息一:某居民小区原有一个菜市场,在前一阶段的全市拆除违章建筑大行动中被拆除了。市政府一直没有重新给菜市场安排场地。这样,该小区的居民就要到距离小区很远的其他菜市场买菜，给居民尤其是家中仅有老人的生活带来极大的不便。居民呼吁市政府尽快解决该问题。

信息二：本市有一家国有企业，常年来一直亏损，开不出工资。本年初新厂长及领导班子上任后，通过完善内部管理，改变经营思路，半年多时间使企业扭亏为盈，成为本市利税大户。现在这家企业在银行贷款方面遇到了困难，该企业向市政府请求帮助，这笔贷款关系到这家企业的新项目是否能够投产。

由于各种原因，上述两条信息只能报一条给领导。

要求：

1. 请问，您认为应该将哪一条信息报给市领导？理由是什么？
2. 各小组成员发表自己的意见，对于不同的观点进行辩论后得出一个统一的意见。
3. 选举一位代表，汇报你们小组的意见，并阐述你们做出这种选择的原因。

（四）辩论赛

存钱更划算 vs 花钱更划算

和尚分粥如同和尚挑水，是个难以安排的事情。这些年的“工作分析”、“职务描述”终于解决了和尚挑水的麻烦。利用明确的岗位职责加上绩效考核后的薪酬激励，三个和尚乃至三百个和尚都会乐呵呵地挑水。

和尚天天喝粥，天天要分粥，一是粥有稠与稀，二是粥有多与少，用了多种方法也没有能解决人人平等个个一样的分配问题。最后决定是由和尚们轮值分粥，于是依然重复着我多你少的历史问题。

这天，新主持要改变这种不公平局面，遂邀请寺里三位高僧出招。第一位法净说：“在于测量，先测量每个僧人所用碗之大小，再测量每次所用之粥的厚薄与多少，最后测量轮值分粥僧人的心理是否如止水。”第二位智平说：“僧人之心如不如止水，其修为测也难矣。应该是教而化也，使之明白公平意义，批判以权谋私的持饭瓢者，逐渐培养起他们高尚的境界和习惯，才是根本办法。”第三位惠叶说：“仍由和尚们轮流分粥，只是改变两点，一是分粥者最后取粥，二是和尚们的饭碗每次统一领取使用。”

新主持深悟这三计，法净爱技术，智平爱教化，惠叶爱的是控制管理；终极之法当属智平的培养高尚境界和习惯，但是远水不解近渴；至于法净的技术它无法测量人心；看来不可高估僧人之心性，采取惠叶的控制管理之法，才是上策。遂取惠叶之法，最终解决了问题。

新主持变成老主持，告诫弟子：“当人们非自律而是他律的时候，必须对他们进行制度的控制管理。”

铁河啤酒游戏

实训目标：

了解企业真实的经济活动，体会供应链管理中的“牛鞭效应”，理解管理职能。

游戏背景：

本游戏根据著名的啤酒游戏改编。啤酒游戏是20世纪60年代由MIT的Sloan管理学院所发展出来的、一种类似“大富翁”的策略游戏。Sloan管理学院的学生们，各种年龄、国籍、行业背景都有些人甚至早就经手这类的产/配销系统业务。然而每次玩这个游戏，相同的危机还是一再发生，得到的悲惨结果也几乎一样：下游零售商、中游批发商、上游生产厂家起初都严重缺货后来却严重积货。产生类似的结果，其中的原因必定在游戏本身的结构里面体现，给游戏者带来无穷的启示。

游戏程序：

游戏中共有四个角色，分别是铁河啤酒的消费者、零售商、批发商及生产厂家。

1. 在学员中选择相应的人分别扮演铁河啤酒的消费者、零售商、批发商及生产厂家，并选择不同角色群的负责人。

2. 给不同的角色负责人发角色说明书。

3. 消费者——零售商——批发商——生产厂家(从左到右下订单)，一个卡车司机。

4. 消费者零售商批发商生产厂家(从右到左满足订单)。

游戏规则：

各角色相互之间不得进行角色说明书之外的沟通，只通过购买或订单/送货来沟通。也就是说，下游向上游下订单，上游则向下游供货。主要考察零售商、批发商分销商及生产厂家的存货或缺货状况并算出总成本。

各个角色的拥有独立的自主权，可决定该向上游下多少订单、向下游销出多少货物。至于终端消费者，则由游戏自动决定。而且，只有零售商才能直接面对消费者。

每7分钟为一周。

啤酒游戏记录表

组别：　　　　团队名：　　　　成员：　　　　角色

周	需求	订单	收货	发货	缺货	库存	成本
0							
1							
……							
合计							

发货单

组别：　　团队(买方)：　　卖方：

周	数量	发货	缺货
1			
2			

周	需求	订单	收货	发货	缺货	库存	成本
0							
1							
……							
合计							

采购单

组别：　　团队(买方)：　　卖方：

周	数量	备注
1		
2		
……		

游戏准备：

准备不同层次的订货单、采购单、啤酒游戏记录表(见上面3张表)，及不同角色的说明书等。

注意事项：

1. 游戏时间为2小时左右，不同的角色最好分配在不同的房间。

2. 零售商——批发商——生产厂家，这3个层面的角色，可以分别设置CEO(负责填写《啤酒游戏记录表》)、市场经理(负责填写《订货单》)采购员(负责填写《采购单》)。

三者间的联系知识由卡车司机通过一张纸上的核对数字(发货单、采购单)来沟通信息。

零售商的常态：营业、库存、进货；订货时间约为4周(28分钟)；每次订货4箱啤酒。

1. 安分守己的消费者群

你们是一个安分守己的消费者群，你们的消费状况来源于不同的需要与动机，你们一直向零售商购买铁河啤酒。

消费者 1～6 周

第 1 周:如往常,你们向零售商买 4 箱铁河啤酒。

第 2 周:有变化,突然多买了 4 箱铁河啤酒,变成 8 箱。

第 3 周:继续。这一周跟上周样,还是买了 8 箱。

第 4 周:继续。这周,还是跟上周样,买了 8 箱铁河啤酒。因为不少人知道有首歌里说"喝铁河啤酒,不只是补充铁"。

第 5 周:怪事!商店里的铁河啤酒被买空了……本周,还是买了 8 箱。

第 6 周:糟糕!商店货源不足,实际要买 8 箱啤酒,本周只买到了 6 箱铁河啤酒预定 2 箱。

消费者 7～8 周

第 7 周:怎么回事?这一周,将预订的 2 箱取回,两天内又买了 3 箱。接着他们又预订了 3 箱,并留下了联络方式,希望商店有货就通知他们。

第 8 周:火大。商店要不要做生意了,取回 5 箱就没货了。

消费者 9～17 周

第 9～13 周:消费持续增加,但是买不到啤酒。

第 14～15 周:对商店失去了信心,很少有人到此商店购买啤酒。

第 16 周:没有人去该商店购买。

第 17 周:没有人去该商店购买。

2. 安分守已的零售商

你是一个安分守已的零售商,店里许多商品如啤酒是其中一项颇有利润的营业项目,平均来说,每一周,上游批发商的送货员都会过来送货一次,顺便接收一次订单。你这周下的订单,通常要隔 4 周才会送来。

"铁河啤酒"是其中一个销量比较固定的品牌。虽然这一品牌的厂商似乎没做什么促销动作,但其是相当有规律的,每周总会固定卖掉约 4 箱铁河啤酒。顾客多半是附近年轻的男士。

为了确保随时都有足够的铁河啤酒可卖,你尝试把库存量保持在 12 箱。所以,每周订货时,你已把"订 4 箱铁河啤酒"视为习惯性动作。

为了方便起见,把进货量、订货量、售出量原库存量、结余库存量这五项数字,用图表来表示。

零售商 1～6 周

第 1 周:如往常,卖出 4 箱,进货 4 箱,结余 12 箱。所以你也一如往常,向批发商订货 4 箱

第 2 周:比较奇怪,铁河啤酒突然多卖了 4 箱,变成 8 箱。因此,店里库存量只剩下 8 箱,为了让库存量恢复到 12 箱,你这周向批发商多订了 4 箱。也就是订了 8 箱。

第 3 周:继续。这周跟上周一样,还是卖出了 8 箱。4 周前所订的 4 箱到了。现在,铁河啤酒的库存量只剩 4 箱了,怕销售量会再上升,为了安全起见,你多订了一点,订了 12 箱

第 4 周:继续。这周还是跟上周一样,卖了 8 箱铁河啤酒,这一周进货量为 5

箱，你预期销售量可能还会上升，而且库存量也只剩下 1 箱。所以，这一次订了 16 箱

第 5 周：糟糕！库存没了……本周还是卖了 8 箱，进货 7 箱，不过库存没了，你决定跟上周一样，订 16 箱。

第 6 周：真惨！货源不足，程度好像还会本周只到了 6 箱铁河啤酒。还是有 8 箱铁河啤酒的消费需求量，但库存已耗尽。你只好跟两位预约的老顾客说，下次一有货，一定先通知你们……照顾客预约情况来看，抢手程度好像还会增加；以前可从来没有人会预约……本想再多订一点，但以箱到前几周多下的订单，可能就快送过来了。于是，你抑制住冲动，还是维持原状：订了 16 箱。希望本周欠的 2 箱的惨状能赶快解决。

零售商 7～8 周

第 7 周：依旧，这一周还是只到货 5 箱又卖完了。5 箱铁河啤酒，其中刚把 2 箱卖给卖给上周预约的顾客，不到两天，剩下的又卖完了。更惨的是，有 5 位顾客留下了他们的联络资料，希望你一有货就通知他们。结果，本周欠了 5 箱。你另外订了 16 箱，并祷告说下周会真正开始把其中 2 箱卖给上周预约的周会真正开始大量到货

第 8 周：火大。还是只进货 5 箱。火大了！该不会是生产厂家的生产线还没赶上需求量吧！真是的！反应这么慢！本周，你订了 24 箱，以免欠货量越来越大，生意不用做下去

零售商 9～17 周

第 9～13 周：消费持续增加，存货持续不足，，而进货缓慢增加。

第 14～15 周：进货大量增加，积欠数字也也终于可以开始减少了。

第 16 周，你几乎已收到前几周所下的订单的数量，好几十箱的量，望着成堆的啤酒箱，你想，这些很快就可以卖出去了，终于可以痛痛快快地大赚一笔。”

第 17 周：批发商送来几十箱箱的铁河啤酒，但消费者仍然没有。上周的几十箱，加上这周的几十箱。

3. 安分守已的批发商

你是一个安分守已的批发商。你代理了许多品牌的啤酒，铁河啤酒也是其中之一。比较特别的是，你是本地的铁河啤酒独家代理商。你本周向生产厂家下的订单，通常约 4 周会送过来。因为铁河啤酒的销售量一向很稳定，每周销给零售商的总数量都差不多是 4 卡车的量，所以，你固定每周向生产厂家订 4 卡车的铁河啤酒，维持 12 卡车的库存。

批发商 1～8 周

第 1 周：一如往常，风平浪静，所以，你还是向生产厂家订了 4 卡车啤酒。

第 2 周：有一两个零售商多订了一点铁河啤酒，不过，总的来说，总订单数量还是一样。所以，你还是向生产厂家订 4 卡车啤酒。

第 3 周：小波动。多一点的零售商多下一点订单，所以，你多销出 2 卡车的铁河啤酒，也就是存也减少了 2 卡车的量。为了恢复原先所维持的库存量，你向生产厂家多订了 2 卡车。订了 6 卡车的铁河啤酒。

第 4～6 周:持续畅销。第 4 到第 6 周,给的货还没增加没办法同时满足所有零售商订单越来越多。但是上游生产厂家给的货还没增加,没办法同时满足所有零售商的需求,所以只能一边给他们平常多一点点的铁河啤酒,一边向生产厂家下多一点的订单。等到生产厂家送多一点的数量,才能把零售商的订单消化掉。

第 7 周:库存量变负的了,总共积欠了 8 卡车的数量。真惨!赶紧向生产厂家下 20 卡车的订单。

第 8 周,越来越惨。零售商的订单持续增加。生产厂家的进货却还没反应过来。对零售商积欠的数量也一直增加,到—40 了,你开始着急了。一咬牙,把向生产厂家下的订单提高到 30 但愿能赶快把积欠订单消化掉。

批发商 9～17 周

第 9～13 周,订单持续增加存货持续赤字、进货缓慢增加。

第 14～15 周:进货终于大量增加,积欠数字也终于可以开始减少。

第 16 周:你几乎已收到前几周所下的订单的数量:55 卡车量。他们却都不要了。你赶紧取消向生产家发出的订单。

第 17 周:生产厂家送来 60 卡车的铁河啤酒,但零售商仍然没再下订单。上周的 55 卡车量,加上这周的 60 卡车量,堆积如山了!

4. 安分守己的生产厂家

你刚被这家啤酒生产家雇来作为配销及行销主管。铁河啤酒是其中一项产品,从制造到出货,约要花 2 周的时间。它的品质不错,但行销不太出色,公司希望你能加强行销。

第 1～5 周:正好满足订货。生产厂家 6 周后

第 6 周:订单急剧上升。不知怎么的,就任才 6 个礼拜,铁河啤酒的订单突然急剧上升,因为从制造到完成共需约 2 周的时间,所以你赶快增加生产线。

第 7～16 周:成为英雄。订单持续增加,但生产线才刚扩大一点,库存量又有限,很快就耗光了。于是,你又扩大生产线,希望能赶快消化订单。

第 17 周:生产量赶上了但怎么批发商送来的订单变少了?

第 18 周:奇怪,他们怎么都不订了?有些订单还可以看出打个大叉叉的删除痕……

第 19 周:订单还是零,可是,生产好像开始过剩……

思考:

我们看到,每个人都在自己的岗位上以自己的理性,尽力做好行动与判断决策。到底该怪谁?为什么会这样?

课后习题参考答案

第一章 管理概述

★基础知识练习

一、1. C 2. D 3. C 4. D 5. C 6. C 7. D 8. B 9. D 10. A

二、1. √ 2. × 3. √ 4. √ 5. √ 6. × 7. × 8. × 9. √ 10. √

三、略。

【案例讨论】

1.《升任公司总裁后的思考》:(1)A;(2)D。

2.《A 项目团队的狂人们》:略。

第二章 管理理论的形成与发展

★基础知识练习

一、1. B 2. C 3. D 4. A 5. B 6. B 7. A 8. D 9. A 10. D

二、1. × 2. × 3. √ 4. √ 5. ×

第三章 计划

★基础知识练习

一、1. C 2. C 3. B 4. B 5. B 6. C 7. D 8. B 9. A 10. A

二、1. × 2. × 3. × 4. × 5. ×

第五章 组织

★基础知识练习

一、单选题

1. B 2. B 3. A 4. C 5. C

二、判断题

1. × 2. × 3. × 4. √ 5. × 6. √ 7. × 8. × 9. √ 10. ×

第五章 领导职能

★基础知识练习

一、选择题

1. D 2. A 3. C 4. C 5. A 6. A 7. A 8. C 9. B 10. C 11. D 12. C 13. D

14. D　15. D　16. C　17. C　18. C　19. C　20. C　21. B　22. B

二、判断题

1. √　2. ×　3. ×　4. ×　5. √　6. √　7. √　8. ×　9. ×　10. ×

第六章　控制

★基础知识练习

二、单选题

1. D　2. A　3. C　4. B　5. D　6. A　7. C　8. C　9. A　10. B　11. D　12. D

三、多选题

1. ADE　2. ACE　3. BCD　4. ACDE　5. ABCD

参考文献

[1] 斯蒂芬·P.罗宾斯.管理学[M].第9版.中国市场出版社,2008:57-77.
[2] 哈罗德·孔茨,海因茨·韦理克.管理学精要[M].第6版.韦福祥等译.机械工业出版社,2005:117.
[3] 周三多.管理学[M].第5版.高等教育出版社,2008:23-31.
[4] 余明阳.中国企业经典案例2013[M].上海交通大学出版社,2013:107-108.
[5] 丁利国等.现代企业管理学[M].北京工业大学出版社,2008:11-14.
[6] 王福胜.管理学基础[M].上海交通大学出版社,2010:67-74.
[7] 张德.人力资源开发与管理案例精选[M].清华大学出版社,2008:89.
[8] 彼得·圣吉.第五项修炼:学习型组织的艺术与实务[M].上海:上海三联书店,1994:44-47.
[9] 王建民.企业管理创新理论与实务[M].中国人民大学出版社,2009:121.
[10] 池丽华,伊铭.现代管理学[M].上海财经大学出版社,2008:43-52,110-104.
[11] 小约翰·谢默霍思.管理学原理[M].甘亚平译.人民邮电出版社,2005:78.
[12] 黄梯云,李一军.管理信息系统[M].高等教育出版社,2005:91.
[13] 李一军,卢涛.管理信息系统案例集[M].高等教育出版社,2005:107.
[14] 章义伍.如何打造高绩效团队[M].北京大学出版社,2004:89.
[15] 郁义鸿.知识管理与组织创新[M].复旦大学出版社,2001:64-65.
[16] 王雪莉等.企业组织革命[M].中国发展出版社,2005:46.
[17] 邱过栋.当代企业组织研究[M].经济科学出版社,2003:13.
[18] 李律.世界上最伟大的管理书[M].企业管理出版社,2006:114-123.
[19] 张彩利,靳洪.管理学概论[M].北京师范大学出版社,2010:55-60.
[20] 段圣贤.管理学基础[M].北京理工大学出版社,2013:11-21,104-111.
[21] 单凤儒.管理学基础[M].第3版.高等教育出版社,2008:31-39.
[22] 郑晓明.现代人力资源管理导论[M].机械工业出版社,2002:77.
[23] 董速建,董群惠.现代企业管理[M].经济管理出版社,2002:33-40.
[24] 耿俊丽.管理学基础[M].兰州大学出版社,2010:55-64.
[25] 胡昌平.管理学基础[M].武汉大学出版社,2010:21-29.
[26] 李健,李浇.现代管理学基础[M].东北财经大学出版社,2009:46-47.
[27] 张燕,滕向昌.管理学基础[M].西北大学出版社,2009:54-59.
[28] 斯蒂芬·P.罗宾斯.组织行为学[M].第7版. 中国人民大学出版社,2002:76、179、201.
[29] 费雷德·R.戴维.战略管理[M].第8版.经济科学出版社,2001:86.